KB123416

한국일본학회 기획총서 4 일본어학 · 일본어교육학편

정보화시대의 일본어 · 일본어교육 연구

한국일본학회 편

보고사
BOGOSA

서문

『정보화시대의 일본어·일본어교육 연구』는 한국일본학회가 2016년부터 간행하고 있는 기획총서 『경쟁과 협력의 한일관계』(논형, 2016), 『일본 전후문학과 마이너리티문학의 단층』(보고사, 2018), 『한일 관계의 긴장과 화해』(보고사, 2019)에 이은 네 번째 기획총서이다. 첫 번째, 세 번째 총서가 일본학을, 두 번째 총서가 일본문학을 다루었고 이번 총서는 일본어와 일본어교육 연구에 초점을 맞추고 있다. 특히 정보화시대로 불리는 이 시기의 다양한 연구 주제와 연구 방법론을 보여주는 연구성과를 한 데 담았다. 「지식정보화시대의 일본연구」를 주제로 한 한국일본학회 제95회 국제학술대회·한국일본연구단체 제6회 국제학술대회(2017.8)와 「정보화시대의 학제적 일본연구」를 주제로 한 한국일본학회 제96회 국제학술대회(2018.2)에서 발표된 연구성과와 관련 영역에서 주목할 만한 논문을 함께 수록하였다. 한국일본학회 기획총서는 더 많은 독자를 대상으로 하기 위해 일본어 논문은 한국어로 번역해서 실어 왔는데 이번에도 그 방침을 따랐다.

이번 총서는 총 14편의 연구성과를 담고 있다. 2부로 나누어 1부는 일본어 연구 7편, 2부는 일본어교육 연구 7편으로 구성하였다. 간략히 그 내용을 살펴보면, 먼저 일본어 연구에서는 오기노 쓰나오가 자신의 연구 경험을 바탕으로 이 시기에 가능한 학제적 연구, 공동연구, 학제적 학회의 다양한 측면에 대해 소개하고 있다. 특히 학제적 연구, 공동

연구의 연구 주제, 연구 방법론에 대한 기술은 시사점이 많다. 김영민은 대역자료를 통해 한국어와 일본어의 주어 실현 양상에 대해 기술하고 있다. 전통적인 연구 주제이나 정량적인 방법을 통해 그 특징을 살펴보고자 한 점에서 의미가 있다. 손영석은 재일한국인 이중언어 사용자들의 '-する'와 '-하다'의 사용실태를 밝히고 있다. 직접 구축한 '재일한국인 음성 코퍼스'를 계량적으로 분석한 방법론은 관련 분야에서 활용 가능성이 크다. 다음으로 아사하라 마사유키는 구축에 참여한 일본 국립국어연구소의 일본어 웹 코퍼스와 검색 시스템 '본텐'을 소개하고 있다. 코퍼스 구축에 관심 있는 연구자와 일본어 코퍼스를 연구에 활용하고자 하는 연구자에게 도움이 되는 내용이다. 오노 마사키는 공간 인식에서 드러나는 개별 언어의 언어다움을 역 이름을 통해 살피고 있다. 언어마다 상이한 사태 파악이라는 인지시스템의 차이를 역 이름 표기를 통해 들여다보고자 한 흥미로운 연구이다. 장근수는 신문 코퍼스를 활용하여 한국어와 일본어의 추측을 나타내는 부사어의 공기 양상을 보여주고 있다. 개별 부사의 문말표현과의 공기 양상을 비교 가능한 형태로 제시하고 있어 유익하다. 마지막으로 채성식은 존경어 표현 'お~だ'의 문법적 정합성을 고찰하고 있다. 일본어 학습자가 표층언어로서 사용할 수 있도록 구문론적, 화용론적 측면에서 기술하여 일본어교육에서의 활용 가능성이 크다.

다음으로 일본어교육 연구에서는 마루체라 마리오티가 IT 기술과 AI를 활용한 공동연구의 시행과 개선을 바탕으로 외국어 교육의 발전을 도모해야 함을 논하고 있다. 이를 통해 시민성 형성에 공헌할 수 있는 새로운 언어교육의 개념과 비전의 필요성을 강조하고 있다. 겐코 히로아키는 CEFR, JF-SD, J-GAP의 성과를 토대로 한 일본어 이머전 교육 IJLP의 실천사례를 상세히 소개하고 있다. 일본어 이머전 교육의 모범이 될 수 있는 사례를 제시하고 있어 의의가 크다. 도다 다카코는 글로벌 MOOCs의 세계 최초의 일본어 강좌인 JPC(커뮤니케이션을 위한 일본어 발음)를 개관하고 있다. 빅테이터를 활용해 강좌의 문제점과 과제를 해결하려는 시도는 정보화시대의 일본어교육 연구의 새로운 방향을 보여주고 있다. 다음으로 미야자키(宮崎) 외는 CEFR Companion Volume에 대응하는 일본어 예문을 웹 어플리케이션을 통해 자동으로 분류하는 기법을 개발하여 소개하고 있다. 일관된 일본어 숙달도 평가의 토대가 되는 능력기술문의 자동분류 기법은 그 쓰임이 크게 기대된다. 오치아이 유지는 AI 기술의 관점에서 인문계 연구의 전망과 과제를 살펴보고 있다. 자연언어처리 응용의 한 예로 텍스트 마이닝 기술의 적용례를 소개하며 앞으로의 연계 방향성을 기술하고 있어 시사하는 바가 크다. 조영남은 일본어학습자 언어코퍼스(I-JAS)의 구축과정과 습득레벨을 한국인 학습자의 사례를 통해 소개하고 있다. 학습자 언어코퍼스를 구축하거나, I-JAS를 활용하고자 하는 연구자에게 지침이 될 수 있는 내용이다. 마지막으로 채경희는 일본어 한자교육의 블렌디드러닝의 실천 사례와 결과를 보고하고 있다. 평가용 앱 개발, 운용, 분석 등 미디어의 다양화에 대응할 수 있는 교수·학습법의 개발 사례를 담고 있어 유익하다. 이처럼 이번 총서는 정보화시대에 가능한 다양한 연구 주제와 연구 방법론, 교육 방법론 등을 소개하고 있다. 이 총서가 앞으로의 일본어 연구, 일본어교육 연구에 작은 힘을 보탤 수 있기를 바란다.

마지막으로 이 총서가 나오기까지 애써 주신 많은 선생님께 지면을 빌어 감사드린다. 두 번의 학술대회의 기획부터 필진 구성, 섭외, 편집, 일본어 논문의 번역에 이르기까지 여러 선생님의 지원과 배려가 없었다면 이 총서는 간행되지 못했을 것이다. 한국일본학회 회장단과

총무이사의 성원과 격려도 잊을 수 없다. 마지막으로 이 총서의 간행을 후원해 주신 보고사의 여러 선생님에게도 고개 숙여 감사드린다.

2021년 7월

한국일본학회 기획총서4 일본어학·일본어교육학편 간행준비위원

겐코 히로아키, 김영민, 조영남

차례

서문 / 3

제1부 일본어 연구

정보화시대의 학제적 일본연구 | 오기노 쓰나오

1. 머리말 ······ 15
2. 공동연구의 성격 ······ 23
3. 학제적 공동연구는 어떻게 가능한가 ······ 26
4. 학제적 학회는 어떻게 성립할 수 있는가 ······ 29
5. 「정보화시대의 학제적 일본연구」에 대해서 ······ 34
6. 맺음말 ······ 40

대역자료를 통해 본 한국어와 일본어의 주어 실현 양상 | 김영민

1. 머리말 ······ 42
2. 선행연구 ······ 43
3. 분석 방법 ······ 45
4. 분석 결과 및 고찰 ······ 49
5. 맺음말 ······ 64

재일한국인 이중언어 사용자들의 「-スル」 「-하다」 사용실태 연구
음성 코퍼스를 자료로 | 손영석

1. 머리말 ········ 66
2. 「재일한국인 음성 코퍼스」 ········ 68
3. 조사대상 ········ 74
4. 조사결과 ········ 76
5. 고찰 ········ 84
6. 맺음말 ········ 88

"국립국어연구소 일본어 웹 코퍼스"와 그 검색 시스템 "본텐"
| 아사하라 마사유키

1. 머리말 ········ 91
2. "국립국어연구소 웹 코퍼스"의 개요 ········ 92
3. 검색 시스템 "본텐"의 개요 ········ 95
4. 기초 통계 데이터의 공개 ········ 99
5. 맺음말 ········ 99

역 이름으로 보는 공간 인식에서의 언어다움 | 오노 마사키

1. 머리말 ········ 101
2. 언어 연구의 공간 인식 ········ 103
3. 역 이름으로 보는 언어다움 ········ 108
4. 맺음말 ········ 110

추측을 나타내는 한·일어 부사의 공기 양상 | 장근수

1. 머리말 ········ 111
2. 선행연구 ········ 113

3. 부사의 공기 패턴과 문말형식의 분류 ………… 115
4. 한일어 부사의 공기 양상 ………… 118
5. 맺음말 ………… 132

일본어 경어표현의 문법적 정합성에 관하여
「お~だ」 경어표현을 중심으로 | 채성식

1. 머리말 ………… 135
2. 경어표현의 사용빈도와 문법적 정합성의 상관관계 ………… 137
3. 「お~だ」 구문의 문법적 정합성 ………… 143
4. 맺음말 ………… 152

제2부 일본어교육 연구

IT development and the 'forced' future of language teaching
Toward the de-standardization of language education and the professionalization of language teachers | Marcella MARIOTTI

1. Professional Knowledge Landscapes
: Learning from (self-)history ………… 155
2. What are we teachers aiming at? Why being 'critical'? ………… 160
3. Case Studies: from 2010 to 2016 ………… 163
4. Conclusion: Technology and
critical radical language education ………… 170

CEFR, JF-SD, J-GAP의 성과를 토대로 한 일본어 이머전 교육(immersion education)의 실천연구 및 성과

Intensive Japanese Language Program을 중심으로 | 겐코 히로아키

1. 머리말 ······ 172
2. 선행연구 ······ 175
3. IJLP(Intensive Japanese Language Program)의 개요 ······ 177
4. IJLP의 실행 ······ 180
5. IJLP의 개선과 효과 ······ 188
6. 맺음말 ······ 205

정보화시대의 일본어교육 연구

교육의 글로벌화와 대규모 공개 온라인 강좌(MOOCs) | 도다 다카코

1. 머리말 ······ 208
2. 한국의 온라인 교육 ······ 209
3. 글로벌 MOOCs에의 참획 ······ 211
4. 정보화시대의 일본어교육 연구 (1) 상호평가 ······ 218
5. 정보화시대의 일본어교육 연구 (2) 동영상 재생 로그 ······ 227
6. 맺음말 ······ 234

CEFR Companion Volume에 대응한 일본어 예문 자동 분류 기법

| 미야자키 요시노리·폰 홍 두쿠·다니 세이지·안지영·원유경

1. 머리말 ······ 235
2. 高田 외(2017), 宮崎 외(2018), My 외(2018)의 방법 ······ 244
3. 본 연구의 제안 방법(2단계에 의한 CDS 분류) ······ 250
4. 웹 어플리케이션 개발 ······ 258
5. 맺음말 ······ 262

AI 기술에서 본 일본어학과 일본어교육 연구의 전망과 과제
일본어교육의 연계와 협력의 새 영역을 향해 | 오치아이 유지

1. 머리말 ········ 264
2. 일본어학, 일본어교육 연구에 대한 AI기술 응용 ········ 267
3. 맺음말 ········ 282

일본어 학습자 언어코퍼스(I-JAS)의 구축과정과 습득레벨
JFL환경의 한국인 학습자를 사례로 | 조영남

1. 머리말 ········ 284
2. 조사개요 ········ 285
3. 조사내용 ········ 296
4. 맺음말 ········ 311

대학 일본어교육 개선을 위한 BL 수업실천
일본어 한자교육에서의 수업실천 사례보고 | 채경희

1. 머리말 ········ 312
2. 한자수업 디자인 ········ 313
3. 앱 개발 ········ 315
4. 일본어 한자교육에서의 BL 수업실천 ········ 321
5. 맺음말 ········ 339

참고문헌 / 341
찾아보기 / 361
집필자 소개 / 365

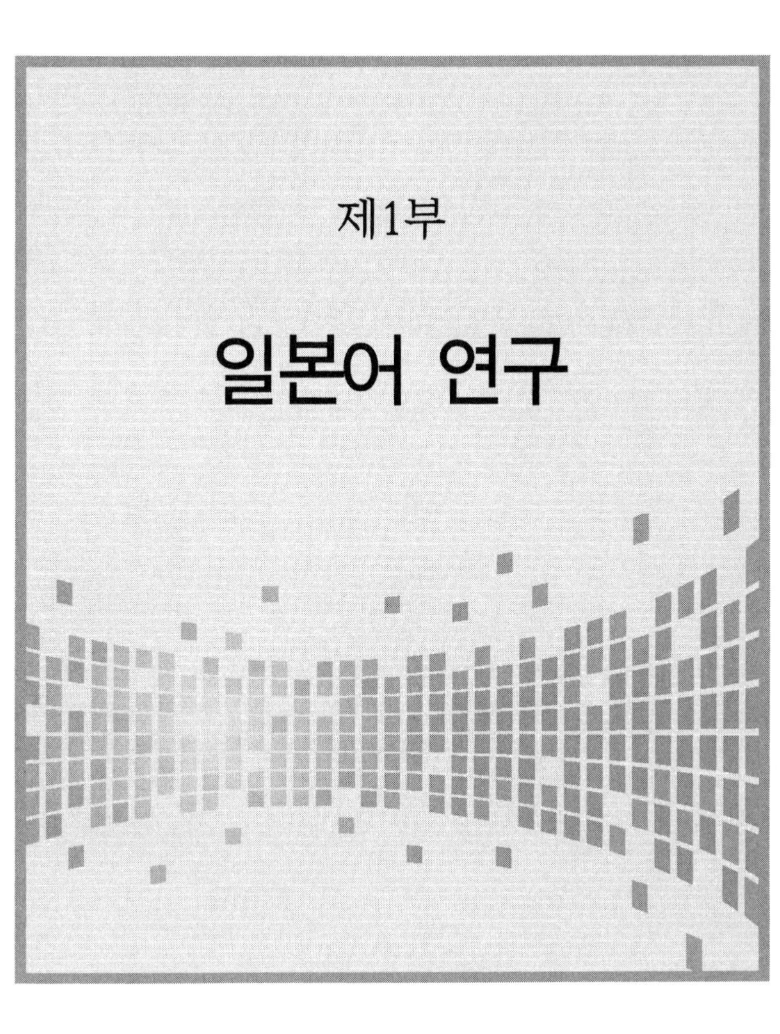

제1부

일본어 연구

정보화시대의 학제적 일본연구

오기노 쓰나오

1. 머리말

먼저 자기소개 겸 나의 공동연구 경험 몇 가지를 언급하고자 한다.

1.1. 학부생~대학원생~조교

나는 학부생부터 대학원생을 거쳐 조교까지 총 11년간을 동경대학 언어학과에서 보냈다.

연구자로서의 길을 목표로 하게 된 것은 공동연구의 즐거움이 있었기 때문이 아닐까?

당시 동경대학 언어학과에는 시바타 다케시(柴田武) 선생님이 부임해 계셔서 매년 학부생부터 대학원생, 조교까지 일본전국의 공동조사에 데리고 다니는 것이 흔한 일이었다. 테마는 방언학 혹은 사회언어학이었다. 나는 다음 세 가지 공동조사에 참가하였다.

- 1973~1974년 이와테 현 시즈쿠이시쵸, 언어지리학 조사.
- 1975~1976년 아마미제도의 도쿠노시마, 언어지리학 조사.
- 1977~1978년 홋카이도 삿포로 시, 경어 조사.

이들 공동조사는 같은 학과에 소속된 팀이 실시한 조사였다. 말하자면 하나의 목표를 지향하는 동일한 전공의 거의 비슷한 배경을 가진 동료와의 공동연구였다.

나는 이 공동조사들의 경험을 통해 팀워크, 리더십, 후배 육성 등을 구체적으로 배울 수 있었다.

1.2. 공동연구 경험 등

1977~1979년에는 자연언어처리 분야에서 다나카 호즈미(田中穂積), 니시무라 히로히코(西村恕彦) 등과 공동연구를 하였다. 당시 이용 가능하게 된 국립국어연구소의 신문 코퍼스를 사용한 연구로, 예를 들면 西村・荻野(1977), 『일본어 품사열집성 우순편(日本語品詞列集成 右順篇) 상・하』(전자기술종합연구소) 등의 연구 성과가 있다.

1980~1988년 무렵에는 이데 사치코(井出祥子), 가와사키 아키코(川崎晶子) 등과 일미경어연구회에서 공동연구를 하였다. 일본과 미국 학생의 경어 조사를 중심으로 한 것으로 예를 들면, 井出・荻野・川崎・生田(1986), 『일본인과 미국인의 경어행동』(남운당) 등의 연구 성과가 있다.

1988~1995년 무렵에는 우메다 히로유키(梅田博之)・김동준(金東俊) 등과 일한경어연구회에서 공동연구를 하였다. 일본과 한국의 학생, 사회인의 경어 조사를 중심으로 한 것으로, 예를 들어 荻野・金・梅

田・羅・盧(1990), 「일본어와 한국어의 청자에 대한 경어용법 비교대조」(『조선학보』 제136집) 등의 연구 성과가 있다.

자연언어처리 분야의 공동연구는 이른바 타 분야와의 공동연구였다. 당시는 '학제적'이라는 용어가 사용되기 시작한 무렵으로, 연구 당사자로서 그러한 의식은 부족했다.

일미와 일한의 경어 연구는 각각 국제공동연구였다. 외국에서 조사를 실시한다는 의미에서 국제적인 연구 테마였으며, 공동연구자로 외국인이 참여하고 있어 연구자의 국제성을 의식하지 않을 수 없었다. 일미는 일본어학과 영어학, 일한은 일본어학과 한국어학으로 학제적 성격도 갖고 있었다. 전문분야는 다소 다르지만 언어연구라는 점에서는 공통되었으며, 하나의 목표를 향해 유사한 전공이면서 다른 배경을 가진 동료들과의 공동연구였다.

나는 이런 여러 공동연구 경험을 통해서 이문화와의 의사소통 문제, 외국에서의 조사방법론 등을 구체적으로 배울 수 있었다.

1.3. 일한경어연구회 연구결과의 사례

잠시 본론에서 벗어나지만 여기서 일한경어연구회의 연구결과의 예를 제시해두기로 한다.

이하는 荻野・金・梅田・羅・盧(1993), 「직장에서의 청자 경어 일한대조연구」(일본언어학회 제106회 대회)에 게재된 조사결과이다.

1991~1992년 일본 측은 동경 주변의 456명, 한국 측은 서울 주변의 760명을 대상으로 자유기술식 설문조사를 실시하였다. 조사에서는 청자의 직급을 '상사, 동료, 부하'의 3종류, 청자의 연령을 '연상, 동갑, 연하'의 3종류로 구분한 후, 두 기준을 조합하여 총 9종류의

청자를 상정하였다. 그러고 나서 각각의 청자에 대해 B1 '당신은 어디에 가는가?'와 B2 '어디어디로 가는 길을 가르쳐 줘'라는 문장을 어떻게 말할지 자유기술식으로 기입하게 하였다.

조사결과는 〈그림 1~4〉와 같다. 일한 각각에서 9종류의 청자에 대하여 다양한 경어표현이 사용되었는데 이들 4장의 그림만으로는 청자와 경어표현 간의 관계를 읽어내기가 쉽지 않았다.

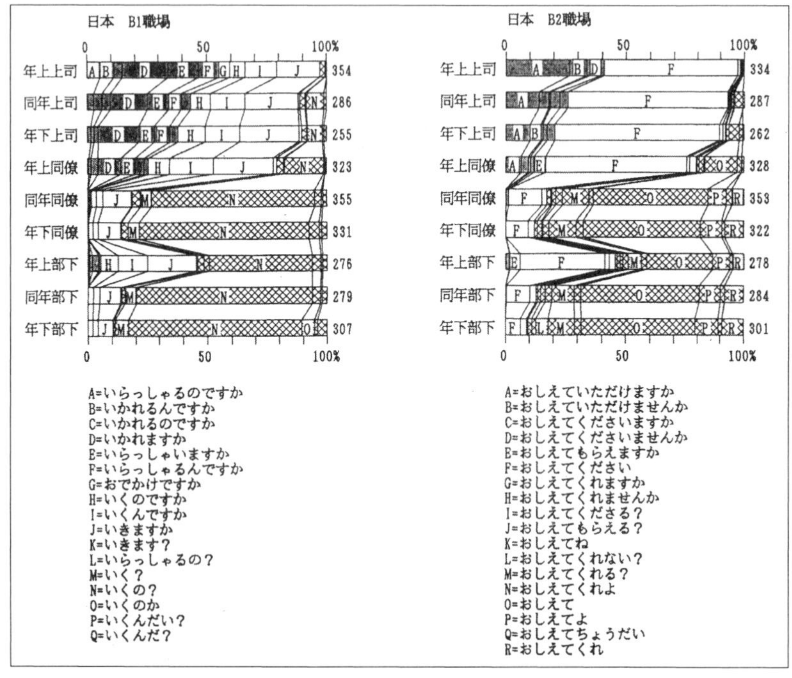

〈그림 1〉 일본 측 '가는가?'의 전체 답변 분포

〈그림 2〉 일본 측 '가르쳐 줘'의 전체 답변 분포

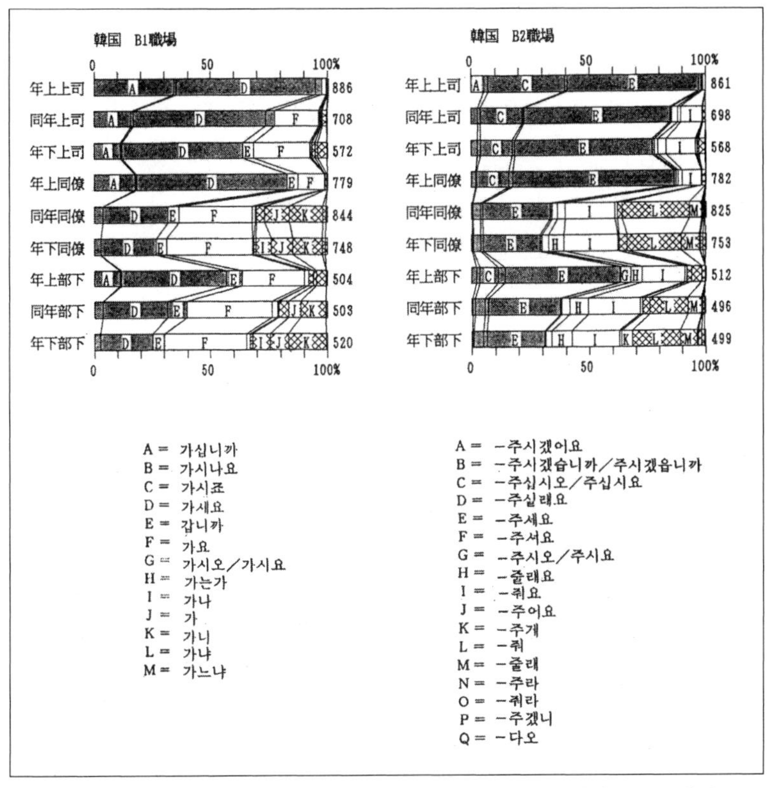

〈그림 3〉 한국 측 '가는가?'의 전체 답변 분포

〈그림 4〉 한국 측 '가르쳐 줘'의 전체 답변 분포

따라서 교호평균법(交互平均法)이라는 수법을 사용해 각 청자에 대한 대우 레벨을 계산한 후 〈그림 5〉를 작성하였다. 좌측의 두 선이 일본 측, 우측의 두 선이 한국 측 청자에 대한 대우 레벨을 나타낸다. 〈그림 5〉처럼 나타내면 일본과 한국에서 연령과 직급이 대우 레벨과 어떻게 관련되는지를 손쉽게 파악할 수 있다.

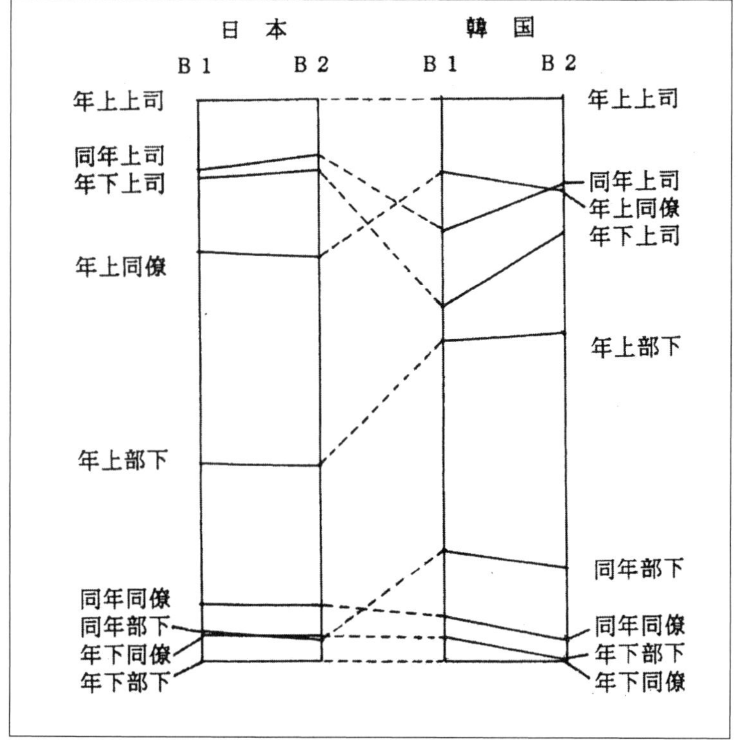

〈그림 5〉 일한 대우 레벨 꺾은 선 그래프 표시

〈그림 5〉를 보면 한국은 일본보다도 청자의 연령을 중시한다. '연상동료(年上同僚)'나 '연상부하(年上部下)'는 한국 쪽이 일본보다 높이 대우한다. 반면 '연하상사(年下上司)'는 일본이 높이 대우하는 데 비해, 한국에서는 그다지 높지 않다.

이처럼 청자의 대우 레벨에 영향을 미치는 요인이 일한 간에 다르다는 것을 알 수 있었다.

1.4. 사이타마대학 교양학부에서의 경험

나는 동경대학에서 사이타마대학 교양학부로 전임하였다. 이곳에서 근무한 것은 1984~1987년이었다.

교양학부에는 교원이 20명 정도 있었는데, 언어학 전공은 나 혼자뿐이었고, 나머지는 다양한 전문분야의 교원들이었다. 거기서는 매번 교수회의 후에 환담하는 것이 관례였다. 가끔은 맥주 등을 마시면서 교원들과 이야기를 나누었는데, 다른 분야임에도 이야기가 통하는 경험을 할 때마다 무척 흥미로웠다. 지금 생각해 보면 교원 수가 너무 많지도 않고, 적당한 규모였던 것도 영향을 미친 것 같다.

하여튼 사이타마대학 교양학부에서는 다른 학문분야 간의 의사소통에 대해서 귀중한 경험을 함과 동시에 이분야 간의 정보교환이 유의미한 것임을 배웠다.

1.5. 문부성 과학연구비 보조금에 따른 공동연구 경험

자신의 연구경력을 되돌아보니, 문부성의 과학연구비 보조금을 받아 실시한 공동연구가 많았음을 알았다. 내가 관여했던 프로젝트를 이하에 열거하겠으나 모두 대규모 공동연구 프로젝트였다. 여기서 대규모라는 의미는 다수의 연구자가 (직접 혹은 간접적으로) 관여하고, 큰 예산이 상정되었다는 것이다. 예산의 총액은 분명하지 않으나 각각 5년간 합계액이 수억엔 규모였던 것으로 기억한다.

	연구대표자	연구주제 및 분야	시기
①	오오츠카 (大塚)	(시바타 다케시를 통해) 특정연구「언어」	1977~80년경
②	기노시타 (木下)	(후지사키 히로야를 통해) 특정연구「언어의 표준화」	1982~85년경
③	나가오 (長尾)	특정연구「언어정보 처리의 고도화」 자연언어 처리가 중심	1986~90년경
④	스기토 (杉藤)	중점영역연구「일본어 음성」 방언학, 음향음성학, 의학·생리학 등 다분야에 걸침	1991~94년경
⑤	하시모토 (橋元)	중점영역연구「정보화사회와 인간」 사회학, 매스커뮤니케이션론이 중심	1992~96년경
⑥	마에카와 (前川)	특정영역연구「일본어 코퍼스」 언어연구, 자연언어 처리가 중심	2006~10년경

이들 연구를 통해 대규모 공동연구의 이상적인 형태, 공동연구 진행방식, 연구비 사용법 등에 대해 구체적으로 배울 수 있었다.

1.6. 일본대학 인문과학연구소·종합연구비의 경험

학내 공동연구로서 2011~2018년경에 진행하였고, 또 현재도 진행 중이다.

코퍼스를 테마로 한 공동연구이다. 공동연구자는 다나카 유카리(田中ゆかり)(일본어학), 쓰카모토 사토루(塚本聡)(영어학), 아다치 노부아키(安達信明), 호사카 야스히토(保阪靖人), 이타쿠라 우타(板倉歌), 하마노 아키히로(浜野明大)(이상 독일어학), 한동리(韓東力)(자연언어처리)가 참여하였다.

연구 성과로는 예를 들어 荻野 외(2014), 「코퍼스 언어학의 새로운 전개」(일본대학 인문과학연구소 연구기요 제87호) 등이 있다.

연구 방식은 각자가 각 테마 별로 연구를 진행하고, 회의를 매년 수차례에 걸쳐 실시하는 식이었다.

왜 이런 형태를 취했을까?

공동연구자의 면면을 보면 알겠지만 영어학, 독일어학, 일본어학 연구자들이므로 연구대상 언어가 제각기 다르다. 자연언어처리는 일본어나 영어를 다루는 경우가 많으므로 어떤 의미에서는 중복된다. 이와 같은 조직에서 테마를 하나로 정해 모두 함께 데이터 수집을 하는 것이 가능할까? 향후에는 도전해 보려 하지만, 처음에는 모색단계였으므로 느슨한 공동연구 방식을 채택하였다.

본 공동연구로 이분야 간 공동연구의 이상적인 형태, 진행방식 등을 배울 수 있었다.

2. 공동연구의 성격

2.1. 동일분야 공동연구의 성격

동일분야에서의 공동연구는 실로 수월하다.

예를 들면, 이전에 井上와 공동조사를 한 적이 있었다. 그 성과는 井上・荻野(1984), 『새로운 일본어・자료도집(図集)』(과학연구비보고서) 등으로 간행되었다.

연구자가 같은 분야 사람이면 왜 연구하기가 쉬운가? 연구자의 사고방식, 학문적 배경이 비슷하여 서로 다른 부분이 적기 때문에 의사소통이 용이하다. 연구에 필요한 예산을 고려할 때도 항목이나 금액을 서로 이해할 수 있다. 따라서 계획을 세우기 쉽다. 공동조사를 해도 목표가 하나이므로 어긋날 일이 없다. 연구 성과에 대한 평가도 비슷해서 서로 쉽게 이해할 수 있다.

2.2. 다분야 간 공동연구의 성격

연구자가 다분야에 걸쳐있는 경우, 동일분야와는 상당히 달라진다.

연구자가 복수의 다른 분야 사람이면 왜 연구가 어려운가? 연구자의 사고방식, 학문적 배경이 다르고 차이가 크기 때문에 의사소통이 쉽지 않다. 연구에 필요한 예산을 생각할 때도 항목이나 금액을 서로 이해할 수 없을 때가 있다. 내가 예전에 경험한 예로는 컴퓨터를 사는 데 100만 엔 이상 소요된 경우가 있다. 나는 아무리 비싸도 수십만 엔 정도일 것으로 예상했으므로, 왜 그런 금액이 되는지 이해할 수 없었다. 그러나 그런 예산을 세운 사람은 당연한 일로 생각하고 있었다. 이처럼 계획이나 예산 설계가 어렵고, 다른 멤버로부터 비판이 나오는 경우마저 있다. 공동조사를 해도 목표(의도)가 다른 경우가 있어 그것을 완곡하게 에둘러서 설명하면 다른 멤버들에게 통하지 않는다. 연구 성과에 대한 평가도 마찬가지로 분야별로 달라 서로 이해하기 어렵다.

이런 점에서 다분야 간 공동연구는 리더십을 가진 사람이 연구 전체를 이해하면서, 각 분야 간 조정을 잘 하지 않으면 전체적으로 정리가 안 될 위험성이 있다.

2.3. 공동연구의 장점

한 분야이든 다분야이든 공동연구는 개인연구와 비교하여 여러 가지 장점이 있다.

첫 번째로 공동보조를 취하기 쉽다는 점을 들 수 있다. 관계자가 많을수록 계획을 사전에 확실하게 결정하는 것이 필요하다. 예산 책정도 마찬가지이다. 이런 것을 통해 공동보조가 가능해진다. 반대로 말하면 공동보조를 위해 계획이나 예산 등을 사전에(마감 전에) 확실히 해두어야 한다. 일반적인 개인연구에서는 그러한 것을 생각할 일이 적기 때문에 아무래도 느슨한 계획이 된다. 해보고 안 되면 임기응변으로 다른 방책을 찾게 된다. 반면 공동연구는 많은 연구자가 일제히 하나의 목표를 지향하므로 제대로 된 계획이 필요하고 또 계획이 확실하면 성과도 나기 쉬운 측면이 있다.

둘째로 시기별로 성과 발표(구두 발표나 보고서 집필)가 기대된다는 점이다. 각종 마감 등으로 쫓기게 되어 힘들어진다는 의견도 있지만, 결과적으로 논문 생산성이 향상되는 측면도 있지 않을까? 예산을 확보했다면 보고서는 당연한 의무이다. 이런 흐름에 따라 활동하는 편이 보다 원활히 연구가 진행된다고 생각한다.

셋째로 예산을 확보하기 쉽다는 점이다. 공동연구는 개인연구보다 아무래도 예산 규모가 커지기 쉽다. 예산 규모가 크면 이것저것 가능해지는 것이 많아 계획 전체로서도 멋지게 보인다. 이런 계획이 예산을 받기 쉽지 않을까 생각한다.

2.4. 공동연구를 계획한다면 우수한 연구자와 함께

개인적으로 다양한 경험을 하면서 느낀 점인데, 공동연구를 계획한다면 우수한 연구자와 함께 하는 것이 중요하다.

여러 레벨에서 면밀한 토의가 가능한데 이것이 크게 자극이 된다. 그중에는 공동연구자의 학문 외적인 부분까지 알게 되는 경우가 있으며, 자신의 기존 연구 방식을 되짚어보게 하는 부분들도 있다.

자신의 능력을 상대에 맞춰 높일 수도 있다. 공동발표 등을 해봄으로써, 연구의 진행 정도를 알 수 있다. 상대에 맞추는 것이 결과적으로 자신에게 도움이 되게 된다.

그리고 자신의 성과를 기대할 수도 있다. 공동연구를 통해 타인의 좋은 점을 본받을 수도 있다. 자신의 방식에 대한 반성의 계기도 된다.

이러한 공동연구의 장점을 누리기 위해서는 역시 우수한 연구자와 함께 하는 것이 무엇보다 중요하다. 그렇지 않으면 자신을 위한 이점이 적어질 뿐만 아니라, 다양한 일이 자신에게 돌아와 부담만 늘어나기 십상이다.

무엇보다 자신의 전문분야이면 누가 우수한지는 자연히 알게 되는데, 다소 다른 분야가 되면 직접은 알기 어렵다. 이럴 때는 자신도 다른 분야에 발을 내디딜 각오를 할 필요가 있다. 그렇지 않으면 공동연구는 할 수 없다.

3. 학제적 공동연구는 어떻게 가능한가

3.1. 공동연구 스타일

학제적 공동연구를 하는 경우, 동일분야 공동연구와 약간 다른 면이 있다.

소그룹의 경우, 예를 들어 공동연구에 참여하는 연구자가 몇 명 안 된다면 하나의 그룹으로서 활동할 수 있다. 이 경우에는 그다지 문제가 발생하지 않는다.

학문분야가 다른 경우 한 가지 연구목적을 세우는 데는 다소 무리가 있다. 목표가 학문분야에 따라 다르기 때문이다. 따라서 복수의 연구목표를 세우는 편이 연구를 진행하기 용이하다.

그런 점을 감안하면 현실에 가장 적합한 연구 스타일은 각각 독자적인 테마를 가지고 연구하는 방법이다. 여기서 '각각'이란 개인연구를 말하는데, 경우에 따라서는 소그룹 연구도 좋을 것이다. 그리고 나서 전체적으로 완만한 연합체를 구성하게 된다.

학제적 공동연구란 이런 점에서 어느 정도 대규모로 하는 편이 순조롭지 않겠는가.

3.2. 학제적 공동연구는 실증연구로

학제적 공동연구를 기획할 경우, 실증연구를 중심으로 하는 편이 좋다고 생각한다.

이론연구는 본래 공동연구에 적합하지 않다. 이론연구에서는 서로 연구방법, 사고방식이 너무 다르다. 이론은 하나의 분야 안에서 형성되는 것으로, 학제적 이론이라는 것은 (전혀 없다고는 말할 수 없겠지만) 생각하기 어렵다.

한편 실증연구(데이터 수집 중심)라면 공동연구가 가능하다.

어쩌면 연구자 사이에서 동상이몽이 있어도 상관없지 않을까. 예를 들어 1.5의 '④스기토(연구대표자)'에서는 방언음성 수집이 주안점이었다. 그러나 일부 연구자는 공동연구라는 조직을 활용해서, 음성인식의 기초데이터를 수집하려고 하였다. 또 예를 들면 '⑥마에카와'에서는 일본어 코퍼스 작성이 주안점이었다. 그러나 일부 연구자는 코퍼스를 자신의 분야에서 어떻게 응용할 수 있는지를 생각하였다. 그와 같은 일이 있어도 좋다고 생각한다.

가령 연구자가 다른 의도로 움직인다고 해도, 성과로서의 '데이터'를 얻을 수 있다면 최저한의 연구성과는 된다고 할 수 있다.

학제적 공동연구의 예로서, '⑥마에카와'의 코퍼스 작성을 들어보자. 코퍼스는 종합데이터이므로 여러 분야에서 연구할 수 있다. 성과의 한 예가 아사쿠라 서점의 강좌「일본어 코퍼스」이다. 최근에도 그중 1권이 간행되었다. 前川喜久雄(감수)『강좌 일본어 코퍼스 8. 코퍼스와 자연언어 처리』(아사쿠라 서점)이다. 그러나 읽어보면 '강좌'라고 하면서 내용이 어렵다. 왜 그리되었는지 보니, 연구분야 간 의도의 차이가 있었던 것은 아닌가하는 생각에 이르렀다. '언어연구'와 '자연언어 처리'의 차이이다. 최근 자연언어 처리는 언어연구와 멀어지고 있다. 예전에는 사전과 문법규칙을 이용해 언어처리를 하였는데, 통계적 번역이라는 방식이 나왔을 무렵부터 연구의 흐름이 변화하여, 최근의 딥 러닝을 사용하는 방법에서는 언어학자는 불필요해지고 말았다. 컴퓨터가 스스로 지식을 획득하게 된 것이다.

이렇게 보면 '⑥마에카와'에도 여러 문제는 있었지만, 최종적으로 코퍼스(BCCWJ)를 완성했다는 것 자체가 큰 성과라고 말할 수 있을 것이다.

한편 실증연구 스타일로 연구를 진행하려면, 수학(통계학) 지식이 필요하다. 수학은 데이터에 관한 공통언어이며, 그것을 사용함으로써 분야를 초월한 상호이해가 가능해진다. 그러나 인문계 연구자는 수학을 잘하지 못한다는 생각이 강한 경향이 있다. 본고에서는 구체적인 데이터를 제시하지는 않으나, 수년 전에 일본어학회 회원을 대상으로 조사했을 때, 대학 교원이라도 수학 관련 지식이 충분하지 못하다는 것을 알게 되었다. 이 문제는 학제적 공동연구를 진행할 때 걸림돌이 될 수 있는데 개선이 상당히 어렵다.

3.3. 국제비교는 학제연구가 되기 쉽다

여러 연구영역 중 국제적 비교연구라는 테마는 학제연구가 되기 쉬운 것 같다.

일본학 등 지역연구를 다른 지역 사람이 하면 국제비교가 된다. 자국으로부터의 시점이라는 것은 결국 (연구자의) 문화이므로 외국에 관한 지역연구는 거의 필연적으로 국제비교가 된다.

국제비교에서는 자국과 외국이라는 큰 차이점을 비교하게 된다. 자국과 외국의 사용언어가 다른 것은 여러 면에서 큰 차이점이 되어, 국제비교 연구에 지극히 중대한 영향을 준다.

크게 차이가 나는 분야를 비교하는 국제비교의 경우, 하나의 학문 분야만으로는 충분한 접근이 되기 어렵다. 따라서 거의 필연적으로 종합적인 시야·시점이 필요하다. 이런 이유로 국제비교 연구는 학제연구가 되기 쉽다고 말할 수 있지 않을까.

또 지역연구에는 다양한 학문 분야의 사람들이 참가한다. 어떤 연구자가 참가하는지, 다분야 간의 집중과 밸런스가 어떻게 되는지에 따라 달라지지만, 설령 한 분야의 연구자들이 모여서 연구할지라도 학제적 성격을 갖게 된다.

4. 학제적 학회는 어떻게 성립할 수 있는가

이 장에서는 이야기의 주제를 공동연구로부터 학제적 학회로 돌려보자.

4.1. 타 분야 학회에 참가한 경험

나는 몇 번인가 다른 분야의 학회에 참가한 경험이 있다. 정보처리학회, 언어처리학회, 정보지식학회 등이다. 거의 이공계이며 분야는 그다지 넓지 않다. 그러나 그 경험은 어떤 의미에서 자극적이었다. 인문계(언어계) 학회와는 여러 가지로 달랐다. 연구목표, 연구방법, 발표방법, 발표시간, 참가자(청중)의 기초지식 등이 예상했던 것과 상당히 달랐다.

그런 경험으로부터 학제적 학회는 어떻게 운영할 수 있을까 하는 문제에 대해 생각하게 되었다. 후술할 몇몇 학제적 학회 운영에 직접 관여했던 것도 무관하지 않다.

또 내 개인적 경험인데 어느 대학에서 열린 다분야 연구자들의 학내 공동발표회에 참가한 일이 있었다. 역사학, 심리학, 지리학, 물리학 등 실로 다양한 분야의 연구자들이 참가했다. 그들의 연구발표를 들으면서 느낀 것은 '데이터를 기본으로 한 논의라면 내용을 이해할 수 있다'라는 점이다. 무엇을 생각하고, 어떤 조사(실험이나 관찰)를 하고, 그것으로 얻은 데이터를 어떻게 처리하면, 이러저러한 결과가 된다는 방식의 이치는 이해할 수 있다. 다만 해당 연구의 의미, 가치까지는 이해할 수 없었다. 그것을 이해하려면 그 분야의 연구사를 알아야 하는데, 다른 분야의 연구자에게는 무리인 듯싶다.

앞서 논했지만, 데이터에 근간한 논의라면 분야를 초월하여 이해는 할 수 있다.

많지 않은 경험이었지만 타 분야로부터의 자극은 지대하다는 것을 알았다. 나 자신도 얻을만한 게 많았다. 또 자신의 (언어 관련) 연구를 다른 분야 사람들이 이해할 수 있을지 여부를 생각할 좋은 기회도 되었다.

4.2. 사회언어과학회의 설립

일본에서는 1998년에 사회언어학을 중심으로 한 학제적 학회 「사회언어과학회」가 설립되었다. 문화인류학, 심리학, 사회학, 사회심리학, 정보과학 등과 같은 다양한 분야의 연구자들이 모여, 하나의 학회로서 활동해 가자는 것이다. 사회언어학은 언어, 사회, 문화에 걸친 것으로 다채로운 학문분야의 중심이 될 수 있음을 실감하였다.

이 학회의 설립 목적 중 하나는 다채로운 연구자의 결집이었다. 따라서 초기 이사회 멤버는 학제적 관점에서 선정하였다. 학회 창립 후 잠시 동안은 회원이 계속 증가하는 경향이 있었지만, 신입회원이 늘면서 점차 연구발표・논문이 사회언어학에 집중되는 경향이 나타나게 되었다. 그렇지만 지금도 학제적 특성을 기반으로 하는 학회이다.

학제학회를 운영해 가는 데는 무엇보다도 리더십이 중요했다고 생각한다. 사회언어과학회의 경우는 도쿠가와 무네마사(德川宗賢) 초대회장의 리더십이 훌륭했다. 도쿠가와 회장은 다채로운 경험과 폭넓은 지견, 광범위한 시야를 가진 분으로, 예를 들어 학제학회의 운영 방식에 있어서도 심사숙고 끝에 이사 및 회장 선출에 단순한 선거제도를 도입하지 않고, 이전 이사회가 다음 이사를 결정하는 형식을 채택하였다.

4.3. 전통적 학회와 신흥 학제학회

각종 학회를 크게 구분하면 전통적 학회와 신흥 학제학회로 이분할 수 있을 것이다.

전통적 학회라는 것은 종래로부터 존재하는 학문분야에 대응하는 학회로 설립 시기가 오래되고 회원 수도 많다. 그런 분야라면 각 대학에 전임교원 포스트를 갖고 있으므로 어느 정도 회원 수를 예상할 수 있다. 분야에 따라서는(예를 들어 일본어학이나 영어학), 대학 입시과목이 되거나(입시 출제를 위해 전임교원이 필요하다), 고등학교 교육내용이 되기도 하고, 고교생 중 배우는 사람이 많으면 대학에 들어간 후에도(들어갈 때) 그런 분야를 선택할 일이 많아진다.

한편 신흥 학제학회는 새로이 연구하게 된 학문분야에 대응하는 학회로 설립 시기가 최근이며, 회원 수가 적다. 각 대학에 교원 포스트가 없으니 회원 모집도 매번 어렵다. 대학 입시과목이 되는 일은 없으며, 고등학교에서 배울 일도 없다. 그러므로 대학에 들어갈 때 해당 분야를 배우려는 사람이 거의 없다.

전통적 학회와 신흥 학제학회는 회원의 의식, 참가의욕, 이사회 등의 운영방침이 상당히 다르다.

전통적 학회에 대해서는 여기서는 언급하지 않겠다.

신흥 학제학회는 전통적 학회에 비교해 제2학회라고 볼 수 있을지도 모르겠다. 전통적 학회는 역시 강력하다. 연구자(의 병아리)가 처음으로 입회하려는 학회는 전통적 학회일 것이다. 전통적 학회는 회원 수가 많고, 연구 활동도 활발하게 보인다. 우선은 자신의 연구 기반을 공고히 하기 위해서라도 한 학회에 들어가려 한다면 무엇보다 전통적 학회를 선택하게 되는 것이다.

조금 연구경력이 붙은 후에는 신흥 학제학회에도 참가하게 된다. 연구자는 전통적 학회에도 들어가고, 신흥 학제학회에도 들어가는 식이다.

신흥 학제학회를 제2학회라고 말한 것은 '2번째(이후)에 들어가는 학회'라는 의미이기도 하고, '(메인 학회가 아니라) 서브 학회'라는 의미이기도 하다.

신흥 학제학회로서는 끊임없는 노력으로 활동을 활성화해 가지 않으면 금방 회원을 전통적 학회에 빼앗길 위험성이 있다.

물론 여기에는 회원이 어느 쪽에 소속의식을 갖느냐는 문제도 연관되어 있어, 연구 테마나 인맥 등에 따라서는 전통적 학회를 포기하고 신흥 학제학회를 중심으로 활약하려는 연구자도 있을 것이다.

하여튼 신흥 학제학회로서는 전통적 학회와의 차이를 의식하고, 존재의식을 명확히 인식해 둘 필요가 있다.

4.4. 학회의 규모와 형태

학회규모(회원 수)와 학회형태(운영 방법)는 깊은 연관이 있는 것 같다. 전통적인 학회는 대규모인 경우가 일반적인데 여기서는 주로 신흥 학제학회에 대해 생각해 보기로 하자.

어디까지나 대략적이기는 하나 소규모 학회는 회원 수가 100명 이하, 중규모 학회는 100명에서 1,000명 이하, 대규모 학회는 1,000명 이상 정도일 것이다.

소규모 학회는 학제학회로서의 운영이 어려울 것이다. 회원의 전문분야가 다양하면 결국 제각각이 되기 쉽다. 새로이 학제학회를 만드는 경우 설립 단계에서 회원 수를 100명 이상(가능하면 수백 명 정도) 모집할 필요가 있다.

중규모 학회는 이사회의 노력으로 어떻게든 운영할 수 있다. 이사회는 '결집시키는 노력'을 해야 한다. 다양한 생각을 지닌 회원이 있음을 전제로 공평한 운영에 유념할 필요가 있다.

대규모 학회는 학제학회가 되기 어렵다. 학제학회가 실제로 커지면, 좁은 분야의 전문학회가 성립·분파하게 된다. 전통적 학회에서도 이러한 분파는 자주 볼 수 있다. 학제학회는 전통적 학회 이상으로 분열되기 쉽다고 생각한다. 그런 의미에서 너무 규모가 커지는 것도 장단점이 있다.

학제학회는 전통적 학회가 될 수 없다. 그 이유는 학회조직 외에도 다양한 사정이 연관되어 있기 때문이다(4.3. 참조).

여기서 참고로 사회언어과학회의 회원 수(2017년 현재)를 살펴보자. 일반회원 1,073명, 학생회원 172명, 단체회원 58단체가 소속되어 있다. 학회지 발행부수는 1,300부이다. 중규모 학회를 벗어나, 이윽고 대규모 학회가 된 것 같다. 그러나 상술한 바와 같이 지금 정도가 적정 규모이며, 회원 수가 현재의 2배(혹은 그 이상)가 되기는 어렵다.

또 하나 학제학회의 예로서, 계량국어학회의 경우를 살펴보자. 이곳은 1957년 설립되어 '신흥'은 아니지만 국어학(일본어학)과 수학, 정보과학의 학제학회이다. 회원 수는 설립 무렵부터 계속해서 300명 전후로 변함이 없다. 이사회 멤버로는 설립 이래 이공계 연구자가 여러 명 참가하고 있다. 이사회가 차기 이사회를 조직하는 방식으로 운영하고 있어서 이사회 멤버는 상당히 고정적이다. 단순한 선거제도를 도입할 경우 이사회가 기능하지 못할 위험성이 있어 이를 피하기 위함이다.

한편 전통적 학회의 일례로서 일본어학회를 보자. 회원 수 약 1,600명이다. 2004년경에 2,400명이었으니 회원 수는 감소하는 추세이다. 그래도 회원 수가 상당하며 전통적 학회의 전형적 사례이다. 회원의 선거로 평의원 및 이사를 선출한다.

5. 「정보화시대의 학제적 일본연구」에 대해서

이제 제목 그대로 '정보화시대의 학제적 일본연구'에 대해 생각해 보고 싶다. 이하에서는 '정보화시대', '(공동연구로서의) 학제적 연구', '일본연구'의 세 가지 키워드로 구분하여 제목에 관한 소견을 언급하고자 한다.

5.1. '정보화시대'는 거의 의미가 없다

우선 현재를 '정보화시대'라고 간주하는데, 이는 현대라는 시대를 보는 시점으로서 거의 의미가 없다고 생각한다.

첫째, 시대는 연속적이므로 구분하여 파악하는 것은 본래 불가능하기 때문이다. 특히 '정보화시대'라는 인식은 언제부터 시작되었는지 명확하지 않다. 내 경험으로는 1970년경부터 정보화시대였으며, 컴퓨터 역사를 되돌아보면 그 이전부터 정보화시대였다.

둘째, 정보화는 현대의 특징인데 앞으로도 계속 그럴 것이며 더욱 가속화될 것이다. 향후에는 빅 데이터 처리나 AI 기술의 발전 등으로 인해 더욱 정보화가 진행될 것으로 보인다. 따라서 현시점에서 정보화 운운해도 그다지 의미가 없다.

셋째, 연구 동향은 단기적인 '시대의 흐름'에 맞출 필요가 없다는 점이다. 기본적인 태도로서는 하고 싶은 연구가 가능하면 좋겠다. 만약 현재를 '정보화시대'라고 간주한다면, 정보화에 관한 연구만이 가치 있는 테마처럼 여겨지지만 절대 그렇지 않다. 온갖 테마에는 제각기 가치가 있으므로, 정보화여도 좋고 그렇지 않아도 좋다.

위와 같이 생각한다면 현재를 '정보화시대'로 간주하는 것 자체가 무의미하다.

5.2. 일본연구는 학제연구

다음으로 '일본연구'인데, 일본연구는 지역연구의 일부로 위치 지을 수 있다. 즉 일본연구(일본학)라는 인식·명명 자체가 일본연구가 학제적임을 말하고 있다.

온갖 학문분야가 일본학과 연관될 수 있으며, 관련되지 않는 분야란 결국 본래부터 일본에 존재하지 않는 것이다. 예를 들어 다른 지역연구(툰드라, 애버리지니)는 분명 일본학이 아니다.

이와 같은 학제적 연구를 생각할 때, 연관된 학문 분야의 차이는 상당히 크다. 연구의 목적·방법·발표방식 등 다양한 면에서 다르다. 특히 이공계와 인문계의 차이가 크다. 따라서 중요한 점은 각기 다른 학문분야가 '일본학'으로서 기능할지의 여부이다.

학문영역으로서 성립할지는 거기에 모인 연구자의 범위와 수에 따라 크게 달라진다. 연구자가 너무 많으면 전문분야별로 나눠는 경향이 있다. 그러면 학제연구로서의 재미·의의가 없어져 버린다. 이는 누구든, 어떤 조직이든 좀처럼 컨트롤할 수 있는 부분이 아니다. 위의 4에서 언급한 사정을 고려할 필요가 있다.

유럽 등에서도 Japanology가 있는데 어떻게 운영되고 있을까? 나에게는 정보가 없어서 잘 모르겠다.

5.3. 공동연구로서의 학제연구

학제연구는 공동연구를 진행하면서 이루어지는 것이다. 어떤 공동연구를 지향하면 좋을까? 이하에서는 내 경험을 바탕으로 개관해보고자 한다.

공동연구로서 학제연구를 진행한다면 대규모 연구체제 구축을 고려할 필요가 있다.

소규모 공동연구는 일상적으로 이루어지고 있어 새로운 특색을 내세우기 어렵다. 의도적으로 학제적 공동연구를 하려고 한다면, 그 반대를 노리는 것이 좋을 것이다. 그리고 대규모 연구체제라면 다양한 연구자가 모이는 조직이 좋다. 동일한 학문 분야의 연구자가 모여서는 자극이 적다. 종래의 학회와 별반 다를 게 없다. 새로운 조직이야말로 미래 발전의 기초가 될 수 있다.

이와 같은 대규모 공동연구는 젊은 연구자에게도 자극이 될 것이다. 연구자 육성은 공동연구를 바탕으로 한다고 생각하는 것이 좋다. 이것은 바로 OJT(On-the-Job Training) 방식 그 자체이다.

대규모 공동연구는 수년 안에 테마를 변경하고 참가자를 바꾸는 편이 좋다. 달리 말하자면 개개의 공동연구는 수년 내에 종결시켜야 한다는 것이다. 수년간 행해온 공동연구를 그때그때 정리해가는 것이 중요하다.

이와 같은 연구형태를 고려하면 연구자의 평가 문제가 발생한다. 여기서 필요한 것이 리더십이다. 3에서 언급한 내용과 중복되므로 상세한 언급은 생략하겠다.

5.4. 9학회연합

일본에서의 학제적 공동연구의 예로서 다소 오래전 이야기이긴 하나, 9학회연합(九学会連合)에 관해 언급하고 그 경위를 살펴두는 것도 앞으로의 학제적 공동연구에 도움이 되리라 생각된다.

일본에서는 9학회연합(1950년경~1989년)에 의한 공동조사가 실시되었다. 9개 학회의 연합체로서, 시기별로 다소 변화는 있지만 일본민

족학회, 일본민속학회, 일본인류학회, 일본사회학회, 일본언어학회, 일본지리학회, 일본종교학회, 일본고고학회, 일본심리학회가 주요 멤버였다.

9학회연합은 일본 각지에서 공동으로 학제적 지역연구를 실시하고 보고서를 간행했다. 그 테마를 열거하면 쓰시마(1954), 노토(1955), 아마미(1959), 사도(1964), 시모기타(1967), 도네가와(1971), 오키나와(1976), 아마미(1980), 풍토(1985), 연안문화(1989), 균질화(1994)이다. 처음에는 특정 지역을 선택하여 공동조사를 하는 형식이었으나 이후 지역연구가 아닌 테마를 선택하게 되었다.

9학회연합은 기관지 『인류과학』을 간행해왔는데 공동연구로서의 사명을 완수했다고 보고 1989년 최종 대회를 열고 해산하였다.

왜 9학회연합은 해산하였는가?

柴田(1990), 「9학회연합과 나」(『인류과학』 제42집)에서는 다음과 같은 이유를 들고 있다.

(1) 국내 공동조사에 흥미가 없어졌다.
(2) 각종 공동조사·공동연구가 실시되고 있다. 9학회연합의 필연성이 없다.
(3) 9개 학회의 연합 자체가 다소 무리였다.
(4) 이런 형태의 특정 지역 공동조사는 이미 불가능하다. 성과는 있었으나 그 이상은 불가능하다.
(5) 윤번제 운영이 문제였다.

그리고 徳川(1990), 「9학회연합과 언어학」(『인류과학』 제42집)에는 다음 두 가지가 언급되어 있다.

(1) 적절한 공동연구의 장이 존재한다(시바타의 (2)).
(2) 전체 학회가 평등한 형태로 참가하는 방식으로는 테마나 팀 편성이 어렵다.

나는 柴田・徳川의 논고를 바탕으로 다음과 같은 이유에서 9학회연합이 해산에 이르게 되었다고 생각한다.

첫째, 공동연구의 (당시의) 어려움이다. 이것은 현재도 변함이 없다(아마도 없을 것이다). 학제적 공동연구는 특히 어렵다.

둘째, 당시의 시대적 특징이다. 당시에는 상호 연락 수단도 부족했다. 지금이라면 메일이나 네트워크를 통해 연락을 취할 수 있지만 그런 수단이 없었다.

셋째, 과학연구비(문부성의 보조금) 확보 여부의 문제이다. 보조금을 사용할 수 있는 해와 사용할 수 없는 해가 있었다. 사용 불가능할 때는 9개 학회가 각 조직으로부터 비용을 염출한 것 같은데 공동연구에 참여하지 않는 다수의 회원으로부터 불만의 소리가 나왔을 것이다.

넷째, 공동연구 기간이 너무 길었다는 점이다. 40년이나 되는 기간 동안 상당히 고정된 조직이었는데, 너무 길었다고 볼 수 있다. 너무 길면 변화가 없고 새로운 피가 수혈되기 어려워 문제가 발생한다. 또 운영방법 등이 고정화되어 조직으로서의 타성이나 습관이 축적되면서 결국 변화하기 어렵게 된 것이 아닐까.

새로운 학제적 공동연구를 구축해 나아갈 때 상기의 사항들을 주의하면 좋을 것 같다.

5.5. 학제학회로서의 일본연구

학제학회로서의 일본연구를 생각하면 과제가 산적해 있는 듯하다.

연구내용 면에서는 학문분야의 차이를 어떻게 극복할 것인가라는 문제가 항상 존재한다.

공동기반으로서의 '데이터' 구축도 시급하다. 3.2에서 언급한 바와 같이 실증연구라면 학제적 어프로치가 가능하겠지만, 학회로서 공동조사를 할 것인가 혹은 할 수 있는가 하는 점은 또 다른 문제이다.

회원들의 다양한 의식도 때로는 장애가 될 수 있다. 연구자 개인의 의식과 조직으로서의 합의가 어긋나는 문제도 일어날 수 있다.

6. 맺음말

지금까지 학제적 연구, 공동연구, 학제적 학회의 다양한 측면을 살펴보았다. 이를 정리하면 다음과 같다.

첫째, 공동연구의 장려이다.

공동연구·공동조사의 장점을 인식했으면 한다. 이공계에서는 거의 모든 연구가 공동연구이다. 인문계와는 연구체제가 크게 다르다. 인문계는 그 안에서도 분야 간 차이가 크다. 수년마다 새로운 테마로 연구하는 식으로 진행하는 편이 좋다.

둘째, 학제연구의 장려이다.

학제연구의 장점을 알았으면 한다. 지금까지 연구해온 것과 동떨어진 새로운 테마 발굴도 가능할 것이다. 종래와 다른 시점에서 대상을 볼 필요가 있다. 대규모 데이터 수집을 위해 노력했으면 한다.

셋째, 학제학회의 장려이다.

학제학회의 장점을 인식했으면 한다. 연구자로서 학제적 자극을 받는 것이 중요하며, 이것이 연구자의 육성·성장으로 이어진다. 학제적 학회의 운영에도 주의를 기울였으면 한다.

본고의 내용을 한마디로 요약하자면 '공동연구를 즐기자, 학제연구를 즐기자, 학제학회를 활성화하자'라고 할 수 있겠다.

대역자료를 통해 본 한국어와 일본어의 주어 실현 양상

김영민

1. 머리말

문장의 주어를 나타내는 경우, 주제를 나타내는 '은/는'(이하 '은')을 붙여 나타내거나 주격 조사 '이/가'(이하 '이')를 붙여 나타내는 방법 이외에, 그 외의 다른 조사를 붙이거나 조사를 생략하여 나타내거나 할 수도 있다. 문맥에 따라서는 주어를 생략하기도 한다.

주어가 어떠한 형식으로 실현되는가 하는 문제는 문장 안의 정보만으로 파악하기 어려운 경우가 많다. 실제로 주어가 '은'과 결합한 경우에는, '주제' 혹은 '구정보'를 나타내며 '이'와 결합한 경우에는 '초점', '신정보'를 나타낸다고 언급되는데, 이러한 분석도 문장의 범위를 넘어 담화 속에서 주어의 역할을 고려한 분석이다.

그러나 '은'과 결합한 주어가 '주제' 혹은 '구정보'를, '이'와 결합한 주어가 '초점' 혹은 '신정보'를 나타낸다는 분석은 다음과 같은 예에서의 주어의 실현 양상을 설명하는 데 충분하지 않다.

(1) "도로에 화살표를 그린 건 가즈야의 아이디어였어요." 시즈에는 한 번 더 다짐하듯 말했다.
"그게 어쨌다는 거야." 나도 모르게 말투가 강해졌다.
"재밌는 생각을 해내는 아이였지요." 〈단락K16〉

(2) 장례식이 끝난 뒤 "여보, 야스코하고 얘기 좀 해봐요."하고 시즈에가 옆구리를 찔렀다. 나는 물러서지 않았다. 딸과 사이가 나쁘다는 것은 분명 괴로운 일이고, 나누고 싶은 말은 산더미 같았지만 "녀석이 사과하지 않는 한 내 알 바 아냐."하고 대답했다. 본심이었다. 〈단락K24〉

(1), (2)의 단락에서 첫 번째로 나오는 주어 '시즈에'는 이전 단락에서도 등장한 인물로 전체 담화 속에서 주제를 나타내고 있는데, (1)에서는 '은'과 결합하여, (2)에서는 '이'와 결합하여 나타나고 있다. 이러한 현상은 전체 담화 속에서 해당 주제가 어떻게 분포되어 있는지, 즉 직전 단락에서 나왔는지 아닌지 등의 요인을 고려하여 검토되어야 한다.

이에 이 연구에서는 실제 담화 속에서 주어가 어떻게 실현되는지를, 텍스트를 계량적으로 분석하여 살펴보고자 한다. 일본어 단편소설과 한국어 대역본을 분석하여 일본어와 한국어 텍스트에서 주어의 실현 양상을 살펴보고 두 언어에서의 차이점을 밝히고자 한다.

2. 선행연구

텍스트 분석을 통해 주어의 실현 양상을 밝히고자 한 선행연구는 제한적이다. 여기서는 김수정・최동주(2013), 砂川(2005)에 대해 살펴보기로 한다.

김수정・최동주(2013)는 소설 텍스트를 분석하여 한국어의 주어 실현 양상에 대해 고찰하였다. 분석 결과는 다음과 같다.

(3)

a. 주어가 가리키는 지시체가 텍스트에서 처음 출현하는 경우에는 '이/가' 결합 형식과 '은/는'결합 양식이 모두 상당한 빈도로 나타난다.

b. 텍스트 앞에서 나타난 적이 있는 지시체가 단락에서 처음 출현하는 경우에는 '은/는' 결합 형식이 현저하게 많다.

c. 주어의 지시체가 단락 내에서 이미 언급된 경우에는 생략되는 빈도가 월등히 높다.

d. 동일한 지시체가 단락 내에서 이미 화제[1]로 제시되었음에도 주어가 '이/가' 결합 형식을 취할 수 있다.

김수정・최동주(2013, pp.39~40)

김수정・최동주(2013)는 박완서의 소설 '그 가을의 사흘 동안'을 계량적으로 분석하여 담화 내에서 한국어의 주어가 실현되는 양상을 구체적으로 밝히고 있다. 단, 분석 자료가 제한적이라는 한계가 있음을 지적하고 있는 바, 본 연구의 분석 결과는 김수정・최동주(2013)의 연구 결과에 더하여 한국어 주어 실현 양상에 대한 더 폭 넓은 시사점을 제시할 수 있을 것이다.

砂川(2005)는 텍스트에 대한 심층분석을 통해 주제의 계층성과 표

---

1) '화제'와 '주제'는 동일한 의미로 사용될 수 있으나 일본어학에서는 '주제'가 더 일반적으로 사용되고 있어 여기서는 '주제'로 통일하기로 한다.

현 양식을 밝히고 있는데, 본 연구와 관련된 내용으로는 명사가 가리키는 지시체의 주제성에 따라 텍스트에 도입될 때 조사의 선택이 달라짐을 밝힌 부분을 들 수 있다. 주제성이 큰 명사일수록 'は', 'が', 'を', 기타조사의 순으로 조사를 선택한다는 것인데, 이러한 분석 결과가 한국어와 일본어 텍스트에서의 주어 실현 양상을 적절히 기술할 수 있는지에 대해 살펴보겠다.

3. 분석 방법

본 연구에서는 이사카 고타로(伊坂幸太郎)의 『종말의 바보(終末のフール)』에 실려 있는 단편소설 『終末のフール』와 이에 대한 번역본을 자료로 하여 계량적인 분석을 실시하였다. 분석방법은 큰 틀에서 김수정·최동주(2013)를 따랐다.

주어의 실현 형식은 'は', '은'과 결합하는 경우, 'が'[2], '이'와 결합하는 경우, 주어가 생략되는 경우, 그 외의 다른 조사와 결합하거나 조사가 생략되는 경우의 네 가지 경우로 나누어 분석하였다.

단락의 구분은 원칙적으로는 원문에서 들여쓰기가 이루어진 곳을 기준으로 단락의 시작과 끝을 정하였다. 단, 대화문이 포함되어 있는 경우에는 대화문 다음의 문장은 모두 들여쓰기가 되어 있기 때문에, 문맥을 고려하여 단락을 설정하였다. 한국어 번역본의 경우에는, 일본어 원본에 비해 단락 구분이 훨씬 많이 이루어져 있으나 일본어와의 비교 분석을 위해 원본의 단락 구분을 기준으로 하여 단락

2) 일본어에서 'は'는 한국어의 '은/는'과 같이 주제를 나타내는 기능을 하며, 'が'는 한국어의 '이/가'와 같은 주격조사이다.

을 설정하였다.

분석 대상이 된 단락은 일본어, 한국어 각각 115개이다. 각 단락별로 단락 내에 출현한 주어에 위에서 설명한 방법에 따라 태그를 붙이고 이를 계량적으로 분석하였다. 구체적인 예를 들어 분석 방법을 살펴보자.

(4) ①「今日はカレーのようだな」0=1私は意識するよりも先に、言った。②誰かが日常生活を送っている、という事実にA#36嬉しくなる。 ③「そうなんですね」静江のB〉4声も心なしか、弾んでいた。④門扉のところにC〉2灯籠があった。⑤横の静江のD〉2顔が、ぼうっと照らし出される。⑥ずいぶん、老けたものだ、と今さらのようにE#37思った。⑦口元のF〉2皺が以前よりもくっきりと浮き上がり、⑧G〉4肌も乾燥している。 〈단락J44〉

(5) ①"오늘은 카레인 모양이군." 미처 의식하기도 전에 0=2내가 말했다. ②누군가가 일상적인 생활을 하고 있다는 사실에 기쁨을 A#36느꼈다. ③"그런 거 같네요." 생각 탓인지는 몰라도 시즈에의 B〉5목소리도 들떠 있었다. ④문 부근에 C〉2등롱이 있었다. ⑤옆에 있는 시즈에의 얼굴을 희미하게 D#3비쳤다. ⑥꽤 늙었구나, 새삼 그런 생각이 E#37들었다. ⑦입가의 F〉2주름이 전보다 뚜렷하게 떠올랐고 ⑧G〉5피부도 건조했다.
〈단락K44〉

문장이나 절 단위[3]로 나누고 출현하거나 생략된 주어에 태그를 달

3) 대화문이나 위의 (5)의 ⑥에서 '꽤 늙었구나'와 같이 속마음을 나타내는 인용문 등은 분석 대상에서 제외하였다. 대화문이나 인용문에서는 주어의 생략이 많이 이루어지는 등, 주어의 출현 양상이 일반적인 텍스트와는 다르기 때문이다. 또한 (5)

아 분류하였다. 주어가 생략된 경우에는 ⑥에서와 같이 생략된 주어와 호응하는 술어 앞에 태그를 붙여 표시하였다. 단락 내에 출현한 주어에는 0과 알파벳 대문자를 붙여 표시하였다. 0은 단락에 처음 나오는 주어를 나타내고 그 이후에 나오는 주어에는 순서대로 A부터 시작하여 알파벳 표시를 하였다. 그 다음에 그 주어의 지시체가 처음 출현하는지, 직전 단락이나 그 이전 단락에서 출현하는지, 같은 단락 내에서 출현하는지 등에 따라 =, # 등의 부호를 붙여 분류하였고, 주어의 실현 형식에 따라 'は', '은'은 1, 'が', '이'는 2, 주어생략은 3, 기타 조사는 4로 표시하였다.

(4)의 단락의 문장 ①에서 '私は'는 단락의 첫 번째 주어로서 직전 단락에 그 주어의 지시체가 등장하거나 언급되었으며, 'は'를 취한다. ②에서 단락의 두 번째 주어는 지시체가 같은 단락에 이미 등장했으며 생략되어 있고 앞에 나온 주어의 지시체를 다시 언급하고 있음을 알 수 있다. 문장 ③에서는 '声も'가 단락의 세 번째 주어로서 지시체가 단락에 처음 등장하며 기타 조사를 취하고 있다. 문장 ⑥에서는 문장①의 주어가 다시 등장하였으나 생략되어 있다. 문장 ⑦과 ⑧에서 단락에 처음 등장하는 주어가 출현하여 'が'와 기타 조사의 형식을 취하고 있다.

(5)는 (4)에 대응하는 번역본의 단락이다. ①과 ⑤의 문장에서 주어가 일본어 원문과는 다르게 실현되고 있다. ①에서는 주어가 가리키는 지시체가 직전 단락에 등장했음에도 불구하고 '이'가 쓰이고 있다. 직전 단락에서 ①의 주어의 지시체가 등장하는 마지막 부분을 들면 다음과 같다.

의 ①에서 '미처 의식하기도 전에'와 같이 구문적으로 주어의 생략이 의무적이거나 주어의 실현 양식이 고정되어 있는 경우에도 분석 대상에서 제외하였다.

(6) 〈전략〉 그런 식으로 스윽 하고 어두컴컴해졌다. 아직 오후 5시 반인데 말이다. 왼쪽으로 꺾어들었다. 왼편 블록 담장을 뛰어넘듯이 카레 냄새가 흘러왔다. 그리움이 일었다. 〈단락K43〉

이 소설은 1인칭 주인공 시점에서 서사되고 있어 (6)에서 밑줄 친 문장의 생략된 주어는 '나는'임을 알 수 있다. (6)의 단락에 바로 이어진 단락 (5)의 첫 문장에서 동일한 지시체를 가리키는 주어가 생략되지도 않고 '이'를 취해 출현한 것이다. 이는 굳이 '이'를 씀으로써 (5)에서 새로운 사건이 전개되는 것을 나타내기 위한 작가의 의도일 수 있다. 그러나 일본어 원문에서 '은'에 해당하는 'は'를 취하고 있음에도 '이'가 선택되었다는 것은 이전 텍스트의 주제어가 새로운 단락에 처음으로 출현하는 경우에도 한국어에서는 일본어에 비해 '이'의 선택이 자유롭다는 것을 의미한다 할 수 있겠다. 이에 대해서는 다음 절에서 더 자세히 분석하기로 한다.

(5)의 문장 ⑤에서는 바로 앞 문장 ④의 주어의 지시체 '등롱'이 생략된 형태로 주어로 쓰이고 있다. 사건묘사적인 기술에서는 묘사의 대상이 주어로 나타날 때는 일반적으로 '이'와 결합한다. 계속적으로 묘사 대상이 등장하는 경우에도 '이'와 결합하는 것이 일반적이다. 실제로 일본어 원문 (4)에서는 ④, ⑤의 주어는 각각 주변을 묘사하는 상황 속에서 묘사의 대상이 되는 '灯籠(등롱)', '顔(얼굴)'이다. 이에 대해 한국어 번역본의 (5)에서 ④, ⑤의 주어는 '등롱', 생략된 '등롱'이다. 여기서 주목할 점은 한국어에서는 문장의 주어로 동작주가 나타나기 쉽다는 점이다. 이는 한국어와 일본어의 수동문의 대응 양상을 시점[4]의 관점에서 비교, 분석한 김영민(2017)에서도 지적한 바

4) 여기에서의 시점은 久野(1978)의 '공감도'에 근거한 개념으로서의 시점을 의미한다.

있다. 이러한 단문 내에서의 주어 실현 양상의 차이도 두 언어 사이에서 관찰된다.

다음 절에서는 이상의 분석 방법에 따라 일본어와 한국어의 텍스트를 비교 분석한 결과를 자세히 살펴보기로 한다.

4. 분석 결과 및 고찰

다음은 일본어 원본과 한국어 번역본의 115개 단락에 출현하는 주어를 결합 형식에 따라 분류한 결과를 나타낸 표이다.

(7) 결합 형식에 따른 주어의 실현 양상

결합형식		'은'/'は'	'이'/'が'	주어 생략	기타 조사	합계
한국어	출현수	147	158	177	37	519
	비율	28.3%	30.4%	34.1%	7.1%	100%
일본어	출현수	189	124	172	36	521
	비율	36.3%	23.8%	33.0%	6.9%	100%

주어가 생략되거나 기타 조사와 결합하는 경우에는 한국어와 일본어 사이에 유의미한 차이는 없으나 '은'/'は'의 결합과 '이'/'が'의 결합에 있어서는 상반되는 결과가 드러났다. 일본어 텍스트에서는 'は'가 'が'가 쓰인 경우보다 12.5% 더 많이 쓰였으나 한국어 텍스트에서는 '은'과 '이'의 출현율이 거의 비슷하였고 오히려 '이'의 경우가 상회하는 결과가 되었다. 일본어 텍스트와 한국어 텍스트가 대역 관계에 있는 점을 고려하면 이러한 차이는 상당히 유의미한 차이라 할 수 있다.

이하, 주어의 지시체가 텍스트에 처음 언급된 경우와 이미 언급된 경우로 나누어 자세히 살펴보기로 한다.

4.1. 주어의 지시체가 텍스트에 처음 언급된 경우

다음은 주어가 가리키는 지시체가 텍스트에 처음 언급된 경우의 주어의 실현 양상을 정리한 표이다.

(8) 지시체가 텍스트에 처음 언급된 주어의 실현 양상

결합형식		'은'/'は'	'이'/'が'	주어 생략	기타 조사	합계
한국어	출현수	30	80	12	16	138
	비율	21.7%	58.0%	8.7%	11.6%	100%
일본어	출현수	46	69	10	15	140
	비율	32.9%	49.3%	7.1%	10.7%	100%

텍스트에 처음 언급되는 지시체를 가리키는 주어는 '이'/'が'와 결합하는 경우가 가장 많았다. '이'/'が'가 '신정보'를 나타내거나 사건묘사적인 기술에서 새로이 등장하는 묘사 대상을 나타내는 기능을 한다는 점을 고려하면, 한국어와 일본어에서 '이'/'が'의 비율이 가장 높다는 결과는 예측 가능한 범위 내에 있다. 그러나 일본어 텍스트에서는 한국어 텍스트에 비해 'は'의 출현 비율이 10% 이상 높으며 반변에 'が'의 출현 비율은 10% 가까이 낮다. 이는 일본어에서는 텍스트에 처음 언급된 지시체를 주어로 제시할 때에도 '구정보', '주제'를 나타내는 'は'가 한국어에 비해 더 많이 쓰이고 있다는 것을 의미한다.

4.2. 주어의 지시체가 텍스트에 이미 언급된 경우

다음은 주어의 지시체가 텍스트에 이미 언급된 경우의 주어의 실현 양상을 정리한 표이다.

(9) 지시체가 텍스트에 이미 언급된 주어의 실현 양상

결합형식		'은'/'は'	'이'/'が'	주어 생략	기타 조사	합계
한국어	출현수	117	78	165	21	381
	비율	30.7%	20.5%	43.3%	5.5%	100%
일본어	출현수	143	55	162	21	381
	비율	37.5%	14.4%	42.5%	5.5%	100%

같은 단락 내에서 지시체가 언급된 경우를 포함하여 텍스트의 앞에서 이미 언급된 지시체를 가리키는 주어의 경우, 한국어 텍스트, 일본어 텍스트 모두 주어가 생략되는 경우가 가장 많았다. 출현 비율도 두 언어에서 크게 다르지 않았다. 그 다음으로 '은'/'は'가 출현 비율이 높은데, 일본어 텍스트에서는 한국어 텍스트에 비해 7% 가까이 'は'가 더 많이 출현하였다. 반면 '이'/'が'의 경우에는 일본어 텍스트에서 한국어 텍스트에 비해 6% 가까이 'が'가 적게 출현하였다. 이는 위에서도 언급한 바와 같이 한국어 텍스트에서는 이미 언급된 지시체를 가리키는 주어도 '이'와 결합하여 출현하는 것이 일본어 텍스트에서보다 자유롭기 때문으로 판단된다.

다음으로 텍스트 앞에서 이미 언급된 지시체를 가리키는 주어가 그 지시체와의 담화상의 거리에 따라 어떻게 실현되는지를 살펴보자. 본 연구에서는 지시체가 직전 단락에 나타나는 경우, 이전 단락(직전 단락보다 앞에 나온 단락)에 나타나는 경우, 같은 단락 내의 앞에 나타나는

경우로 나누어 각각의 경우의 주어 실현 형식을 분석하였다.

(10) 이미 언급된 지시체와의 담화상의 거리에 따른 주어의 실현 양상

출현수(비율)

결합형식		'은'/'は'	'이'/'が'	주어 생략	기타 조사	합계
한국어	직전단락	54(47.4%)	29(25.4%)	25(21.9%)	6(5.3%)	114
	이전단락	15(30.0%)	24(48.0%)	6(12.0%)	5(10.0%)	50
	단락 내	48(22.1%)	25(11.5%)	134(61.8%)	10(4.6%)	217
일본어	직전단락	63(54.8%)	20(17.4%)	26(22.6%)	6(5.2%)	115
	이전단락	21(45.7%)	15(32.6%)	5(10.9%)	5(10.9%)	46
	단락 내	59(26.8%)	20(9.0%)	131(59.5%)	10(4.5)	220

직전 단락에서 언급된 지시체를 가리키는 주어의 경우, 일본어, 한국어 텍스트에서 모두 '은'/'は' 결합이 가장 많았다. 그 다음으로는 일본어 텍스트에서는 주어 생략, 'が' 결합 순이었으나, 한국어 텍스트에서는 '이' 결합이 주어 생략보다 많이 출현하였다. 위에서 언급한 바와 같이 텍스트 앞에서 언급된 지시체를 가리키는 경우에 한국어 텍스트에서는 주어가 '이'를 취하기 쉽다는 사실과 부합되는 결과이다.

이전 단락에서 언급된 지시체를 가리키는 경우에는 한국어 텍스트와 일본어 텍스트의 주어 실현 양상이 더욱 달라진다. 일본어 텍스트에서는 'は' 결합 양식이 가장 많이 출현한 데 대하여, 한국어 텍스트에서는 '이' 결합 형식이 가장 많이 출현하였다. 일본어 텍스트의 경우에도 직전 단락의 경우와 비교하여 'が'의 사용이 늘어났다.

반면 단락 내의 앞부분에서 언급된 지시체를 가리키는 주어는 생

략되는 경우가 전체의 60% 정도를 차지하였고 그 다음으로 '은'/'は' 결합이 많았고 직전 단락, 이전 단락의 경우와 비해 '이'/'が' 결합은 현저하게 적어 10% 정도에 그쳤다.

이상의 결과는 주어가 가리키는 지시체가 이전에 언급되었던 곳까지의 담화상의 거리가 주어 실현 양상에 영향을 미치는 것을 보여주고 있다.

4.3. 고찰

위에서 살펴본 분석 결과를 정리하면 다음과 같다.

(11)

a. 대역 관계에 있는 일본어 텍스트와 한국어 텍스트는 주어와 결합하는 형식 '은'/'は'와 '이'/'が'의 출현 비율에 있어서 유의미한 차이가 있다. 일본어에서는 'は'의 출현 빈도가 훨씬 높은데 비하여 한국어에서는 '이'의 출현 빈도가 더 높다.

b. 텍스트에 처음 출현하는 지시체를 가리키는 주어의 경우에는 '이'/'が'의 출현 빈도가 상당히 높다. 단, 일본어 텍스트에서는 'は'의 출현 비율이 한국어 텍스트에 비해 상대적으로 높다.

c. 텍스트의 앞에서 이미 언급된 지시체를 가리키는 주어의 경우에는 두 언어에서 모두 주어가 생략되는 비율이 가장 높았다. 그 다음으로 빈도가 높은 주어의 형식에 있어서는 두 언어 간에 차이가 있다. 일본어 텍스트에서는 'は'의 출현 빈도가 높고 한국어 텍스트에서는 '이'의 출현 빈도가 높다.

d. 텍스트의 앞에서 이미 언급된 지시체를 가리키는 주어와 그 지시체가 언급되었던 곳까지의 담화상의 거리에 따라 주어의 출현 양상이 달라진다. 일본어 텍스트에서는 같은 단락 내에서는 주어 생략,

'は' 결합, 'が' 결합 순이었고, 직전 단락에서는 'は' 결합, 주어 생략, 'が' 결합 순, 이전 단락에서는 'は' 결합, 'が' 결합, 주어 생략의 순이었다. 한국어 텍스트의 경우 같은 단락은 주어 생략, '은' 결합, '이' 결합 순, 직전 단락에서는 '은' 결합, '이' 결합, 주어 생략 순으로 차이가 보이기도 하나 일본어 텍스트와 대체적으로 유사한 출현 양상을 보였으나, 이전 단락에 있어서는 '이' 결합, '은' 결합, 주어 생략 순으로 일본어와 큰 차이가 있다.

(11)a에 정리한 바와 같이 한국어 텍스트에서는 '은'에 비해 '이'의 출현 비율이 높다. 이는 (11)b, (11)c, (11)d에 정리한 한국어 주어 실현 양상의 특징에 기인한다. 주어의 지시체가 텍스트에 처음 등장하는 경우, 텍스트의 앞에서 이미 언급된 경우 모두 한국어 텍스트에서는 일본어 텍스트와 비교하여 '이'의 출현 빈도가 높기 때문이다. 일본어 텍스트에서는 텍스트에 처음 등장하는 경우에 'は'의 출현 빈도가 한국어에 비해 높은 것이 특징적이다. 이하, 이러한 특징이 관찰되는 이유에 대해 구체적인 예를 들어 살펴보기로 한다.

먼저, (11)b에서 언급한, 텍스트에 처음 출현한 지시체를 가리키는 주어가 한국어에서는 '이'와 결합하는 빈도가 상당히 높다는 결과('이' 결합 58.0%, '은' 결합 21.7%)에 대해 살펴보자.[5] 분석 자료가 일본어 원문과 한국어 대역본인 만큼, 일본어 텍스트에서 'は'로 나타난 주어가 한국어 텍스트에서 '이' 형식을 취하는 경우를 중심으로 살펴보기로 하겠다.

---

5) 김수정・최동주(2013: 48)에서는 같은 상황에서 '은' 결합이 46.2%에 이르러 현저하게 많다고 분석하고 있으나, 비교를 위해 보조자료로 분석한 『수난이대』에서는 '이' 결합이 54.4%에 이르러 본 연구와 유사한 결과가 관찰되었다. 텍스트의 내용, 문체적 특성에 따른 차이라 할 수 있겠으나 통계적으로 '이' 결합이 더 일반적이라 할 수 있겠다.

(12)

a. 소리가 울려 퍼지며 사이드테이블 위에 있던 병이 깨졌다. 야스코가 손닿는 곳에 있던 시계를 던진 것이다. 〈후략〉 〈단락K32〉

b. 音が響き渡った。サイドボードの上に置いてあった瓶が割れた。康子が、手近にあった時計を投げたのだ。〈후략〉 〈단락J32〉

(13)

a. 오른쪽을 봐도 왼쪽을 봐도 덧문까지 굳게 닫힌 집들이 눈에 띄었다. 마당의 침엽수가 꺾인 채로 있는 집이 있는가 하면 2층 유리창이 깨진 집도 있다. 〈단락K35〉

b. 右を見ても左を見ても、雨戸を閉め切っている家が目立った。庭の針葉樹が折れたままになっている家もあれば、二階の窓ガラスが割れている家もある。 〈단락J35〉

(12), (13)의 단락에서 밑줄 친 주어는 주변을 묘사하는 문맥 속에서 처음 등장하는 지시체를 가리킨다. 이는 최동주(2012)가 언급한 바와 같이 '이' 형식의 주어가 쓰인 문장이 기본적으로 주제를 나타내지 않고, 사건을 제시하는 기능을 한다는 점에서 사건묘사적인 문장에서 묘사 대상인 주어가 '이' 형식으로 나타나는 것은 자연스러운 현상이다. 반면, (14), (15)에서는 일본어 텍스트에서 'は'를 취한 주어가 한국어 텍스트에서는 '이'를 취하고 있다.

(14)

a. 아버지, 오빠나 엄마한테 바보 바보 하면서 업신여기는데요, 바보라고 하는 인간이 바보인 거라고요.

문득 야스코의 말이 머리에 떠올랐다. 언제 들은 얘기인지는 모르지만, 입을 비틀어 일부러 미운 얼굴을 만들면서 말하던 아이의

모습은 또렷하게 기억한다. 〈단락K14〉

b. お父さん、兄貴のこととかお母さんのこと、馬鹿だ馬鹿だって馬鹿にしてるけどさ、馬鹿って言う奴が馬鹿なんだって。
ふいに頭に浮かんだのは、康子の言葉だ。いつ言われた台詞か分からないが、口をひん曲げて、わざと不細工な顔を作りながら言ってきた、あの子の姿はしっかりと覚えていた。 〈단락J14〉

(15)

a. "요즘은 꽤 차분해졌군."
"그러게요. 차분해지네요." 시즈에의 목소리가 태평하게 들렸다.
"소강상태가 이어질까요?"
"소강상태라…." 〈후략〉 〈단락K40〉

b. 「最近は、ずいぶん落ち着いたものだな」
「そうですね。落ち着くものなんですね」静江の声は暢気に聞こえる。
「小康を保っているんですかね」
「小康状態か」〈후략〉 〈단락J40〉

(14), (15)의 단락에서 밑줄 친 주어가 가리키는 지시체가 직접적으로 텍스트에 출현하지는 않았지만, (14)에서는 기억의 내용으로서 지시체와 간접적으로 연관된 내용이 간접인용되어 단락의 앞부분에 제시되어 있고, (15)에서는 바로 앞에 대화문이 제시되어 있어 그 대화문을 발화할 때의 '목소리'라는 연상이 쉽게 도출되는 상황이다. 일본어에서는 이러한 간접적인 연관성에 주목하여 새로이 등장하는 주어라도 'は'를 붙여 주제어로서 제시할 수 있는 반면에, 한국어에서는 이러한 연관성에도 불구하고 그 지시체가 직접 등장하지 않는 경우에는 '은'으로 주제화하여 주어를 제시하기보다는 '이'를 취해 새로이 등장하는 것으로 제시하는 경향이 큰 것으로 보인다. 이러한 분석은 다음

예에서 보이는 한국어와 일본어의 차이에 대해서도 설명할 수 있다.

(16)
a. 성함이 어떻게 됩니까?
b. お名前は？(=성함은?)

(17)
a. 직업이 어떻게 됩니까?
b. お仕事は？(=직업은?)

(16)b, (17)b의 일본어 문장은 직역하면 괄호 안의 한국어 문장과 같은 의미를 나타낸다. (16), (17) 발화 모두 주로 첫 대면에서 상대방의 이름과 직업을 물어볼 때 가장 일반적으로 쓰이는 형태라 할 수 있다. 상대방의 이름과 직업을 모르는 상태이므로 (16)a, (17)a와 같이 '이' 형식을 취하는 것이 일반적이라 할 수 있는데, 일본어에서는 조사 'は'를 취하고 있다. 'は' 대신 'が'를 붙여 나타내면 전혀 다른 뜻이 된다.

(18)
a. お名前が? (=성함이?)
b. お仕事が？(=직업이?)

(18)a, b는 이전에 들었던 내용을 잊어버리고 다시 되묻거나 확인하는 상황 등에서 쓰이는 발화이다.

이처럼 첫 대면에서 상대방의 이름과 직업을 물어보는 상황임에도 일본어에서 'は'를 취하는 것은, 위에서 살펴본 바와 같이 일본어에서는 간접적인 연관성이 인정되는 경우에는 새롭게 도입되는 지시체를 주제화하여 나타내는 것이 자연스럽기 때문이다. 이 경우에는 대화의 상대방의 존재를 인지하고 그 상대방의 이름과 직업을 물어본다는 점에서 상대방의 존재와 '이름', '직업' 간의 간접적인 연관성이 인정되고 따라서 'は'가 쓰이는 것이라 할 수 있다.

다음 (19)에서와 같은 현상도 한국어 텍스트에서 처음 등장하는 지시체를 가리키는 주어가 '이'를 취하는 빈도가 일본어 텍스트에서보다 높은 이유의 하나가 된다.

(19)

a. "아, 오랜만에 오셨네요." 가게에 발을 디디자마자 계산대가 있는 카운터에서 젊은 남자가 말을 걸어와 나는 움찔했다. 하마터면 비닐봉지를 떨어뜨릴 뻔했다. 〈후략〉 〈단락K49〉

b. 「ああ、ごぶさたしています」店内に足を踏み入れたとたん、レジのカウンターから若い男に声をかけられて、私はたじろいだ。危うく、ビニール袋を落としそうになる。〈후략〉 〈단락J49〉

(19)a에서 실선으로 밑줄 친 '젊은 남자'는 텍스트에 처음 등장하며 '이'를 취하고 있다. 새로운 사건이 전개되는 상황 속에서 '이'를 취하는 것은 위에서 살펴보았듯이 한국어 텍스트에서 자연스러운 현상이나, 같은 문장 내의 점선으로 밑줄 친 부분의 주어를 고려하면 한 문장 내에서 '나'-'젊은 남자'-'나'로 주어가 계속 바뀌고 있다. 이는 김영민(2017)에서 지적한 바와 같이 한국어에서는 문장 내의 시점을 일관되게 유지하기 보다는 동작주가 새로이 등장하는 경우에는 새로운 동작주에 시점을 맞춰 주어로 세우는 경향이 있기 때문이다. 반면에, 일본어에서는 (19)b에서 밑줄 친 부분의 주어가 전부 '私(나)'인 것을 통해

알 수 있듯이 새로운 등장인물이 있다 하더라도 동일 인물을 주어로 세워 되도록 시점을 일관되게 유지하려는 경향이 있다. 이러한 두 언어의 차이도 텍스트에 처음 등장하는 지시체를 가리키는 주어가 한국어에서는 '이'를 취하는 빈도가 일본어에 비해 상대적으로 높은 현상에 관여하는 것으로 보인다.

다음으로 주어가 가리키는 지시체가 같은 단락의 앞부분에 나오는 경우에 대해 살펴보자.

(20)

a. 야스코는 표정을 바꾸지 않았다. 부드러운 표정 그대로, 마치 나에게 동의하듯 "그렇죠." 하고 말했다. "오빠는 특별한 바보였어요. 어쨌거나 고시엔에 요물이 있다고 믿었으니." 〈단락K104〉

b. 康子は表情を変えなかった。穏やかな顔つきのまま、まさに私に同意するかのように、「そうだね」と言った。「兄貴は、スペシャルな馬鹿だ。何といっても、甲子園に魔物、だからね。幼稚園児じゃないんだから」 〈단락J104〉

(21)

a. 다음날 아침, 도쿄로 돌아가는 야스코를 차까지 바래다 주었다. 딸애는 운전석에 앉아 안전벨트를 한 다음 창을 내리고 우리에게 손을 흔들었다. 딸의 왼손 약지에 반지가 끼워져 있었지만 그것에 대해서는 결국 말을 꺼내지 못했다. 〈단락K111〉

b. 翌朝、東京に帰る康子を、車のところまで見送った。彼女は運転席に乗り、シートベルトをした後で窓を開け、私たちに手を振った。彼女の左手薬指に指輪が見えたものの、そのことには触れなかった。 〈단락J111〉

(20)에서 밑줄 친 술어의 주어는 직전 문장에 지시체(점선 부분)가 나타나서 생략되어 있다. (21)에서는 마지막 문장의 밑줄 친 술어의 주어가, 단락의 앞부분에서 점선 부분의 술어의 주어로서 지시체가 생략되어 있음에도 생략된 형태로 나타나고 있다.

이와 같이 단락 앞에 출현한 지시체를 받아 다시 주어로 언급하는 경우에는 생략되는 비율이 현저하게 높은데, 이는 단락 내에서 해당 주어와 그 지시체 간의 담화상의 거리가 짧아, 굳이 언급하지 않아도 단락 내에서 용이하게 주어를 유추할 수 있기 때문이다. 김정수·최동주(2013)에서 분석한 바와 같이 단락 앞에 나타난 지시체가 주제로 쓰인 경우에 주어 생략의 비율이 월등이 높다는 점도 이러한 특성에 기인한 것이라 할 수 있다.

주어가 가리키는 지시체가 직전 단락에 나타나는 경우에는 주어생략보다는 '은'/'は'와 결합하여 출현하는 빈도가 높다.

(22)

a. "여보, 이 공원에 온 지도 10년은 되지 않았어요?'
"그런 거 같군."
20년 전, 아파트로 이사 온 직후에는 그야말로 거의 매주 오다시피 한 기억이 나지만, 최근에는 이곳에 공원이 있는지조차 잊고 있었다. 〈단락K4〉
우리가 사는 '힐즈타운'은 센다이 북부의 언덕을 조성해 만든 주택 단지로, 공원은 제일 전망이 좋은 장소에 세워져 있었다. 〈후략〉 〈단락K5〉

b. 「あなた、この公園に来るのも十年ぶりくらいじゃないですか」
「どうだろうな」
二十年前、マンションに引っ越してきたばかりの頃は、それこそ

毎週のように訪れた記憶があるが、最近に至っては、ここに公園があることすら忘れてしまっていた。 〈단락J4〉
私たちの住む、「ヒルズタウン」は、仙台北部の丘を造成して作られた団地で、公園は一番見晴らしの良い場所に設けられている。〈후략〉 〈단락J5〉

(22)에서 두 번째 단락의 밑줄 친 주어는 직전 단락에 지시체(점선 부분)가 언급되어 있어, '은'/'は'을 취해 주제어로 제시되어 있다. 단락의 경계를 넘어 지시체를 가리키는 상황에서는 주어 생략보다는 주제화를 통해 주어를 제시하는 방법이 더 일반적이다. 특히, 직전 단락에 출현한 지시체가 다음 단락의 첫 번째 주어로 등장하는 경우에는 '은'/'は'의 출현 빈도가 더 높아진다.[6)]

이에 비해 주어의 지시체가 이전 단락에 나타나는 경우에는, 두 언어의 텍스트 사이에 출현 양상의 차이가 보인다.

(23)

a. 〈전략〉 시즈에는 얼굴을 돌리지 않고 살피듯이 나를 곁눈으로 보았다. "당신, 잊었어요? 그걸 처음 한 건 가즈야였어요." 〈후략〉 〈단락K12〉

"도로에 화살표를 그린 건 가즈야의 아이디어였어요." 시즈에는 한 번 더 다짐하듯 말했다.
"그게 어쨌다는 거야." 나도 모르게 말투가 강해졌다.
"재밌는 생각을 해내는 아이였지요." 〈후략〉 〈단락K16〉

---

6) 직전 단락의 지시체를 가리키는 주어가 '은'/'は'로 출현하는 비율은 한국어 텍스트 47.4%, 일본어 텍스트 54.8%인데, 단락의 첫 번째 주어로 등장하는 경우에는 이 비율이 더 높아져서 한국어 텍스트에서는 52.2%, 일본어 텍스트에서는 57.7%에 이른다.

b. 〈전략〉 静江は顔を動かさなかったが、横目で私を窺うようにした。
「あなた、忘れたんですか?あれを最初にやったの、和也ですよ」
〈후략〉 〈단락J12〉
「道路に矢印を描くの、和也のアイディアだったんですよ」静江は
もう一度、念を押すかのように言った。
「それがどうかしたのか」私は自分でも思った以上に、語調を強く
する。
「面白いことを思いつく子でしたよね」〈후략〉 〈단락J16〉

(24)

a. "없지도 않다, 라고나 할까요." 점원은 가슴에 '점장 와타베'라는
명찰을 달고 있었다. 〈후략〉 〈단락K50〉
"이건 자네가 모아둔 건가?"
"네. 꽤 반응이 좋습니다. 이렇게 해놓고 보니 지구 멸망에도 갖가
지 모습이 있는 거 같죠?" 어이없게도 그가 미소를 지었다. 〈후략〉
〈단락K54〉

b. 「いないこともない、という感じです」店員は胸に「店長渡部」という
名札を付けていた。〈후략〉 〈단락J50〉
「これは、君が並べたのか?」
「ええ。結構、評判がいいんですよ。こうしてみると、地球滅亡に
もいろんなバリエーションがあるんですよね」あっけらかんと彼は
微笑む。〈후략〉 〈단락J54〉

(23)은 이전 단락에 나타난 지시체(첫 번째 단락의 점선 부분)를 가리키는 주어가 '은'/'は'로 출현한 예이고, (24)는 한국어 텍스트에서는 '이'로, 일본어 텍스트에서는 'は'로 출현한 예이다. 일본어 텍스트에서는 'は'로 출현하는 빈도가 더 높고, 한국어 텍스트에서는 (24)a과 같이 '이'로 출현하는 빈도가 더 높다.[7] 이러한 차이는 주어가 가리키는

지시체까지의 담화상의 거리가 주어의 형식을 선택하는 데 있어서 영향을 미치는 정도가 두 언어에서 다르기 때문에 생기는 것이라 할 수 있다. 한국어 텍스트에서는 앞에 나온 지시체를 다시 도입하는 경우, 담화상의 거리가 멀수록 주제화하기보다는 새로이 전개되는 사건의 주어로서 '이'를 붙여 도입하는 방식이 자주 사용된다고 할 수 있다.

砂川(2005)는 지시체가 담화에 출현하는 빈도, 분포의 밀집성을 분석하여 그 지시체의 (재)도입 시에 주제성에 차이가 있음을 보이고, 그러한 주제성의 차이가 그 지시체를 가리키는 명사가 취하는 조사의 선택에 있어서도 다음과 같은 차이와 연결됨을, 계량적인 분석을 통해 제시하였다.

(25)
~は 〉 ~が 〉 ~ヲ 〉 その他 (砂川, 2005: 74)[8)]

주제성이 높은 명사일수록 (25)에 제시된 순으로 조사가 선택된다는 것이다.

이러한 관점에서 보면 (23)과 (24)에서 밑줄 친 주어는 주제성에 차이가 있다. (23)에서의 주어 '시즈에'는 텍스트 전체에 걸쳐 반복적으로 출현하고 있어, (24)에서의 주어 '그'에 비해 출현 빈도, 분포의 밀집성의 면에서 주제성이 높다고 할 수 있다.[9)] 그러한 차이가 (23)a

---

7) 일본어 텍스트에서 'は'의 출현 빈도는 45.7%, 한국어 텍스트에서 '이'의 출현 빈도는 48.0%에 이른다.

8) 'ヲ'는 '을/를'에 해당하는 대격 조사이고, 'その他'는 '그 외의 조사'를 의미한다.

9) 주제성에 대해서는 Givón(1983)의 '주제지속(topic persistence)' 등의 정밀한 측정 방법 등이 제안되고 있고 砂川(2005)에서도 700자가 안 되는 제한된 분량의 텍스트를 정밀하게 분석하여 주제성의 정도를 측정하고 있으나, 본 연구에서는 이에 대해서 구체적인 논의는 하지 않기로 한다.

에서의 '은' 선택과 (24)a에서의 '이' 선택으로 이어졌다고 할 수도 있을 것이다. 그러나 '시즈에'/'静江'의 출현 양상을 전체 텍스트를 대상으로 살펴보면, 한국어 텍스트에서는 '이'를 취한 출현 빈도는 54.5%에 이르는 반면, '은'를 취한 출현 빈도는 17.6%에 그쳐, '이'의 선택이 현저하게 많았다. 일본어 텍스트에서는 'が'의 출현 빈도는 40.3%, 'は'의 출현 빈도는 30%로 한국어와는 다른 양상을 보였다. 이러한 사실로부터 한국어 텍스트에서는 지시체의 출현 빈도, 분포의 밀집성뿐만 아니라 그 지시체가 언급된 곳까지의 담화상의 거리도 주제성의 정도에 영향을 미치는 것이라 할 수 있을 것이다.

5. 맺음말

본 연구에서는 일본어 단편소설과 한국어 대역본을 분석 대상으로 하여 한국어와 일본어 텍스트에서 주어가 어떠한 형식을 취해 실현되는가를 밝히고자 하였다. 논의한 내용을 요약하면 다음과 같다.

첫째, 일본어 텍스트와 한국어 텍스트는 주어와 결합하는 형식 '은'/'は'와 '이'/'が'의 출현 비율에 있어서 유의미한 차이가 있다. 일본어에서는 'は'의 출현 빈도가 훨씬 높은데 비하여 한국어에는 '이'의 출현 빈도가 더 높다.

둘째, 텍스트에 처음 출현하는 지시체를 가리키는 주어의 경우에는 '이'/'が'의 출현 빈도가 상당히 높다. 단, 일본어 텍스트에서는 'は'의 출현 비율이 한국어 텍스트에 비해 상대적으로 높다. 일본어 텍스트에서 'は'의 출현 비율이 높은 것은, 새로이 등장하는 지시체를 가리키는 주어라 하더라도 간접적인 연관성을 갖는 대상이 이미 출현한 경우에,

일본어에서는 'は'를 붙여 주제어로서 제시할 수 있기 때문이다.

셋째, 텍스트의 앞에서 이미 언급된 지시체를 가리키는 경우에는, 주어가 가리키는 지시체가 언급된 곳까지의 담화상의 거리에 따라 주어의 출현 양상이 달라진다. 일본어 텍스트에서는 같은 단락 내에서는 주어 생략, 'は' 결합, 'が' 결합 순이었고, 직전 단락에서는 'は' 결합, 주어 생략, 'が' 결합 순, 이전 단락에서는 'は' 결합, 'が' 결합, 주어 생략의 순으로 출현 빈도가 높았다. 한국어 텍스트의 경우 같은 단락은 주어 생략, '은' 결합, '이' 결합 순, 직전 단락에서는 '은' 결합, '이' 결합, 주어 생략 순으로 약간의 차이가 보이기도 하나 일본어 텍스트와 대체적으로 유사한 출현 양상을 보였다. 그러나 이전 단락에 있어서는 '이' 결합, '은' 결합, 주어 생략 순으로 일본어와 큰 차이를 보였다. 이는 한국어 텍스트에서는 앞에 나온 지시체를 다시 도입하는 경우 담화상의 거리가 멀수록, 주제화하기보다는 새로이 전개되는 사건의 주어로서 '이'를 붙여 도입하는 방식이 자주 사용되기 때문이라 할 수 있다.

본 연구는 한정된 자료에 근거한 분석이라는 한계점을 갖고 있으나, 한국어와 일본어 텍스트에서 주어가 실현되는 양상의 한 단면은 밝혔다고 할 수 있다. 앞으로 한국어 소설과 일본어 번역본에 대한 분석도 더 하여 한국어와 일본어 텍스트에서 주어가 실현되는 양상에 대한 고찰을 계속 이어가고자 한다.

이 글은 동국대학교『일본학』49집(동국대 일본학연구소, 2019.11.)에 게재된「한국어와 일본어의 주어 실현 양상에 대한 일고찰」을 일부 수정한 것이다.

재일한국인 이중언어 사용자들의 「-スル」「-하다」 사용실태 연구

음성 코퍼스를 자료로

손영석

1. 머리말

재일한국인 이중언어 사용자들의 발화를 살펴보면 (1)(2)처럼 하나의 단어에 한국어와 일본어가 함께 사용된 혼용형태와, 혼용형태는 아니지만 (3)(4)의 「전람회하다」「一等(イットウ)スル」 등 한국어와 일본어에서는 통용되지 않는 표현들이 등장한다.

(1) ウチノ 외할아버지ハ センゾガ ダイタイ ソコニ ハイトッタケド コノ カタガ ナナサイノ トキニ オテラ ハイッテ ネ ニジュウナナサイノ トキニ 도통シタンデスヨ. (화자: J100D)

(2) 옛날엔ナ アノー 한국서 우리 갈 때 그 저 ○○○(지명)에서 그 アノー アンナイ하는 사람이 있었어요. (J100A)

(3) 어떻게 될 될까 해서 해서 그때 가서 다 이제 그 미술 그 전람회해가꼬… (J100A)

(4) イチネンニ イッカイ a カンコク ゼンタイテキニ 사투리ノ タイカイガ アッテ コンカイハ 제주도ガ イットウシタト. (J100D)

(1)~(4)와 같은 독특한 언어표현이 관찰된다는 사실은 김정자(1994) · 김미선(金美善)(2000)을 비롯한 여러 선행연구에 의해 이미 지적된 바 있다. 하지만 해당 표현들을 재일한국인 이중언어 사용자들이 보편적으로 사용하는지 혹은 개인차가 있는지 등에 대해서는 논해져오지 않았다.

일례로 김미선 · 生越(2002)와 곽은심(2014)은 각각 이쿠노구에 거주하는 1세 여성을 대상으로 담화를 수집하였는데 김미선 · 生越(2002)에서는 총 60분 분량의 담화 중 혼용형태가 20회 출현한 반면, 곽은심(2014)에서는 동일한 분량임에도 1회밖에 등장하지 않는 등 확연한 차이가 관찰되었다. 그러나 사용실태를 검증할 별도의 언어 데이터가 존재하지 않았던 등의 이유로 관련 논의는 이루어지지 못하였다.

이러한 문제점을 해결하기 위해서는 가능한 다수의 재일한국인들을 대상으로 언어데이터를 대량 수집하여 조사하는 방법이 가장 적절하다. 그 이유는 대량으로 언어데이터를 수집하여 계량적 관점에서 분석하면 패턴화된 경향과 우발적인 것을 나누고, 패턴화된 경향 중에서도 중심적인 것과 주변적인 것을 구별할 수 있기 때문이다.

언어데이터를 대량 수집하여 처리한다는 발상은 본래 코퍼스 언어학적 사고방식이다. 따라서 재일한국인의 언어연구에도 이용 가능한 코퍼스가 있다면 그 언어사용실태를 파악하는데 유용한 수단이 될 수 있다. 이에 필자는 33명의 참가자들을 대상으로 언어데이터를 수집하고 그 중 일부를 바탕으로 시험판 「재일한국인 음성 코퍼스」(손영석, 2015)를 작성하였다. 본고에서는 해당 코퍼스를 활용하여 「-ス

ル」와 「-하다」의 사용실태에 대해 고찰하고자 한다.

2. 「재일한국인 음성 코퍼스」

2.1. 언어데이터

오사카부 오사카시 이쿠노구에 거주하는 1·2세들을 대상으로 언어데이터를 수집하였다. 오사카부는 일본 내에서 재일한국인이 가장 많이 거주하는 지역으로, 재일한국인 전체 인구의 23%에 달하는 약 11만명이 오사카부에 거주중이다(2015년 4월 기준).[1] 특히 이쿠노구는 구민(区民)의 약 21%에 해당하는 2만 7천명이 재일한국인으로, 일본 내에서도 최대 규모의 밀집거주지라고 할 수 있다.[2]

데이터 수집에 있어서는 인터뷰 형식을 채택하였다. 재일한국인들의 평소 언어사용과 가장 근접한 언어데이터를 수집하는 방법은 그들의 일상 담화를 녹음하는 것이나, 일상 담화는 사생활 침해 등의 사유로 수집하기가 용이하지 않으므로 차선책으로 인터뷰 형식으로 진행하였다. 그리고 인터뷰 시 청자는 조사자(필자)로 고정하였는데, 이는 동일한 화자(재일한국인)라도 청자가 누구인지에 따라 사용언어가 달라진다는 김미선(2000:108-117)의 지적을 반영한 것이다.

---

1) 『都道府県別 国籍・地域別 在留外国人』(2015년 4월 24일 공표)
https://www.e-stat.go.jp/stat-search/files?page=1&layout=datalist&toukei=00250012&tstat=000001018034&cycle=1&year=20140&month=24101212&tclass1=000001060399

2) 데이터 수집 당시 이쿠노구의 전체 인구수는 129,082명(2015년 8월 1일 기준)이며, 이중 재일한국인은 27,543명(2015년 9월말 기준)이다.
https://www.city.osaka.lg.jp/shimin/page/0000006893.html

인터뷰는 2014년 8월 초순부터 중순에 걸쳐 주로 이쿠노구 소재의 코리아타운(生野コリアタウン), 한인교회, 공원 등에서 실시하였다. 인터뷰에 앞서 조사자(필자)의 인적사항(근무처, 출생지, 거주지, 일본유학 경험 등)에 대해 일본어로 설명하여 조사자가 한국으로부터 방문한 점과, 한국어와 일본어 양국 언어능력을 갖추고 있음을 전달하였다. 그러고 나서 인터뷰 전반부에서는 도항시기 및 생활사에 대해 질문하고, 후반부에서는 사전에 준비한 '한국어 지역별 방언 리스트(한국어로 작성)'를 바탕으로 해당 방언에 관한 지식여부를 질문한 후 방언의 의미를 설명해주기를 요청하였다.

질문은 일본어로 진행하고, 참가자에게도 일본어로 응답해주기를 의뢰하였다. 다만 참가자 중에서는 일본어로 응답해야함을 인지하고 있음에도 빈번히 한국어를 사용하는 경우가 있었는데, 이는 언어구사 능력과 관련된 부분이라 판단하여 별도의 수정을 요청하지는 않았다.

인터뷰 참가자 수는 33명이다. 인터뷰시간은 참가자에 따라 다소 상이하나, 평균적으로 약 18분간 진행되었으며, 수집한 총 언어데이터는 약 10시간 분량이다. 의도적으로 한국어 방언을 일본어로 설명하는 과제(task)를 부여함으로써 제한된 시간 내에 이들의 언어사용에서 관찰되는 한국어와 일본어의 접촉양상을 최대한 이끌어낼 수 있었으며, 전반적인 인터뷰구성을 통일시키고 비교적 동일한 조건하에서 언어데이터를 수집할 수 있었다.

2.2. 조사 참가자

33명의 참가자 중에는 방언 리스트의 한국어를 전혀 이해하지 못하거나, 혹은 이해는 가능하나 일본어에 의거한 질의응답을 거부하는 사례도 있었다. 해당 경우는 향후 자세히 다루기로 하고, 우선적으로 '방언 리스트에 기재된 한국어가 이해 가능하고, 리스트에 관한 질의에 (전면적 혹은 부분적으로) 일본어로 응답한 재일한국인'을 대상으로 하였다.

그리고 이들 중에는 제주도출신 1세와, 출생지는 일본이지만 제주도로 귀향하여 생활한 경험이 있는 2세가 상대적으로 다수였던 관계로 33명 중 먼저 제주방언을 구사하는 10명의 언어데이터를 바탕으로 코퍼스를 구축하였다.[3)]

코퍼스에 등장하는 참가자의 속성정보를 일부 정리하면 〈표 1〉과 같다.

〈표 1〉 참가자 속성정보(손영석 2015:58 인용)

가명	성별	출생지	세대 (귀향지역, 당시 연령)	출생년도/현재 연령 도일 연도/당시 연령	일본 거주 기간
J100A	여	한국 (제주)	1세대	1934년/80세 1949년/15세	65년
J100B	여	한국 (제주)	1세대	1942년/72세 1999년/57세	15년
J100C	여	한국 (제주)	1세대	1960년/54세 1985년/25세	29년

3) 출신지별 인구수에 관한 정확한 통계자료는 찾을 수 없으나, 김미선(2000:25)에서는 이쿠노구에 거주중인 재일한국인들의 약 70%가 제주도 출신일 것으로 추정하고 있다. 참고로 2011년 8월 14일에 공표된『本籍地別 外国人登録者数(その2 韓国・朝鮮)』에 따르면 오사카(오사카부와 오사카시를 포함)에 거주중인 외국인 129,082명 중 제주도 출신은 48,023명으로 약 40%에 해당하며, 다음으로 경상남도(26,051명), 경상북도(18,006명), 전라남도(10,290명), 서울특별시(6,751명) 순이다. https://www.e-stat.go.jp/stat-search/files?page=1&layout=datalist&toukei=00250012&tstat=000001018034&cycle=7&year=20110&month=0&tclass1=000001060436

J100D	남	한국 (제주)	1세대	1939년/75세 1959년/20세	55년
J100E	여	한국 (제주)	1세대	1925년/89세 1935년/10세	79년
J100F	여	한국 (제주)	1세대	1965년/49세 1984년/19세	30년
J200A	여	일본 (오사카)	2세대 (제주, 17세)	1928년/86세 1965년/37세	66년
J200B	남	일본 (오사카)	2세대 (제주, 5세)	1940년/74세 1969년/29세	50년
J200C	남	일본 (오사카)	2세대 (제주, 11세)	1934년/80세 1956년/22세	69년
J200D	남	일본 (오사카)	2세대 (제주, 11세)	1934년/80세 1960년/26세	65년

세대별로 분류하면 J100A~J100F는 1세, J200A~J200D는 2세에 해당한다. J200A~J200D는 출생지가 일본이라는 점에서 2세로 분류하였으나, 모두 유년기 혹은 청소년기에 최소 11년에서 최대 24년에 걸쳐 귀향한 경험이 있어 리스트에 기재된 한국어를 원활히 이해할 수 있었다.

연령대별로는 40·50대인 참가자가 각 1명, 이외에는 모두 70·80대였다.

〈표 2〉 참가자의 세대 및 연령대별 분포 (단위: 명)

연령대 / 세대	40대	50대	60대	70대	80대
1세대	1	1	0	2	2
2세대	0	0	0	1	3

시대적으로 중요한 분기점이었던 '해방(1945년)', '한일국교정상화(1965년)', '해외여행자유화(1989년)'을 기준으로 도일시기를 4분류하고, 일본거주기간을 10년 단위로 구분하여 참가자들을 정리하면 〈표 3〉과 같다.[4)]

〈표 3〉 참가자의 도일시기 및 일본거주기간별 분포 (단위: 명)

거주기간 / 도일시기	10년 이상	20년 이상	30년 이상	40년 이상	50년 이상	60년 이상	70년 이상
1944년 이전	0	0	0	0	0	0	1
1945~1964년	0	0	0	0	1	3	0
1965~1988년	0	1	1	0	1	1	0
1989년 이후	1	0	0	0	0	0	0

해방 이전에 도일한 J100E가 79년으로 일본거주기간이 가장 길었고, 해방 이후로부터 한일국교정상화 이전(1945~1964년)에 도일하여 거주기간이 50년 이상 70년 미만인 자가 4명으로 가장 많았다. 그리고 한일국교정상화 이후부터 해외여행자유화 이전(1965~1988년)에 도일한 참가자는 일본거주기간에 따라 크게 20년 이상 40년 미만인 자(2명)와 50년 이상 70년 미만인 자(2명)로 구분할 수 있었으며, 거주기간이 15년으로 가장 짧았던 J100B는 1989년 해외여행자유화 이후에 도일한 케이스였다.

4) 한일국교정상화로 일본에 정식 입국이 가능해졌다는 점에서 국교정상화가 이루어진 1965년은 중요한 분기점 중 하나라고 여겨진다. 다만 복잡한 수속절차로 인해 정상화이후에도 밀항은 지속적으로 이어졌으며, 이러한 사실은 인터뷰내용을 통해서도 확인할 수 있었다.

2.3. 문자화텍스트 및 태그정보

수집한 언어데이터는 〈표 4〉와 같이 표기지침을 마련하여 문자화하였다.

〈표 4〉 문자화텍스트작성 표기지침(일부)

관련규칙	설명
기본사항	필러(filler)・말바꿈・말머뭇거림 등을 포함하여 발화된 그대로를 문자화한다. 예: 일본말이면 エート サンジュウイチ(중략)
사용언어	한국어부분은 한글로, 일본어부분은 가타가나로 표기한다. 단 사용된 언어가 불명확한 경우에는 알파벳으로 표기한다. 예: ベロga 안 돌아간 ハナシニ ナッテナイネ.
띄어쓰기	문장 안은 어절상당단위로 띄어쓰기 한다. 예: ニッポンノ ウタガ(중략)
화자	화자 한명의 발화를 한 행으로 한다. 화자가 바뀔 때마다 행을 바꾸고, 화자기호(A, B 등)를 부여한다. 예 A: アノ コガ ハラナカ オル トキデモ アマシタカラ クロウシタ. B: タイヘンデシタネ.
발음확장	비어휘적인 모음 확장이 동반된 경우는 'ー' 기호로 표기한다. 예: スゴーイ チカラ(중략)
인용	인용된 문장 및 단어, (리스트 상의) 제시어는 '「」' 기호로 표기한다. 예: 우리들은「アラスル」ユウネン.
준언어	웃음소리(笑い)・기침소리(咳払い) 등 준언어(Paralanguage)는 '{}' 기호로 출현위치를 표기한다. 예: コドモ {咳払い} 여기서 낳고 여기서 ガッコウ デテルヤロ?
청취난해	청취가 전혀 불가능한 부분에는 '@' 뒤에 한 칸 띄어쓰기하여 이어지는 발화를 기입한다. 단, 명확하지는 않으나 내용이 예상되는 경우에는 띄어 쓰지 않고 '@'에 이어서 해당 발화내용을 기입한다. 예: @ユウガク リュウガクシテ.

그리고 문자화텍스트와 함께 참가자들의 실제 음성을 청취할 수 있다면 문자화과정에서 반영되지 못한 음성정보도 고려한 분석이 가능

하리라 판단하여, 문장 단위의 음성 청취 기능을 마련하였다. 덧붙여 세대·성별·연령대·출생지·도일 연도·일본거주기간·학력에 관한 참가자의 속성정보와, 인터뷰 장소·일시에 관한 발화상황정보 등을 탑재하여 이들 정보를 바탕으로 한 코퍼스 검색도 가능토록 하였다.

3. 조사대상

선행연구에 따라서는 단어·구·절 단위를 함께 다루기도 하나, 본고에서는 우선적으로 단어 단위에 주목하였다.

(5) むかし에な 밭 갈리는 소리영 그 はたけ하는 소리두…
(6) …밭가는 きかい를 하는 것을 몇 년…
(7) 요새 뭐 "わかりません"허는 이그들이 ほとんど…
(김정자(2002): pp.89-96 인용)

즉 조사대상은 (8)~(10)과 같이 「-スル」와 「-하다」가 선행요소(前要素)와 결합하여 하나의 단어로 사용된 경우이다.

(8) モウ ケド ケッコンセヘンネ. (J200C)
(9) 귀국했다가 다시 왔는데. (J200B)
(10) 그래서 マ 어떵 어떵 우리 집 아들은 우리 학교 나오니깐 우리말도 シッカリ한 말허고 뭐… (J100A)

다만 '하나의 단어'의 범위가 모호한 경우가 있었는데, 예를 들어 (11)(12)와 같은 경우이다.

(11) コノ「촐랑생이」는 オンナヨウニ オトコマネシテイルコト.

(J100D)

(12) カンコクジンハ カンコクジンノ ソウジシカタスルシ…

(J200D)

「男真似(オトコマネ)スル」와 「掃除仕方(ソウジシカタ)スル」는 각각 「男の真似をする」(「男を真似る」) 와 「掃除の仕方をする」와 같이 '명사구+본동사'의 형태를 취하는 것이 일반적이다.

따라서 「を」가 탈락된 '명사구+본동사'로 볼 수도 있으나, 「を」와 함께 「の」도 탈락된 점, 일본어+「-スル」뿐만 아니라 한국어+「-하다」에서도 동일한 현상이 관찰된 점에서 일반적인 조사 탈락과는 구별된다고 판단하여 조사대상에 포함하였다.

반대로 (13)(14)처럼 단독으로 쓰여 '(사람이나 동물 등이) 특정 동작을 행하다'의 의미를 나타내는 경우는 본동사로 판단하여 조사대상에서 제외하였다.[5)]

(13) イヤ マー マー @イッショ ベンキョウハ イッショウケンメイニ シヨッタヤ. (J200D)

(14) 절관 허다가 할머니 돌아가셔서 (중략) 이제 그 똔 스님이 이제 代ワリ로 허고 있어요 대대로ナ. (J100A)

---

5) 판단이 모호한 경우도 있었다. 예를 들어 본고에서는 「ハッキリトスル」 「ボンヤリトスル」 「チョットスル」를 일괄적으로 '부사+조사「ト」+본동사「スル」'로 여겨 모두 조사대상에서 제외하였으나, 이 중 「チョットスル」는 조사를 생략할 수 없다는 점에서 「チョット」와 「-スル」가 결합한 형태로 분류할 수도 있다.
・ホンデ アノ ニューヨークカラモ チョットシタ トコヤッタカラ. (J200C)

덧붙여 「-スル」와 「-하다」는 상호 유사한 의미를 가짐은 분명하나 반드시 일대일로 대응하지만은 않는다는 점에서 이하에서는 상호 교환가능한지의 여부보다 「-スル」와 「-하다」의 실례(実例)를 중심으로 논하기로 한다.

(15) *歌する - 노래하다　　　　*悲しみする - 슬퍼하다
(16) 息する - *숨하다　　　　　噂する - *소문하다

4. 조사결과

4.1. 사용 분포

4.1.1. 형태 및 선행요소별 사용 분포

먼저 「-スル」와 「-하다」의 사용 분포를 형태 및 선행요소의 품사별로 정리하면 〈표 5〉와 같다.

〈표 5〉 형태 및 선행요소 품사별 분포

형태 \ 선행요소		명사	형용사	부사	합계
혼용 형태이외	일본어+「-スル」	42	0	7	49
	한국어+「-하다」	53	3	9	65
혼용 형태	한국어+「-スル」	1	0	1	2
	일본어+「-하다」	5	0	1	6
합계		101	3	18	122

「-スル」의 용례는 총 51예였다. 51예 중 혼용형태(한국어+「-スル」)는 2예(4%)뿐으로 대다수는 일본어+「-スル」 즉 혼용형태가 아닌 경우였다. 마찬가지로 일본어+「-하다」도 6예(12%)로 사용비율이 높지는 않았다.

다음으로 선행요소의 품사는 어느 형태에 있어서도 명사가 대부분이었다. (17)~(19)는 명사, 형용사, 부사별 용례이다.

(17) 「비바리」ハネー ケッコンシテナイ 아가씨. (J100F)

(18) 게 이젠 우리 집 아들은 이젠 제주도 좋아하고 이젠 서울에 マ 서울에도 홋솔 マンション ヒトツ クライハ 있는 거 아닌가. (J100A)

(19) 「몽캐다」ッタラ モタモタシテルッテ イウ イミネ. (J100F)

4.1.2. 참가자별 사용 분포

참가자별 사용 분포를 <표 6>에 정리하기로 한다(발화횟수가 10미만인 참가자의 경우는 비율을 표시하지 않음).

<표 6> 참가자별 분포

형태 / 화자	혼용형태이외		혼용형태		합계
	일본어+「-スル」	한국어+「-하다」	한국어+「-スル」	일본어+「-하다」	
J100A	0(0%)	21(81%)	0(0%)	5(19%)	26(100%)
J100B	0(0%)	15(100%)	0(0%)	0(0%)	15(100%)
J100C	2(-)	5(-)	0(-)	0(-)	7(-)
J100D	27(82%)	4(12%)	2(6%)	0(0%)	33(100%)
J100E	0(-)	0(-)	0(-)	0(-)	0(-)

J100F	4(－)	0(－)	0(－)	0(－)	4(－)
J200A	2(15%)	10(77%)	0(0%)	1(8%)	13(100%)
J200B	1(－)	1(－)	0(－)	0(－)	2(－)
J200C	5(50%)	5(50%)	0(0%)	0(0%)	10(100%)
J200D	8(67%)	4(33%)	0(0%)	0(0%)	12(100%)
합계	49(40%)	65(53%)	2(2%)	6(5%)	122(100%)

참가자에 따라 다소 상이하나, 전반적으로 주로 사용된 것은 혼용형태가 아닌 경우이며, 혼용형태는 특정 화자의 발화에서만 관찰되었다.

혼용형태 중 한국어+「−スル」는 J100D의 발화에서 2예, 일본어+「−하다」는 J100A와 J200A의 발화에서 각각 5예와 1예가 관찰되었다. 특히 J100A는 전체 발화의 19%가 일본어+「−하다」로, 일본어+「−하다」를 상대적으로 빈번히 사용하고 있음을 알 수 있다.

4.2. 「−スル」와 「−하다」

4.2.1. 일본어+「−スル」

먼저 일본어+「−スル」의 경우를 살펴보면 「一等(イットウ)スル」 「男真似(オトコマネ)スル」처럼 일본어에서 좀처럼 사용되지 않는 단어들과 함께, 「結婚スル」 「卒業スル」 「参加スル」 등 널리 통용되는 관습적인 단어들 또한 상당수 관찰된다.

하지만 특정 단어가 관습적인지의 여부는 객관적으로 판단하기가 쉽지 않으므로, 본고에서는 편의상 사전에의 수록유무를 기준으로 삼기로 하였다. 참고한 일본어 사전은 金田一春彦・池田弥三郎編『学

研国語大事典』(第二版, 1988)이며, 한국어의 경우 국립국어원 『표준국어대사전』과 송상조 『제주말 큰사전』(2007)을 활용하였다.[6] 사전에 수록되지 않은 단어는 비관습적인 단어라고 판단하였다.

일본어+「-スル」를 1회 이상 발화한 참가자와 발화된 단어들을 정리하면 〈표 7〉과 같다(동일한 단어가 2회 이상 발화된 경우에만 괄호 안에 전체어수[延べ語数]를 표기함).

〈표 7〉 일본어+「-スル」

참가자	관습적인 단어	비관습적인 단어
J100C	卒業(ソツギョウ)スル, 結婚(ケッコン)スル	
J100D	結婚(ケッコン)スル[4], 解明(カ[ガ]イメイ)スル[7][3], ドウスル[2], 意味(イミ)スル, 軽蔑(ケイベツ)スル, 参加(サンカ)スル, 計算(ケイサン)スル, 勘違(カンチガ)イスル, コウスル, 分別(フンベツ)スル	一等(イットウ)スル[4], 賭け事(カケゴト)スル[4], 男真似(オトコマネ)スル, 真似(マネ)スル, 付き合(ツキア)イスル
J100F	モタモタスル[2], 録音(ロクオン)スル, 結婚(ケッコン)スル	
J200A	勉強(ベンキョウ)スル, 苦労(クロウ)スル	
J200B	ノロノロスル	
J200C	上陸(ジョウリク)スル, アルバイトスル, 招待(ショウタイ)スル, 結婚(ケッコン)スル, 留学(リュウガク)スル	

6) 『学研国語大事典』(第二版)과 『표준국어대사전』의 표제어에는 「-する」 「-하다」와의 결합여부에 관한 정보가 현대어 예문과 함께 수록되어 있어 이용에 적합하다고 판단하였다. 『표준국어대사전』의 경우 웹 서비스를 제공하고 있으며 이하의 사이트에서 수록유무를 검색하였다.
https://stdict.korean.go.kr/main/main.do

7) 발음상의 오용(「解明(ガイメイ)」)에 대해서는 향후 별도의 논문에서 다루기로 한다.

J200D	何(ナニ)スル[2], 卒業(ソツギョウ)スル[2], ソウスル, 区別(クベツ)スル	掃除仕方(ソウジシカタ)スル, 将棋(ショウギ)スル

〈표 7〉에서 알 수 있듯이 비관습적인 단어는 J100D와 J200D의 발화에서만 관찰되었다.

(20) ソコデ カケゴトシタンデス. (J100D)

(21) … ジュウロクカラ ニジュウマデノ オンナノ マ オトコノ マネスルノ「촐랑생이」. (J100D)

(22) … サイシュウトウハ ミンナ メニ ミエルカラ アンマリ ツキアイセヘンカッタラ… (J100D)

(23) … ザダンカイミタイニ ミンナ ハナシテ @ ショウギシテ カエルダケ. (J200D)

(24) コノ「촐랑생이」는 オンナヨウニ オトコマネシテイルコト. (J100D) (=11)

(25) カンコクジンハ カンコクジンノ ソウジシカタスルシ… (J200D) (=12)

(26) イチネンニ イッカイ a カンコク ゼンタイテキニ 사투리ノ タイカイガ アッテ コンカイハ 제주도ガ イットウシタト. (J100D) (=4)

비관습적인 단어 중「賭け事(カケゴト)スル」「真似(マネ)スル」「付き合(ツキア)イスル」「将棋(ショウギ)スル」는「賭け事をする」「真似をする」「付き合いをする」「将棋をする(指す)」처럼 명사구+본동사의 형태를 취하는 것이 일반적이나 명사구의「を」가 탈락된 경우로도 볼 수 있다.

하지만 (24)(25)에 있어서「男の真似をする(男を真似る)」「掃除の仕方をする」의 의미로 사용된「男真似(オトコマネ)スル」「掃除仕方(ソウジシカタ)スル」는 일반적인 조사의 탈락과는 구별되며,「一等(イット

ウ)スル」의 「一等(イットウ)」는 일본어에서는 「-スル」와 함께 쓰이지 않으나 한국어 '일등(을) 하다'의 영향으로 출현된 것으로 여겨진다.

4.2.2. 한국어+「-하다」

한국어+「-하다」에서도 비관습적인 단어는 일부 참가자의 발화에서만 관찰되었다.

〈표 8〉 한국어+「-하다」

참가자	관습적인 단어	비관습적인 단어
J100A	좋아하다[3], 영하다[3], 장사하다[3], 합체하다, 반대하다, 전화하다, 거짓말하다, 말하다	절관하다[3], 식당하다, 은행하다, 전람회하다, 얼마하다
J100B	결혼하다[3], 명퇴하다[2], 이리하다, 스카우트하다, 방학하다, 제사하다, 잘하다	사투리하다[2], (대학)교수하다, (유치원)선생하다, (로봇)공학하다
J100C	밀항하다, 못하다, 장사하다, 일하다	신사하다
J100D	말하다, 명랑하다, 필요하다, 적당하다	
J200A	잘하다[3], 공부하다[2], 연설하다, 검사하다, 합동하다, (직장)생활하다	(老人)대학하다
J200B	귀국하다	
J200C	말하다[2], 유명하다, 해산하다, 노름하다	
J200D	물질하다, 식사하다, 계속하다, 하숙하다	

(27) 폴아 가지고 이제는 뭐 대판에 허고 또 제주도 가서 이제 또 여기저기 또 식당해는 디 사가지고… (J100A)
(28) 야는 부 부산서 유치원선생하고. (J100B)
(29) ノリ ノリ허는 것도 다 un 돈을 얼마했다 하면… (J100A)
(30) 제주도도 옛날 사투리하는데. (J100B)

(31) … 신사할 때는 @ 이런 일하다보면은 그런데 다니지 못해요. (J100C)

(32) 어떻게 될 될까 해서 해서 그때 가서 다 이제 그 미술 그 전람회해 가꼬 … (J100A) (=3)

(33) ブッキョウハ 우린 ブッキョウヤカラ 우리 첨 고모 이제 할매가 저 절관했어요 절관. (J100A)

(34) ロウジン대학해서 박사학위 따오지 않앴나 미국 간. (J200A)

상기 용례 중「선생하다」「얼마하다」「사투리하다」등은 사전에 수록되어 있지는 않지만 사용이 불가능한 것은 아니다.[8] 그러나 (32)~(34)는 경우가 다르다.「전람회하다」「절관하다[9]」「대학하다」는 각각「전람회를 개최하다(열다)」,「절관(절)을 운영하다」,「대학을 운영하다」의 의미로 일반적으로는 명사구+본동사의 형태를 취한다. 덧붙여 이들 용례에 있어서「-하다」는 '개최하다(열다)'와 '운영하다'의 의미를 대신 나타내고 있다는 점에서도 특징적이다.

4.2.3. 한국어+「-スル」

한국어+「-スル」는 2예로, J100D의 발화에서 관찰되었다.

---

8) 국립국어원 언어정보나눔터의 코퍼스에서 검색한 결과 이하의 용례가 있었다. https://ithub.korean.go.kr/user/main.do#
- 공무원이나 선생하는 사람도 일단, 경제적으로 잘 먹고 잘 살겠다는 것은 포기해야 되요.(새로운 세기의 패러다임과 인문학의 사색)
- 헹, 그거 한 근에 얼마하는 거예요? (여성 이야기 주머니-콩트로 읽는 여성학 강의)
- 바로 창권이 할아버지 운명할 때 눈을 쓸어 감겨 주던 경상도 사투리하던 노인이다.(해방전후)

9) '절관'은 '절'을 의미한다. 유사한 발음의 '절간'은 '절'을 속되게 이르는 단어인데 반해 해당 용례에서는 문맥상 절을 낮춰 표현하려는 의도는 없었다.

(35) ウチノ 외할아버지ハ センゾガ ダイタイ ソコニ ハイトッタケドコノ カタガ ナナサイノ トキニ オテラ ハイッテ ネ ニジュウナナサイノ トキニ 도통シタンデスヨ. (J100D) (=1)

(36) チョット 명랑하게シスギル. (J100D)

「도통スル」는 '사물의 이치를 깨달아 통함'을 의미하는 '도통'과 「-スル」가 결합한 경우로, '도통'을 선행요소로 취한 다른 용례는 없었다. 다음으로 「명랑하게スル」는 「-하다」와 「-スル」가 함께 쓰인 유일한 예로, '명랑'이 선행요소인 용례에는 (36) 이외에도 (37)이 있었다.

(37) 「비바리」イワレルトハネ チョット 명랑하다. (J100D)

(37)과 달리 (36)에서만 혼용형태가 관찰되었는데, (36)에 있어서 「-スル」는 「-하다」와 중복되었다는 점에서 어휘적 의미보다는 '명랑하다'에 「~スギル」를 추가하여 '너무 명랑하다'라는 의미를 나타내기 위해 사용된 것으로 추정된다.

4.2.4. 일본어+「-하다」

일본어+「-하다」는 6예로, J100A와 J200A의 발화에서 관찰되었다.

(38) 옛날엔ナ アノー 한국서 우리 갈 때 그 저 ○○○(지명)에서 그 アノー アンナイ하는 사람이 있었어요. (J100A) (=2)

(39) レンアイケッコン했는디 술 먹으니까 안 되겠더라. (J200A)

(40) 그래서 マ 어떵 어떵 우리 집 아들은 우리 학교 나오니깐 우리말도 シッカリ한 말허고 뭐… (J100A) (=10)

(41) 겡 이젠 뭐 이젠 서울에 다 한국 사람들 거짓말해가꼬 ノリ ノリ허는 것도 다 un 돈을 얼마 했다 하면 막 거기 ウワノセ해가꼬. (J100A)

(42) 그래서 서울 가서 オコノミヤ허다가 또 이젠 그거 이젠 설러불고 이젠 또 그 ○○○(회사명) 있죠 서울에? (J100A)

(38)(39)의 「案内(アンナイ)하다」 「恋愛結婚(レンアイケッコン)하다」는 일대일로 대응하는 한국어 단어('안내하다', '연애결혼하다')가 존재하나 혼용형태가 사용된 경우라고 할 수 있다. 이외의 「シッカリ하다」 「ノリ하다」 「ウワノセ하다」 「オコノミヤ하다」는 각각 '확실하다(잘하다)', '김을 판매하다', '덧붙이다(추가하다)', '오코노미야끼 가게를 운영하다'의 의미로 사용되었다.

(41)의 「ノリ하다」와 (42)의 「オコノミヤ하다」는 명사구('김을', '오코노미야끼 가게를')가 「-하다」의 선행요소로 사용된 점, 「-하다」가 '판매하다'와 '운영하다' 의 의미를 대신하고 있다는 점에서 상술한 비관습적인 한국어+「-하다」(「전람회하다」 「절관하다」 「대학하다」 등)의 경우와 유사하다.

5. 고찰

「재일한국인 음성 코퍼스」를 활용하여 10명의 재일한국인 이중언어 사용자들의 「-スル」와 「-하다」 사용실태에 대해 조사한 결과, 한국어+「-スル」와 일본어+「-하다」는 일부의 화자의 발화에서만 관찰되었다.

따라서 혼용형태는 재일한국인 이중언어 사용자들의 발화에서 보편적으로 관찰되는 형태라기보다는 사용여부에 개인차가 있는 것으로 여겨진다. 동일한 분량의 언어데이터이나 김미선・生越(2002)와 곽은심(2013) 간에 한국어+「-スル」와 일본어+「-하다」의 출현빈도가 확연히 상이했던 점도 이러한 개인차에 의한 것일 가능성이 크다.

그리고 참가자들의 발화에서는 혼용형태뿐만 아니라 「掃除仕方(ソウジシカタ)スル」「대학하다」 등 한국어와 일본어에서 통용되지 않는 단어들도 관찰되었다. 비관습적인 단어들은 종래에 중점적으로 다뤄져 오지 않은 경향이 있으나, 본고의 조사결과 비관습적인 단어의 사용여부에도 개인차가 있었다.

참가자별 사용실태를 살펴보면 먼저 비관습적인 일본어+「-スル」는 J100D와 J200D 2명의 발화에서만 관찰되었다. 그리고 J100D와 J200D가 발화한 비관습적인 단어는 상당수가 「男の真似をする」「掃除の仕方をする」 등과 같이 본래는 명사구+본동사(スル)의 형태를 취하는 것이 일반적이나 이를 하나의 단어로 표현한 경우였다.

男の真似をする　→　男真似(オトコマネ)スル
掃除の仕方をする　→　掃除仕方(ソウジシカタ)スル

명사구를 「-スル」의 선행요소로 취하고 있다는 점에서 본고에서는 '명사구의 선행요소화(前要素化)'라 칭하기로 하는데, 동일한 현상은 J100A・J100B・J100C・J200A가 발화한 비관습적인 한국어+「-하다」에서도 관찰되었다.

전람회를 개최하다(전람회를 열다) → 전람회하다
대학을 운영하다 → 대학하다

「-スル」「-하다」의 명사 선행요소는「運動する(운동하다)」「練習する(연습하다)」「勉強する(공부하다)」의「運動(운동)」「練習(연습)」「勉強(공부)」처럼 동작성을 지니는 것이 전형적이다. 하지만 재일한국인 이중언어 사용자들의 발화에서는「掃除仕方(ソウジシカタ)スル」「전람회하다」「대학하다」 등 동작성과는 무관한 명사가 선행요소로 사용되고 있다는 점에서 특징적이다.

덧붙여 비관습적인 한국어+「-하다」(「전람회하다」「대학하다」 등)와 일본어+「-하다」(「ノリ하다」「オコノミヤ하다」 등)에서는 명사구의 선행요소화와 함께「-하다」가 '개최하다(열다)', '운영하다', '판매하다'의 의미를 대신 나타내는 대동사(代動詞)의 역할도 관찰되었다. 유사한 사례로 '나무하다(나무를 베다)', '밥하다(밥을 짓다)' 등을 들 수 있으나, 이들과 달리 일반적으로 통용되는 단어가 아니라는 점에서 구분된다.

여기서 한 가지 흥미로운 사실은 혼용형태가 비관습적인 단어를 발화한 참가자(들)에게서만 관찰되었다는 점이다. 이들이 발화한 용례가 다른 참가자들보다 상대적으로 많았던 점도 고려되어야 하나, 한국어+「-スル」는 비관습적인 일본어+「-スル」를 사용한 2명 중 1명(J100D)의 발화에서, 일본어+「-하다」는 비관습적인 한국어+「-하다」를 사용한 4명 중 2명(J100A와 J200A)의 발화에서만 등장하였다.

혼용형태가 사용된 원인은 용례수 부족 등으로 현시점에서는 파악하기 어렵다. 하지만 혼용형태에 비해 비관습적인 단어가 빈번히 관찰된 이유가 무엇인지, 어떠한 이유에서 비관습적인 단어를 사용하는 자일수록 높은 확률로 혼용형태를 사용하는지에 대해서는 김미선

(2000)과 관련지어 고찰해볼 수 있다.

김미선(2000)은 재일한국인 이중언어 사용자들의 일본어 습득과정에는 일련의 단계가 있다고 가정하고 Azuma(1993)의 Frame content hypothesis이론에 근거하여 다음과 같이 설명하고 있다.

> 1世の使用する「日＋hada」と「韓＋する」となる混用複合動詞の生成を1世の日本語の習得過程とframeとcontentの移行過程で説明すると、以下のような段階によるものであると推測できる。
>
> 第一段階 ： 韓国語content 韓国語frame
> ↓ contentの移行
> 第二段階 ： 日本語content 韓国語frame
> ↓ frameの移行
> 第三段階 ： 日本語content 日本語frame
>
> まず、frame/content両方とも韓国語で構成された第一段階は1世が定着当時に使用した韓国語であったことが想定できる。次に、ベースとなる韓国語のframeに新しく習得した日本語の単語(content word)を埋め込む段階が第二段階となる。次の段階は、frameが日本語に移行した第三段階となる。
> 実際の運用例から上記の段階を説明すると、以下のようになる。
>
> 第一段階 ： 정　하다
> ↓
> 第二段階 ： 決め　하다
> ↓
> 第三段階 ： 決め　する　　　김미선(2000:129-130)

김미선(2000)과 관련지어 상반된 2가지 해석이 가능하다. 먼저 김미선(2000)의 이론대로 참가자들은 이미 제 3단계에 도달하였기 때문에 비관습적인 단어(「決めする」)는 상당수 사용하나, 제 2단계의 혼용형태(「決め하다」)는 더 이상 사용하지 않게 되었다는 해석이다.

반대로 J200D・J100B・J100C처럼 비관습적인 단어는 사용하나 혼용형태는 구사하지 않은 참가자가 존재한다는 점, 재일한국인 이중언어 사용자들의 발화에 있어서 혼용형태보다 비관습적인 단어가 널리 사용되고 있다는 점[10]에서 재일한국인들의 언어습득과정은 김미선(2000)과는 달리 '제 1단계 → 제 3단계 → 제 2단계'의 순으로 이행된다는 해석도 가능하며, 혹은 이러한 일련의 이행과정은 애초 존재하지 않는다는 견해 또한 타당성을 갖는다.

6. 맺음말

이상, 「-スル」「-하다」를 관습적인 단어, 비관습적인 단어, 혼용형태인 단어로 3분류하고, 재일한국인들의 다양성을 고려하며 각 단어의 사용실태에 대해 조사・분석하였다. 종래의 관련연구에서는 독

10) 재일한국인의 언어사용연구에 이용 가능한 공개 자료로는 재일한국인 1세와 3세 그리고 조사자 3자간의 담화를 약 1시간 분량을 수록한 『在日コリアン一世の自然談話文字化資料』(김미선・生越 2002)가 있다. 김미선・生越(2002)을 대상으로 조사한 결과, 해당 자료에서도 혼용형태보다 이하와 같은 비관습적인 단어의 출현빈도가 한층 높았다.
- ・地震するからな、潰れたらしようゆって。(p.24)
- ・それからも、なにしようか、なにするもんもなにもないし、… (p.29)
- ・晩の仕事する自分でも自分でうどんでも全部し、… (p.35)
- ・네(はい)もするし、踊りも自分の親するのとこいって踊りもな、する。(p.92)
- ・그때(その時) 강네(行って) じっと 거(それ) テレビするやろ? (p.113)

특한 언어표현인 혼용형태와 비관습적인 단어만을 각각 개별적으로 다뤄왔던데 반해, 본고는 「-スル」와 「-하다」의 모든 용례를 대상으로 삼아 전체 발화 중 그 사용 분포와 상호 관련성에 대해 논하고 있다는 점에서 특징적이다.

조사결과, 한국어와 일본어 이해 능력을 가진 집단 외부 인물(조사자)과의 대화라는 특수한 발화상황에서 혼용형태와 비관습적인 단어의 사용여부에는 개인차가 있었다. 그리고 명사구를 선행요소로 변경하거나 동작성을 갖지 않는 명사를 「-スル」 「-하다」의 선행요소로 사용하는 경향 등이 발견되었다.

하지만 어떠한 이유에서 특정 참가자만이 혼용형태와 비관습적인 단어를 사용하는지에 대해서는 밝혀내지 못하였다. 코퍼스에 수록된 참가자들의 속성정보를 바탕으로 세대・학력・일본거주기간 등을 비교하였으나, 확연한 경향은 발견되지 않았다. 다만 비관습적인 일본어+「-スル」와 한국어+「-スル」는 주로 일본어(로 구성된) 문장에서만, 비관습적인 한국어+「-하다」와 일본어+「-하다」는 주로 한국어(로 구성된) 문장에서만 등장한다는 점에서 참가자들이 발화한 문장의 종류와 무관하지 않을 것으로 추정된다.

또한 동일한 참가자의 동일한 선행요소임에도 상술한 (36)(37)과 같이 어느 한쪽에서만 혼용형태가 사용된 점에서 동사의 활용 등도 하나의 요인으로 고려된다. 따라서 향후에는 아직 문자화하지 못한 참가자들의 언어데이터를 추가하여 코퍼스의 규모를 확대함과 동시에, 문장 단위에 주목하여 활용상의 오용(43), 문맥상 적절한 표현인지의 여부(44) 등을 적극 고려하며 「-スル」 「-하다」의 사용실태에 대해 추가적으로 조사・분석하고자 한다.

(43) … ジブンノ se se 소생ハ @ソウルダト カンチガイシマスワケ. (J100D)

(44) 큰 회사에서 우리 떡국을 공장에 와서 ぜㄴ 같이 해 달라고 해서 우리 여기 기술을 좀 해 달라 해서 우리 큰 아들이 이젠 거기 가서 이젠 ○○○(회사명)하고 합체했어요. (J100A)

이 글은 『일본학보』 115집(한국일본학회, 2018.5.)에 게재된 「재일한국인 이중언어 사용자들의 「-スル」 「-하다」 사용실태 연구-음성 코퍼스를 자료로」의 내용을 일부 수정 및 가필한 것이다.

“국립국어연구소 일본어 웹 코퍼스”와 그 검색 시스템 “본텐”

아사하라 마사유키

1. 머리말

국립국어연구소에서는 2011년도부터 5년 프로젝트 “초 대규모 코퍼스”로 언어 연구에 이바지하는 Web을 모집단으로 한 100억 단어 규모의 언어 자원 정비를 진행해왔다. 정비한 데이터는 2016년도에 국립국어연구소 일본어 웹 코퍼스(NINJAL Web Japanese Corpus: NWJC)라는 이름으로 검색 시스템 “본텐”을 통해서 공개했다. 이 논문에서는 국립국어연구소 웹 코퍼스가 어떻게 구축되어왔는지에 관해 설명함과 더불어, 코퍼스의 기초 통계량을 제시한다. 또한, 공개에 사용한 검색 시스템 “본텐”의 3종류의 검색기능(문자열 검색, 품사열 검색, 의존 구문 관계 검색)과 다운로드 기능에 관해 서술한다.

2. "국립국어연구소 웹 코퍼스"의 개요

본 절에서는 "국립국어연구소 일본어 웹 코퍼스"의 개요에 관해서 서술한다. 구체적으로는 수집 방법, 조직화 방법 두 가지에 관해 설명한다. 또한 공개 중인 2014-4Q 데이터의 기초 통계량에 관해서 밝힌다.

2.1. 수집 방법

웹 코퍼스를 구축하는 방법으로는 Transactional archiving과 Remote harvesting이 있다. 전자는 검색 엔진 등에서 사전의 단어를 검색하는 방법으로, URL 리스트 등을 취득하는 방식으로 웹페이지를 수집하는 방법이다. 후자는 크롤러 소프트웨어를 운용하여 웹 페이지를 수집하는 방법이다. 우리는 검색 엔진에 의존하지 않고 직접 샘플링을 하기 위해 Remote harvesting 수법을 사용하였다.

크롤러는 각국 국립 도서관이 웹 아카이브를 구축하기 위해 사용하는 Heritrix a)를 사용하였다. Heritrix는 저장 형식으로 ISO-28500에서 규정된 WARC 형식으로 파일을 출력하여, 다른 기관으로 데이터를 제공하는 것이 가능한 형식이다.

크롤은 2012년 10월부터 시작하여, 3개월 단위로 1억 URL을 수집하는 것을 목표로, 2016년 3월까지 이어졌다. 크롤 운용은 희귀 언어 현상을 커버하기 위해 웹페이지의 중복, 갱신 빈도, 피(被)링크 관계를 종합적으로 고려하여 1년 단위로 수집한 URL을 변경하였다. 구체적으로는 수집한 코퍼스 중에서 중복이 적고, 갱신빈도가 높고, 링크된 페이지가 많지 않은 URL을 수집하였다.

2.2. 조직화 방법

수집한 웹페이지는 정규화하여, 형태소 해석 후, 의존 구문 해석을 한다.

정규화 방법은 수집한 웹 텍스트의 HTML 태그를 삭제하고, 문자 코드를 통일한 후, 일본어 문장 추출을 한다. 정규화 수법은 선행연구의 "Web 일본어 N그램 제1판"b)이 채용한 방법을 사실상의 표준으로 삼았으며, 이러한 정규화를 할 수 있는 "일본어 웹 코퍼스용 툴 키트"(nwc-toolkit) c)가 공개되어 있다. 문자 코드의 통제는, 우선 UTF-8로 변환한 후, 정규화 형식 C(NFC: 정준등가성(正準等価性)에 의해 분해되고, 다시 합성하는 방식으로 문자의 정규화(예: か+゛→が)를 실시한다. 일본어 문자 추출 방법은 온점・느낌표・물음표를 문장의 끝으로 지정하고, 문장의 문자 수로 추출(6문자 이상 1023문자 이하)한 후, 일본어의 문자 비율(히라가나 5% 이상・일본어 문자 70% 이상)로 일본어다운 문장을 추출한다. 추출된 문장은, 중복 포함(token)이 아닌 중복 제외(type) 상태로 데이터베이스에 격납한다.

복수의 페이지에 출현한 동일 문장은 1회의 출현으로 간주한다. 웹 텍스트를 데이터베이스화할 때, 단순히 문장을 "중복 포함(token)" 수로 격납하면, 중복 사이트 혹은 템플렛 등의 정형문이 상위 빈도를 차지한다. 문장을 "중복 제외(type)"수로 격납함으로써 이 문제점을 완화할 수 있다.

빈도 취득 방법("중복 포함"인지 "중복 제외"인지)의 차이로 인한, 5-gram(단어 5개 페어)의 상위 빈도 용례는 〈표 1〉과 같다. "중복 제외" 수가 "중복 포함" 수에 비해 언어 표현으로 자주 이용되는 것들이 상위를 차지하고 있다.

〈표 1〉 빈도 취득 방법에 기반한 5-gram(단어 5개 조)의 차이

빈도 순위	"중복 포함(token)"에 의한 5-gram	"중복 제외(type)"에 의한 5-gram
1	記事 へ の トラック バック	さ れ て い ます
2	機能 を 利用 する こと	で は あり ませ ん
3	利用 する こと が でき	と 思っ て い ます
4	正確 性 を 保証 し	し て い まし た
5	お客様 自身 の 責任 と	で は ない で しょう

형태소 해석은 MeCab-0.996 d)와 UniDic-2.1.2 e)를 사용한다. 의존 구문 해석은 CaboCha-0.69 f)에 UniDic 주사(主辞: head) 규칙을 적용한 것을 사용한다. 이러한 언어 해석 시스템의 해석 결과는 사람이 수정하지 않는다. 자동 해석 결과를 데이터베이스에 격납한다.

2.3. 기초 통계량

〈표 2〉에 현재 공개 중인 검색 시스템 "본텐"에 격납된 2014-4Q 데이터(2014년 10월~12월에 수집)의 기초 통계량을 제시한다.

〈표 2〉 "국립국어연구소 웹 코퍼스" (2014-4Q) 기초 통계량

수집 URL 수	83,992,556	8399만 URL
문장 수(중복 포함:token)	3,885,889,575	38억 문장
문장 수(중복 제외:type)	1,463,142,939	14억 문장
국립국어연구소 단(短)단위 수	25,836,947,421	258억 단어

1억 URL을 크롤하여 수집한 URL의 수는 8399만 URL이었다. 이 수집 페이지에 대해 일본어 문장 추출을 한 결과, 중복 포함 38억 문장, 중복 제외 14억 문장이 추출되었다. MeCab, UniDic으로 형태소 해석을 한 결과 258억 단위로 분할되었다.

3. 검색 시스템 “본텐”의 개요

“국립국어연구소 일본어 웹 코퍼스”는 검색 시스템 “본텐”에 격납하여, 문형 패턴 검색인 “문자열 검색” “품사열 검색” “의존 구문 검색”이라는 3종류의 검색 환경을 제공한다. “본텐”의 전단(front end)은 코퍼스 관리 소프트웨어 “ChaKi.NET”을 참고하였고, 웹상에서 작동하는 인터페이스의 개발을 주식회사 만요에 위탁하였으며, 후단(back end)으로는 주식회사 래트리버의 Sedue for Bigdata를 사용했다. 일반 공개 판은 문자열 검색만 이용할 수 있으며, 다운로드를 할 수 없고 표시도 간이 형식이다. 다기능 판은 품사열 검색, 의존 구문 검색이 가능하며, 그 외에도 다운로드를 할 수 있고, 형태론 정보, 의존 구문 구조의 가시화가 가능하다. 이하에서는 검색 시스템 “본텐”의 3가지의 검색 환경과 가시화를 소개한다.

3.1. 문자열 검색 기능

문자 기능은 “국립국어연구소 일본어 웹 코퍼스”를 가장 간략히 검색할 수 있는 검색법이다. 문자열을 포함하는 문장을 그 문장이 포함된 URL과 함께 표시한다. 〈그림 1〉은 검색 시스템에서 “人間文化研究機構”의 문자열을 검색한 예시다.

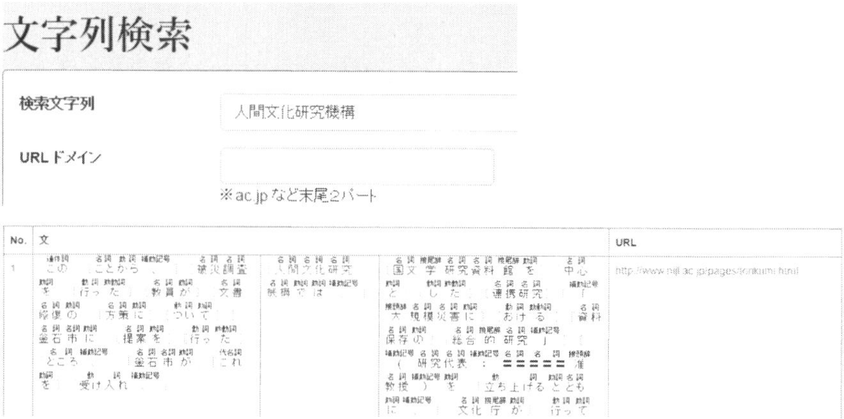

文字列検索

検索文字列　人間文化研究機構

URLドメイン

※ac.jpなど末尾2パート

No.　文　URL

〈그림 1〉 문자열 검색 화면

3.2. 품사열 검색 기능

품사열 검색은 국립국어연구소 단(短)단위에 부여된 형태론 정보에 기반하여 검색할 수 있는 검색 기능이다. 표층형, 품사(4단계), 활용(活用型)(2단계), 활용형(活用形)(2단계), 어휘소 발음, 어휘소를 지정할 수 있으며, 전후 문맥을 상대 위치로 지정해서 검색 대상의 범위를 축소할 수 있다.

〈그림 2〉는 "국립"이 "연구-소" 앞에 오는 형태소를 검색한 결과이다.

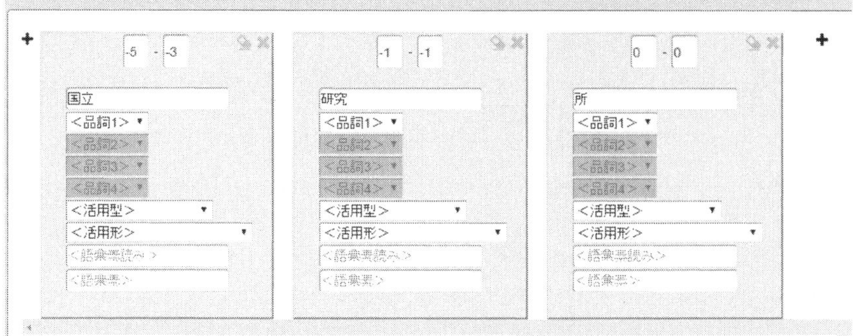

〈그림 2〉 품사열 검색 화면

3.3. 의존 구문 검색 기능

의존 구문 검색은 어절과 어절의 의존 구문 관계를 사용하여 조사하는 검색 기능이다. 〈그림 3〉에 의존 구문 검색 화면의 일례를 소개한다. 예제에서는 격 요소 "が"와 "で"가, 어휘소 "走る"(달리다)와 의존 구문 관계를 이루고 있는 사례를 검색하였다.

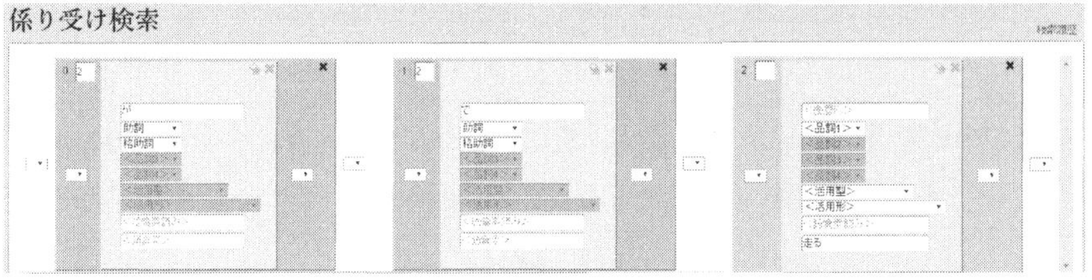

〈그림 3〉 의존 구문 검색 화면

3.4. 가시화

앞 절의 의존 구문 검색 결과의 화면을 〈그림 4〉에 제시한다. 검색 결과 화면에서 단어, 어절 위에 마우스 커서를 올리면, 품사 등의 형태론 정보가 하얀 사각 상자 팝업으로 오버레이 되어 표시된다. 또한, 마우스 커서가 올라간 어절은 노란색 배경으로 표시되며, 노란색 배경의 어절과 의존 구문 관계인 어절을 청색 배경, 노란색 배경의 어절과 의존 구문 관계인 어절을 적색 배경으로 표시한다. 이것들로 의존 서브트리(dependency subtree)가 표시된다.

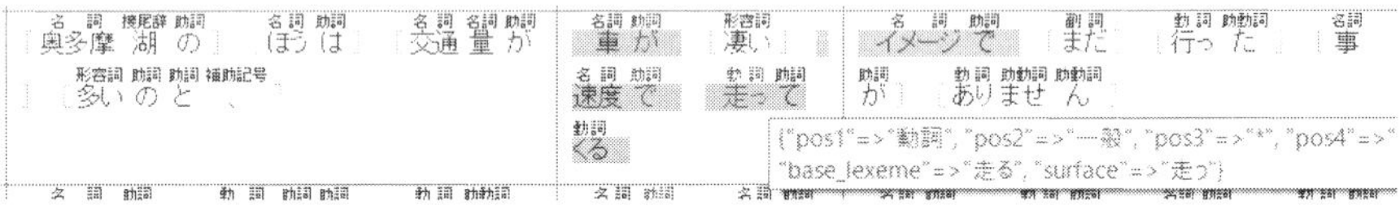

〈그림 4〉 검색 결과 화면

3.5. 다운로드 기능

검색 결과는 2종류의 형태로 10만 건까지 다운로드할 수 있다. 한 가지는 태그 구분 형식으로 KWIC 형식이나 인라인 형태론 정보가 포함된 것을 다운로드할 수 있고, Microsoft Excel로 열 수 있다. 또 한 가지는 의존 구문 해석 시스템 CaboCha 출력 형식으로, ChaKi.NET으로 열면 의존 트리(dependency tree) 구조의 전체 구도가 표시된다. 또한, 정규 표현 등에 의해 상세한 검색 및 빈도 취득도 가능하다.

4. 기초 통계 데이터의 공개

웹 텍스트의 저작권은 각 페이지 작성자에게 있으므로, 원 텍스트를 원본대로의 형태로 배포할 수는 없다. 어휘 표, n-gram, 분포 표현 데이터를 공개한다.

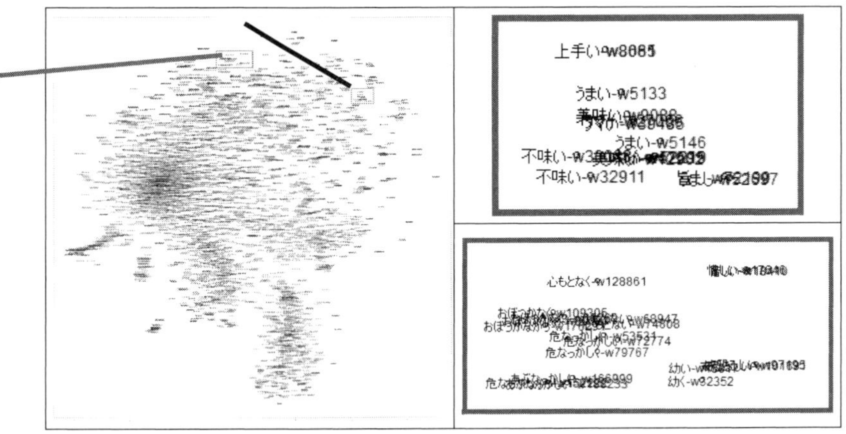

〈그림 5〉 "국립국어연구소 웹 코퍼스"로 구성한 분산 표현 데이터

〈그림 5〉에 "국립국어연구소 일본어 웹 코퍼스"로 구성한 200차원의 분산 표현 데이터를 2차원으로 가시화한 것을 제시한다. 이러한 데이터들은 Creative Commons BY 4.0에서 공개한다.

5. 맺음말

이 논문에서는 "국립국어연구소 일본어 웹 코퍼스"와 그 검색 시스템 "본텐"에 대해 소개했다. 일반 이용자는 http://bonten.ninjal.ac.jp/에서 문자열 검색만 이용할 수 있다. 고성능 판은 http://pj.ninjal.ac.jp/corpus_center/nwjc/에서 이용신청을 해야 한다.

이 글은 『情報処理学会論文誌』 59권, 2호(情報処理学会, 2018.2.)에 게재된 「『国語研日本語ウェブコーパス』とその検索系『梵天』」를 한국어로 번역하여 일부 내용을 수정, 가필한 것이다.

역 이름으로 보는 공간 인식에서의 언어다움

오노 마사키

1. 머리말

다언어·다문화 사회의 커뮤니케이션에서는 다른 언어 화자도 이해하기 쉬운 방법이 요구된다. 동아시아 각 지역에는 세계 공용어인 영어와 함께 중국어(간체자, 번체자), 한국어, 일본어의 3개 언어 표기가 확산되고 있다. 한국에서는 장소나 교통 안내로 〈그림 1〉, 〈그림 2〉와 같은 다언어 표기가 이용되고 있다.

〈그림 1〉 인천공항 표기

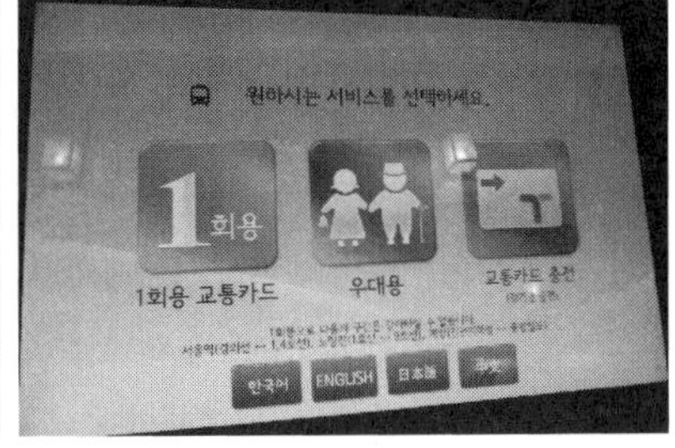

〈그림 2〉 서울 지하철 자동발매기

〈그림 3〉 한국어 '서울대입구' 표기

〈그림 4〉 일본어 '東大前' 표기

다언어로 할 경우 기점 언어를 다른 언어와 어떻게 병기할 지는 단순히 음운적, 문법적, 어휘적 치환뿐 아니라 그 언어다움과도 관련이 있다. 가령 서울과 도쿄의 지하철 역명 표기를 보면 서울은 영어 번역을 병기한 한편, 도쿄는 일본어 발음을 알파벳으로 표기한 사례를 볼 수 있다. 한국어 '서울대 입구'는 영어 표기를 'Seoul National University', 일본어 '東大前'는 'Todaimae'로 하고 있다. 어느 쪽이 알기 쉬운 지를 생각한다면 모국어 화자와 비모국어 화자가 모두 이해할 수 있는 게 바람직하다. 여기에서 더욱 흥미로운 건 역 이름의 발상이다.

서울 시내는 '입구'를 많이 쓰는 데 비해, 일본어는 '入口'라는 역 이름을 도심부에서 볼 수 없다. 한편 일본에서는 '前'와 같은 표현이 몇 개 보이는데, 이러한 각 언어의 특징을 공간 인식에서 고찰해 보고자 한다.

2. 언어 연구의 공간 인식

2.1. 사태 파악

인지언어학의 근간에는 어떤 사태를 어떻게 언어화하는지에 대한 사태 파악이라는 접근법이 있다. 선구적 연구는 池上(2011)로, 가와바타 야스나리의 「설국(1937)」의 첫 머리를 언급하며 Edward George Seidensticker의 "Snow Country(1996)"의 번역과 대조하고 있다.

(1) 国境の長いトンネルを抜けると雪国であった。
(2) The train came out of the long tunnel into the snow country.

한국어 번역을 찾아보면 다음 예시를 볼 수 있다.

(3) 국경의 긴 터널을 빠져나오자, 눈의 고장이었다. 밤의 밑바닥이 하얘졌다. 신호소에 기차가 멈춰 섰다. (민음사 역)

가와바타 야스나리의 원작에서는 화자의 시점이 열차 이동 안에 포함돼 사태와 함께 시점이 이동하는 데 비해, Seidensticker(1996)의 번역에서는 시점이 열차 밖에 있어서 열차의 움직임을 관찰 묘사하고 있다. 언어학의 분석으로는 가와바타 야스나리의 언어화는 화자의 시점이 사태 안에 들어가 있는 주관적 파악, Seidensticker의 언어화는 사태 밖에서 묘사하는 객관적 파악으로 알려져 있다. 岡(2012)에서도 일본어와 한국어는 서로 비슷한 표현으로 되어 있으며, 중국어는 영어와 같이 'The train'인 '火車(열차)'가 주어가 되어 영어와 동일한 번역으로 알려져 있다.

이러한 일본어의 특징은 현대 일본어뿐 아니라 헤이안 시대의 「古今和歌集」에서도 볼 수 있다. 와카의 '紅葉踏み分け' 행위자와 '声聞く' 주체가 명시되어 있지 않아, 여기에서도 화자의 시점이 사태 안에 들어가 있는 것으로 볼 수 있다.

(4) 奥山に 紅葉踏みわけ 鳴く鹿の
　　声きく時ぞ 秋は悲しき

猿丸太夫(5番) 「古今和歌集」秋上・215

'紅葉踏み分け'의 주체가 '鹿'인지, 아니면 이 와카를 읊는 사람인지는 애매하지만, '鹿'라고 한다면 산 속에서 사슴이 울고 있는 사태를 객관적으로 언어화한 객관적 파악이고, 주체가 '(와카를)읊는 사람'이라면 산 속에 자기 자신이 있는 주관적 파악이라고 할 수 있다.

이러한 표현이 성립되는 것은 일본어가 통사적으로 주어를 명시하지 않는 언어라는 특징이라고 할 수 있지만, 일본어의 사태 파악 방법이 주어를 명시하지 않아도 해석이 가능하게 하도록 보증한다. 이 같은 일본어다움은 현대 일본어에 특화된 게 아니라 일본어에 있어서 예로부터 계속 뿌리내려진 것이다.

2.2. 공간 인식과 언어

현대 커뮤니케이션에서는 다음과 같은 예시가 화제다.

(5) カズはゴールの左側にボールを蹴り込んだ。

(井上京子, 1998, p.24)

예문 (5)의 '左側'는 공을 차는 사람(=カズ)에서 보느냐, 골 뒤에 있는 발화자의 시점에서 이 상황을 표현하느냐에 따라 위치가 달라진다. 이러한 현상을 '상대적 지시 프레임'이라고 한다.

일본의 신문 보도를 보면 이러한 표현을 많이 볼 수 있다.

(6) 日本が同点ゴールを決める。昌子、香川と渡ったパス。最後は乾がドリブルで右へ移動しながら、ペナルティーエリアの手前で右足を振り抜き、ゴール右に決めた。チームとしては、西野監督になって3試合目での初ゴール[1]。

이 시점은 모두 골을 향한 시점이지만, (7)과 같이 골키퍼가 본 시점과는 다르다.

(7) PKの場面について、カミンスキーは「笛が鳴ってから、『右に飛ぼう』と決めたんだ。あとは運だよ。GKには運が必要なんだ」と、サラリと振り返った[2]。

1) https://www.asahi.com/articles/ASL6D71WBL6DUTQP03G.html
2) https://web.gekisaka.jp/news/detail/?163258-163258-fl

위의 예시는 어디에 시점을 둘지 선택할 수 있는데, '절대적 지시 프레임'이라는 방법도 있다. 지구축이 가지는 공간 표현이다. 전세계 언어에는 좌우, 앞뒤와 같이 자기중심 좌표보다도 동서남북 지리좌표를 우선하는 언어가 있다고 한다. 선행연구(井上京子)(1998)에 따르면 다음과 같은 내용이 있다.

(8) 우리 인간은 자기 신체를 기준으로 해서 우선 얼굴이 있는 면을 '앞', 등이 있는 면을 '뒤'로 나누고 있다. 그리고 나서 이번에는 평면과 직각이 교차하는 면에서 나눌 수 있는 대칭적인 2개 영역을 '왼쪽'과 '오른쪽'으로 구별이 가능하다는 방법이 있다. (중략) 누구나 좌우 구별을 할 수 있다. 즉, 공간을 왼쪽과 오른쪽으로 나눌 수 있다고 믿어왔던 공간파악 방법이 실은 인류공통의 방법이 아니라는 것이다.(p.19, 번역 인용)

井上는 전세계의 언어를 관찰해 보니 '좌우'라는 개념이 없는 언어로 멕시코 마야족, 호주의 원주 민족인 구구 이미디르족 사례가 있고, 도시부에서는 '좌우', 농촌은 '동서'라는 인도 마두라이시 타밀인의 사례를 들 수 있다. 또한 ガイ・ドイッチャー(2012)에서도 호주의 원주 민족인 구구 이미디르족의 사례를 들면서 동서남북 지리좌표를 우선하는 예시로 소개하고 있다.

2.3. 현대 사회에서 '상대적 지시'를 선호하는 이유

절대적 지시에는 많은 지식이 필요하다. 한 지역에 있으면서 자신의 장소에서 언급하는 장소를 GPS처럼 항상 파악하고 있어야하기 때문이다. 이를 보여주는 예시가 필자가 근무하는 대학인데, 한 가지 조사를 실시했다. 조사한 문장은 다음과 같고, 조사 대상은 일본어 모어화자와 비모어화자다.

(9a) 私の研究室は図書館の前の建物の5階です。
(9b) 私の研究室は図書館の東の建物の5階です。
(10a) My laboratory is the 5th floor of the building in front of the library.
(10b) My laboratory is the 5th floor of the east building of the library.

〈그림 5〉 정면에서 봤을 때 대학도서관이 왼쪽, 인문사회동이 오른쪽

모국어에 상관없이 (9a)(10a)의 설명이 압도적으로 알기 쉽다는 결과였다. '동쪽'을 인식하려면 해가 나왔는지 안 나왔는지, 혹은 그 지역에서 명확한 동서남북을 파악할 필요가 있기 때문에 '절대적 지시'를 피할 것이다.

3. 역 이름으로 보는 언어다움

공간 인식과 지시 방법에는 방법이 있다고 해도 세계 각지의 역 이름을 보면, 1장에서 본 것처럼 그 지역의 특징이 나타난다. 역 이름을 관찰하면 서울이나 베이징 등지에서 볼 수 없는 일본어 역 이름으로는 '○○前'라는 지명을 일본 전국에서 볼 수 있다.

(11) 札幌市: 自衛隊前駅、バスセンター前駅
(12) 東京都: 国会議事堂前、新宿御苑前、東大前、三越前、明治神宮前、明治神宮前
(13) 名古屋市: ナゴヤドーム前矢田
(14) 京都市: 桃山御陵前、京都市役所前
(15) 大阪市: 動物園前、トレードセンター前
(16) 神戸市: 県庁前、中央市場前、旧居留地・大丸前、三宮・花時計前
(17) 福岡市: 馬出九大病院前駅、箱崎宮前駅、箱崎九大前駅

한국의 지하철은 서울시를 보면 이러한 '前(앞)'이라는 역 이름으로 '외대앞', '효창공원앞'을 들 수 있지만, 적어도 부산, 대전, 대구, 광주에서는 '前(앞)'이 붙은 역 이름은 볼 수 없다.[3)]

한편, '입구'가 많이 붙은 이름이 눈에 띈다.

(18) 을지로입구, 건대입구, 서울대입구, 홍대입구, 총신대입구, 남한산성입구, 인천대입구[4)]

---

3) https://www.konest.com/contents/area_subway_pdf.html
4) https://map.konest.com/psubway

이러한 '입구'라는 발상은 교토에서 '上ル', '下ル', '西入ル', '東入ル'라는 지명을 볼 수 있다. 다만 이들 지명은 동서남북을 기준으로 한 것으로 알려져 있기 때문에 서울 상황과는 다르다.

중국의 지하철 역명을 보면 홍콩(香港), 광저우(広州), 항저우(杭州), 상하이(上海), 충칭(重慶), 선전(深圳), 선양(瀋陽), 다이렌(大連), 장장(張江), 창사(長沙), 창춘(長春), 톈진(天津), 난징(南京), 빈하이(浜海), 우한(武漢), 푸저우(福州), 포산(仏山), 베이징(北京) 또한 타이완에서도 볼 수 없다. 뉴욕, 런던, 베를린에서는 이러한 '앞'이라는 역 이름을 볼 수 없다.[5)]

'앞'이라는 발상은 木村(1996)을 인용해 설명하고자 한다.

> (19) 대부분의 일본어 화자는 자기가 있는 현실 공간뿐 아니라, 담화 안에서만 언급되는 즉, 머릿속에서만 그릴 수 있는 공간에 대해서도 마치 자기가 그 자리에 있는 듯한 당사자 현장 입각형의 시점을 취하고, 화자 기준에서 대상의 위치를 부여하는 경향이 강하다.(번역 인용)

일본어에서는 한 장소를 구체적으로 보는 게 아니라, 시점을 '東大前', '国会議事堂前'의 근처에 있는 사람으로 놓고 화자 기준으로 대상의 위치를 부여하는 것이 아닐까. 당사자 현장 입각형으로서의 일본어에서는 고유 명사에 '앞'이라는 위치를 나타내는 단어가 역 이름이 되고 있는 것으로 보인다.

---

5) https://www.skygate.co.jp/tour/taiwan/subway.html

4. 맺음말

사태 파악이라는 관점에서 일본어 표현을 역사적 용법과 현대 사회에서의 용법을 보았다. 본 연구는 일본어에는 주관적 파악밖에 없다고 주장하는 게 아니다. 사태 파악으로서 주관적 파악과 객관적 파악의 두 가지 종류가 있다고 주장하고 싶다. 본 연구는 언어간 인지 시스템의 차이를 주장할 뿐 아니라 다문화·다언어 사회의 이해, 그리고 즐거움을 공유할 수 있는 사회 실현에 본 내용이 공헌하길 바란다. 각 국과 각 지역에는 그 곳의 언어다움이 있어야 하고, 그렇기 때문에 외국을 방문했을 때 '이문화', '이방인'을 느낄 수 있는 것이다. 이와 함께 세계의 지명, 역 이름을 통일하지 말아야 한다는 것은 다양성 유지야말로 중요하다고 생각하는 필자의 강한 주장이다.

추측을 나타내는 한·일어 부사의 공기 양상

장근수

1. 머리말

한일 양 언어에는 화자의 '추측(推測)[1]'을 나타내는 부사가 동일하게 존재하며, 이들 부사는 문말(文末)의 특정 형식과 공기관계를 보이고 있다는 공통점이 있다. 이 연구에서는 추측을 나타내는 한국어와 일본어 부사를 중심으로 문말의 어떠한 표현과 공기관계를 맺고 있으며, 그 차이점은 무엇인가에 대해 살펴보고자 한다. 이를 통해 추측을 나타내는 한일 양 언어에 보이는 부사의 공기 양상을 보다 구체화하고자 한다.

분석의 대상으로 하는 부사는 아래 (1)~(3)에 보이는 3종류이다. 대상 선정의 이유로 이들 부사는 넓은 의미에서의 추측을 나타내는 대표적인 어휘로 각각 'たぶん… ダロウ', 'どうやら… ヨウダ/ラシイ', 'もしかすると… カモシレナイ'라는 부사와 문말표현과의 공기 현상이 현저하게 보이기 때문이다. 이에 대응하는 한국어 부사의 경우도 '아

---

1) 여기에서 말하는 '추측'이란 선행연구에서의 '추량', '추정', '불확실' 등을 통칭한 용어로 사용한다.

마도 … ㄹ 것이다', '아무래도 … 것 같다', '어쩌면 … 지도 모른다'와 공기한다는 특징이 있다.

(1) a. たぶん 明日は雨だろう。
 b. 아마도 내일은 비가 오겠지.
(2) a. どうやら 明日は雨になりそうだ。
 b. 아무래도 내일은 비가 올 것 같다.
(3) a. もしかすると 明日は雨になるかもしれない。
 b. 어쩌면 내일은 비가 올지도 모른다.

일본어의 '진술부사/서법부사/모달리티부사', 한국어의 '문장부사/양태부사[2)]' 등의 이름으로 분류되는 이들 부사는 위의 예문에서와 같이 특정 형식과의 공기라는 측면에서 유사성을 보이고 있다. 한편, 한일 양 언어에 보이는 부사의 공기현상이 동질적이라고 할 수는 없다.

(4) a. たぶん/??どうやら この天気じゃ来られないだろう。
 b. 아마도/아무래도 이런 날씨면 못 올 거야/오겠지.
(5) a. ??たぶん/どうやら 犯人がつかまったようだ/らしい。
 b. 아마도/아무래도 범인이 잡힌 것 같다/모양이다.

예를 들어 용례(4)에서는 소위 추량 형식의 'ダロウ'와 공기하는 부사로 'たぶん'은 자연스러우나 'どうやら'는 부자연스럽다. 반면 일본어 부사에 대응하는 한국어 부사 '아마도/아무래도'는 모두 '-ㄹ 것이다', '-겠'과도 공기가 가능하다는 사실을 확인할 수 있다. 또한 용

2) 남기심·고영근(1985: 179) 참조. 한편, 손남익(1995)에서는 문장부사의 하위분류로 서법부사와 접속부사를 두고 있다.

례(5)에서는 'ヨウダ/ラシイ'와 공기하는 부사로 'どうやら'는 자연스럽게 쓰이지만 'たぶん'는 부자연스럽다. 반면 '아마도/아무래도'의 경우는 '것 같다/모양이다'와 같은 형식과도 공기가 가능하다.

이렇듯 한일 양 부사어는 (1)~(3)에서와 같은 유사점을 보이는 반면, (4)(5)에서와 같은 차이점도 보이고 있다. 이러한 문제 제기를 통해 부사와 문말형식과의 공기 양상이 한일 양 부사에서 어떠한 모습을 보이고 있는지 분석하고자 한다. 이를 통해 한일 양 부사에 보이는 용법상의 차이를 보다 구체적인 형태로 규명할 수 있으리라 생각된다.

2. 선행연구

부사의 개별 분석에 앞서 일본어와 한국어의 추측을 나타내는 부사 범주에 관한 선행연구를 검토한다. 먼저 일본어의 추측을 나타내는 부사에 관한 연구로 工藤(2000)의 '叙法副詞(서법부사)'를 들 수 있는데 부사와 문말표현과의 공기관계를 대상으로 한 조사에 근거하여 '추량적인 부사군'을 다음의 4가지로 분류하고 있다. 본 연구에서 분석으로 하는 부사는 각각 '추측', '추정', '불확정'으로 분류하고 있다.

(6) ① 확신(確信): きっと かならず ぜったい(に)
② 추측(推測): おそらく たぶん さぞ おおかた たいてい たいがい
③ 추정(推定): どうやら どうも よほど
④ 불확실(不確定): あるいは もしかすれば ひょっとしたら ことによると

(工藤 2000:203)

이어서 森本(1994)는 '화자의 주관적 태도를 나타내는 부사군'을 대상으로 이들 부사가 '평서문', '의문문', '명령문'과 공기하는가, 'らしい', 'だろう' 등의 구문과 공기하는가라는 테스트를 이용하여 부사의 하위분류를 시도하고 있다.

(7) グループ
A1「−過去平叙文」
A11「+だろう」たぶん、おそらく、きっと、かならず、
ぜったい、まさか、さぞ (ひょっとしたら)
A12「+だろう」しょせん、どうせ
A13「−だろう」どうも、どうやら

(森本 1994:58-59)

이상의 연구는 일본어 부사의 의미적 특징과 공기패턴에 대한 기초적인 정보를 제공하고 있다는 점에서 의의가 크다고 할 수 있다.

다음으로 한국어 부사연구에 관한 연구로 민현식(2003)은 '서상법(叙想法) 양태부사[3)]'라는 범주를 설정하고, 서상법 양태에는 명제나 사태에 대해 불확실하게 추측적, 비사실적, 가상적으로 표현하는 '추측, 가정, 양보'의 양태가 있음을 설명하고 있다. '추측'을 나타내는 부사의 예를 아래와 같이 제시하고 있다.

3) "양태(modality)의 경우도 명제나 사태를 비현실화, 즉 비사실화하거나 주관화시켜 표현하는 양태를 서상법(또는 비사실법, 비현실법, 주관법, thought-modality) 양태라 하고, 이러한 양태를 실현하는 양태부사를 서상법 양태부사로 부르도록 한다."라고 설명하고 있다. (pp.169-170)

(8) a. {아마(도), 짐작컨대, 추정컨대} 선거가 연기될지 몰라. ⇒ 단순 추측
b. {어쩌면, 혹시(나), 혹} 선거가 연기될지 몰라. ⇒ 선택적 추측
c. {아무래도} 선거가 연기될 것 같아. ⇒ 양보적 추측
d. {필시, 필경} 그는 중간에 어디 들렀을 것이다. ⇒ 확신적 추측

(민현식 2003:170)

(6)의 일본어 부사의 분류와 (8)의 한국어 부사의 분류를 비교해 보면 매우 유사하다는 점을 확인할 수 있다. 이는 한일 부사어의 의미적 유사성에 근거하고 있다고 판단할 수 있으나 이러한 분류만으로는 용례(4)(5)에 보이는 한·일어 부사의 공기 양상의 차이를 설명할 수는 없다. 따라서 양 언어의 부사에 보이는 구체적인 공기관계 및 이에 수반되는 용법의 차이를 보다 구체적으로 지적할 필요가 있는 것이다. 아래에서는 추측을 나타내는 한일 양 언어의 대표적인 부사를 중심으로 부사와 문말표현과의 공기 양상의 차이를 기술한다.

3. 부사의 공기 패턴과 문말형식의 분류

본 연구에서는 한일 양 부사어의 공기 양상을 보다 구체적으로 파악하기 위해 영 언어 동일하게 신문데이터를 이용하여 해당 부사가 문말의 어떠한 형식과 얼마나 공기관계를 맺고 있는가에 대한 조사를 실시하였다.[4)]

〈표 1〉 일본어 부사와 문말형식과의 공기관계

文末形式 / 副詞(計)	スル	ノダ	ハズダ	ニチガイナイ	ヨウダ	ラシイ	シソウダ	ダロウ	ト思ウ	否定疑問	カモシレナイ	疑問	その他
たぶん(603)	202	9	17	19			2	234	83	29	8		
どうやら(387)	62	3		1	127	142	25		7	5			15
もしかすると(189)	4	1					1	1	4	42	126	4	6

· 용례는 『毎日新聞』 1999~2007의 데이터에서 발췌하였다.
· 문말형식은 대표형을 표시하였으며 과거형 등의 활용형을 포함한다.
· 'スル'는 상기 문말형식과 같은 유표형식이 붙지 않은 형태의 총칭을 말한다.
· 'ト思ウ'에는 '考える' 등의 지각·사고동사를 포함한다.
· 부정의문에는 'ノデハナイカ', 'ノデハナイダロウ' 등을 포함한다.
· 의문에는 'か(な)', 'だろうか' 등 부정을 포함하지 않는 의문형을 포함한다.

〈표 2〉 한국어 부사와 문말형식과의 공기관계

문말형식 / 부사(계)	하다	틀림없다	것 같다	가보다	모양이다	듯하다	-ㄹ 것이	-겠	생각하다	부정의문	지도 모른다	기타형식
아마도(435)	18	7	41	10	6	9	140	14	11	33	26	13
아무래도(117)	33		24		3	9	19		5	11	2	11
어쩌면(204)	37		1				16	3	3	13	103	31

· 용례는 국립국어원 21세기 세종계획 말뭉치 중 신문데이터에서 발췌하였다.
· 문말형식의 분류 방식은 일본어 예문과 동일하다.

---

4) 양 언어 모두 문체적(운문의 경우 생략이 많아 제외하였음), 방언적인 차이가 문제가 되는 용례는 제외하였으며 개별 부사의 공기패턴의 차이를 보다 알기 쉽게 제시하기 위해 상위 2개의 문말표현을 음영 처리하였다.

일본어 부사와 문말형식과의 공기 양상에 대한 지금까지의 조사로는 工藤(2000)를 비롯해, 張根寿(2005, 2016) 등의 연구에서 보고되어 있으며, 한국어 부사를 대상으로 한 조사는 정하준(2011) 등의 연구 성과가 있다. 이러한 조사는 한일 양 부사어의 특징을 보다 객관적인 형태로 파악할 수 있는 자료를 제시한다는 점에서 의의가 있을 것으로 생각된다.

다음으로 부사와 공기하는 문말형식의 분류에 대해 검토하고 개별 부사가 어떠한 종류의 문말형식과 공기관계를 맺고 있는가에 대해 분석할 필요가 있다. 이를 위해 일본어의 문말표현의 분류에 관한 연구를 검토하고, 이를 한국어 문말표현의 분류에 응용하는 방법으로 기술한다.

먼저 仁田(2000)는 '認識的モダリティ(인식적 모달리티)'라는 범주의 체계화를 시도하고 있다. '認識的モダリティ' 아래에 '判定のモダリティ(판정의 모달리티)'를 설정하고 다양한 문말형식의 분류체계를 설명하고 있다. 소위 '추측'이라는 개념은 仁田의 분류에서는 '確信', '推量', '蓋然性判断', '徴候性判断'의 4가지로 세분화되어 있다. '確信'과 '推量'은 'スル'와 'スルダロウ'의 대립을 이루는 것이고, '蓋然性判断'에는 'カモシレナイ/ニチガイナイ', '徴候性判断'에는 'ヨウダ/ラシイ/ミタイダ/(シ)ソウダ」를 들고 있다.

다음으로 宮崎(2002)는 'ムード(mood)'와 'モダリティ(modality)'를 구분하는 입장에서 'スル'와 'スルダロウ'를 '認識のムード(인식의 무드)'로 분류하고 있다. '認識のモダリティ(인식의 모달리티)'에는 '可能性・必然性'과 '証拠性'을 하위개념으로 분류하고 있다. '可能性・必然性'에는 'カモシレナイ/ニチガイナイ/ハズダ'로 화자의 내적사고에 의한 인식을 나타내는 것으로, '証拠性'에는 'ヨウダ/ミタイダ/ラシイ/(スル)ソウ

ダ/(シ)ソウダ'로 외적상황의 관찰에 근거한 인식으로 구분하고 있다.

본 연구에서의 분류방식도 기본적으로 위의 모달리티에 입각한 분류에 근거하여 문말표현을 크게 4그룹으로 분류한다. 첫 번째 그룹은 'スル'를 포함하여 명제를 '단정·확신적[5)]'으로 파악하는 형식이다. 'ノダ/ハズダ/ニチガイナイ'를 여기에 포함한다. 두 번째 그룹은 '징후(외적 상황)'를 근거로 사태를 파악하는 형식으로 'ヨウダ(ミタイダ)/ラシイ/シソウダ'를 대상으로 한다. 세 번째 그룹은 추량의 'ダロウ'를 포함하여 이와 의미적으로 유사한 표현형식인 'ト思ウ', 'ノデハナイカ'를 여기에 포함한다. 네 번째 그룹은 'カモシレナイ'로 개연성의 정도가 낮은 혹은 가능성을 나타내는 형식으로 분류하였다.

4. 한일어 부사의 공기 양상

4.1. 'たぶん'과 '아마(도)'의 공기 양상

'たぶん[6)]'과 '아마(도)'는 추측을 나타내는 대표적인 부사어로 다음 예와 같이 각각 'ダロウ'와 '-ㄹ 것이다'와 공기하는 용례가 가장 많이 관찰되었다. 한일어 부사와 문말표현 모두 추측이라는 의미적 유사성에 기인한 결과라 할 수 있다.

---

5) 부사와 공기하는 무표(無標)의 'スル'의 경우 형태적인 측면에서는 '단정'이라 표현하고 의미적인 측면에서는 '확신'이라는 용어로 분리해서 사용한다.

6) 'たぶん'의 용례(603)는 『毎日新聞』, 2001~2007의 기사에서 발췌하였다.

(9) たぶん人種差別はなくなることはないだろう。重要なのは差別をなくそうとする意志を持ち続けることだ。米国には多民族国家ゆえの利点の多い。 (毎日, 2006.3.3.)

(10) 지역 안보와 일-소관계에 영향을 끼치는 가장 중요한 갈등 요인은 아마도 한반도 문제일 것이다. 일본이 북방섬 문제를 해결하고자 하는 이유중 하나는 문제 해결이 지연되는 틈을 이용해 남한이 일본에 앞서 소련의 시장과 자원을 확보할까봐 두려워하기 때문이다. (한겨레신문 문화, 2003)

한편 〈표 1〉과 〈표 2〉의 차이로 'たぶん'은 사태를 확신적으로 파악하는 'スル(ゼロ形式)'와 공기하는 비율이 높은 반면, '아마도'는 '하다(단정형)'와 공기하는 비율이 상대적으로 낮다는 점을 확인할 수 있다.

(11) たぶん父は私に本当にそれほど興味がないです。私に、というより他人すべてに。自分のこと以外にあまり関心を持たない人だと思います。 (毎日, 2004.3.31)

(12) 嶌富永さんはスウェーデンへ行くと豊かな生活で、なぜ日本人は、と思ったそうですね。日本のサラリーマン世帯の所得は約700万円ぐらい、たぶん世界最高です。アメリカでも400万円ぐらい、どこが違うのでしょう。 (毎日, 2004.3.12.)

(13) 부동산 경기는 아마도 우리정부와 경제정책이 가장 다루기 힘든 정책분야이다. 그 주된 원인은 그것이 인플레이션과 경제의 투기성향에 가장 민감한 분야이기 때문이다. (조선일보 사설, 1991)

용례(11)~(13)의 부사와 공기하는 문말형식은 각각 형용사문인 '~ないです', 명사술어문인 '~世界最高です', '~정책분야이다'로 명제내용을 확신적으로 파악하고 있다. 다만 부사에 의해 문의 내용이 화자의 추측임을 나타내고 있다. 이러한 'スル(하다)'와의 공기 비율에 차이가 나는 이유의 하나로 다음의 (14)(15)의 용례를 지적할 수 있다.

(14) 8月半ばの毎日新聞の全国世論調査では、今回総選挙で「必ず投票に行く」は64%、「たぶん行く」が28%で合わせて92%と高い数字になった。 (毎日, 2005.8.30.)

(15) 総選挙前に自民党と民主党のマニフェスト(政権公約)特集を行った。
また「あなたは、将来十分な年金をもらえると思う?」の問いに、95%が「たぶん無理」。 (毎日, 2003.12.1.)

(14)에서는 'たぶん'이 '行く'의 형태와 공기하며, 미래 사태에 대한 화자의 의향(의지)을 나타내고 있다. (15)는 '無理(ダ)'의 형태와 공기하고 있는 용례로 미래 사실에 대한 예측을 확신적으로 나타내고 있다. 이러한 예는 'たぶん'에서만 보일뿐 '아마도'의 용례에서는 보이지 않는다. 위의 용례에서 '아마도'가 쓰인다면 '단정'의 형태가 아닌 '-ㄹ 것이다', '-겠'을 사용하는 편이 자연스러운 문장이 된다. 이러한 점이 단정과 공기하는 비율이 '아마도'가 상대적으로 적은 이유로 작용한다고 생각할 수 있다.7)

(14') 이번 총선거에 아마 투표하러 ??간다/갈 것이다.

(15') 장래 충분한 연금을 받기는 아마 ??힘들다/힘들겠지.

7) 여론조사 내용과 같이 용례에 따라서는 동일 내용이 두 차례 이상 반복해서 나타나는 경우가 있다. 이러한 용례에 대해서는 1회로 카운트하였다.

관련해서 'たぶん'은 'ハズダ', 'ニチガイナイ'와 같은 仁田에서 말하는 '개연성'의 정도가 높은 형식, 宮崎의 '필연성'을 나타내는 형식과 공기하는 비율이 높은 반면, '아마도'는 '틀림없다'보다 '-지도 모른다'와 공기하는 비율이 높다는 차이점을 확인하였다. 이러한 현상은 'たぶん'이 '아마도'보다 명제가 실현되는 개연성의 정도가 높다는 의미적인 특징을 간접적으로 방증하고 있다.

(16) ゴールデンウィークの初日だというのに、朝から当麻寺の境内は参拝者で賑わった。いつもはネコがねころぶほど閑散としているここでこれなのだから、たぶん奈良盆地は観光客で溢れ返るにちがいない。 (毎日, 2001.6.24.)

(17) 테러행위가 끊이지 않고 있는 가운데 청년 7명이 독일 동부 할레에 있는 베트남 근로자 아파트를 공격하다 체포됐으며 이들은 아마도 '살인미수 혐의'로 사법처리를 받게 될지 모른다고 할레 검찰당국이 9일 밝혔다. (조선일보 외신, 1992)

'たぶん'과 '아마(도)'의 공기 양상의 또 다른 차이점으로 'たぶん'은 '徵候性/証拠性'을 나타내는 형식과의 공기는 부자연스러운 반면, '아마(도)'는 전체 435예 중 66예(15.2%)나 공기하고 있다는 점이다. 다음의 (18)~(20)은 '아마도'가 '-것 같다/-가 보다/모양이다'와 자연스럽게 공기하고 있는 용례이다.

(18) 친구로 보이는 사내가 웃으며 "임마! 공연시간 늦겠다!"하며 데리고 나가는 바람에 별 시비는 없었지만 씁쓸했다. 아마도 근처 극장에서 연극을 하는 배우들 같았다.

(조선일보 문화, 2002)

(19) … 돈이 없을 때에는 그처럼이나 겸손하고 분별이 있어 보이던 사람이 어쩌다 떼돈을 벌기가 무섭게 이를 데 없이 오만해지고 경우를 모르게 된다. 아마 그래서 옛 중국사람들은 군자(군자)보다도 장자(장자)를 높이 평가했는가 보다.

(조선일보 칼럼, 2001)

(20) … 관객석에 있는 조명이 환하게 켜졌다. 관객석에 불을 비추며 한국방송공사는 박수치는 관객들을 찍었다. 아마 클래식 공연을 〈열린 음악회〉로 착각한 모양이다.

(한겨레신문 칼럼, 1999)

이들 예는 명제 내용을 판단하기 위한 근거(증거)가 발화 현장에 존재하고, 이를 토대로 명제를 유추한다는 특징이 있다.[8] 예를 들어 (18)은 [친구로 보이는 사내의 모습], (19)는 앞에서 설명하는 [사람들의 모습]을 통해, (20)은 [박수치는 관객]이라는 시각적 정보에 의해 각각 명제를 도출하고 있다. 이들 문말의 '-것 같다/-가 보다/모양이다'를 '-ㄹ 것이다'로 바꾸어 쓰면 부자연스럽다는 점에서 추량과는 차별성이 있다. 이상의 'たぶん'과 '아마도'의 대표적인 공기 양상의 차이를 다음 그림으로 제시한다.

---

8) 三宅(1994)의 연구에서 '実証的判断(실증적 판단)'으로 분류하고 있다.

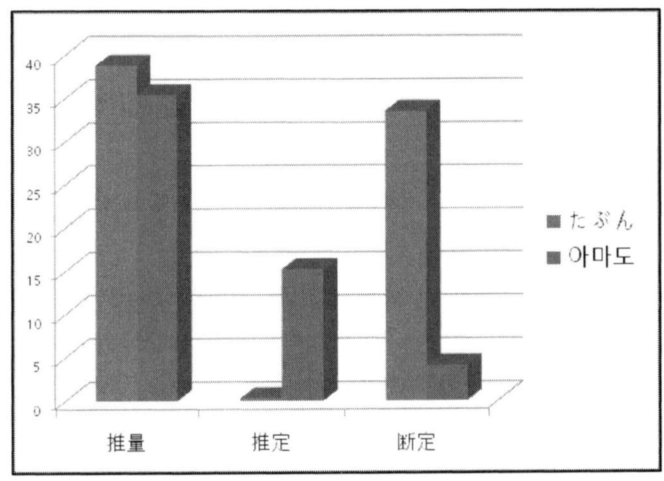

〈그림 1〉 'たぶん'과 '아마도'의 공기 양상의 차이(단위:%)

'たぶん'과 '아마도'는 각각 'ダロウ'와 '-ㄹ 것이다/-겠'과 공기하는 용례가 많다는 유사성이 있는 반면, '단정'과 공기하는 비율에서는 큰 차이를 보이고 있다. 'たぶん'의 공기 패턴이 추량과 단정에 한정되는 양상을 보이고 있다면, '아마도'는 추량은 물론 'ヨウダ/ラシイ/シソウダ'가 나타내는 추정에도 사용된다는 점에서 차별성을 보이고 있다.

4.2. 'どうやら'와 '아무래도'의 공기 양상

이 절에서 분석 대상으로 하는 'どうやら[9)]'와 '아무래도'는 다음 (21)(22)의 추측을 나타내는 용법에 한정한다.

---

9) 'どうやら'의 용례(387)는 『毎日新聞』, 2000~2002의 기사에서 발췌하였다.

(21) どうやら[副]

確実ではないが客観的に見てそう予測できるさま。どうも。

「一うまくいったようだ」「一晴れそうだ」 (大辞林 第三版)

確実ではないが、なんとなく。

「一明日は雨らしい」 (デジタル大辞泉)

(22) 아무래도「부사」

아무리 생각해 보아도. 또는 아무리 이리저리 하여 보아도.

아무래도 수상하다[10)]/아무래도 가장 안전할 때는 모두 잠든 밤중일 것이다.《최인호, 지구인》/ 눈발 속에서 염전 벌판은 한없이 넓어져 가고 있는 듯했고 나는 아무래도 그 벌판을 건너가지 못하고 말 것 같았다. 《김승옥, 환상 수첩》(표준국어대사전)

'どうやら'는 〈표 1〉에서 확인한 바와 같이 'ヨウダ(127예)', 'ラシイ(142예)'와 공기하는 용례가 가장 많다. 아래 (23)에서는 전철 안에서 보이는 사람들이라는 시각적인 정보에 의해, (24)에서는 전문정보라는 객관적인 근거를 토대로 각각의 명제를 유추하고 있다. 명제를 판단하기 위한 객관적인 근거가 현실적으로 존재한다는 점에서 추량과는 차이가 있다.

(23) 日曜日、電車の中で参考書を眺めている自分と同世代の人々をたくさん見かけた。どうやら受験生のようだ。その時感じたことは、「大変そうだ」ではなく、「うらやましいな」という気持

---

10) '아무래도'의 용례 중 다음과 같이 형용사와 공기하는 경우는 추측의 용법과는 차별되어 분석에서 제외한다.

i) 이론 중심의 경제교육은 아무래도 딱딱하고 지루하다. (중앙일보 경제, 2002)

ii) 우선은 이라크가 경제 제재만으로 국제 압력에 굴복하리라고 보기는 아무래도 힘들다. (조선일보 칼럼, 1990)

ちであった。 (毎日, 2000.2.4.)

(24) 昨年結婚した娘が、5月に出産の予定だと知らせてきました。近ごろは出産前に生まれる子が男か女か分かるそうで、どうやら女の子らしいと言います。 (毎日, 2000.3.1.)

다음 '아무래도'의 경우도 '-것 같다(24예)', '-듯하다/듯싶다(9예)'와 같은 표현과 공기하는 용례가 다수 확인되었다.

(25) 총리 회담에서 기본 합의서가 조인되자 다음 단계로 정상 회담 개최를 서두르고 있다. 그런데 그 첫 개최 장소가 아무래도 서울보다 평양이 될 것 같은 무드이다. (조선일보 칼럼, 1991)

(26) 달리 길이 없었던 것도 아닌데 총리서리제를 굳이 고집한 것은 아무래도 김 대통령의 경직된 대응인 듯싶다. 50세의 젊은 경영인을 총리서리로 지명한 것도 의외였다.

(동아일보 정치/종합, 2002)

'どうやら'와 '아무래도'는 추정 형식 외에도 단정과 공기하는 예도 상당수 확인되었다.

(27) ガーデニングばやりが言われる昨今、どうやら専門家まかせではなく、自分で樹木や草花を選び、自分流の庭づくりまで楽しむ人々が増えてきている。 (毎日, 2000.2.5.)

(28) 그런 만큼 개혁성과 능력이 각료나 청와대 비서진 인선 기준이 되어야 함은 당연하다. 개각의 초점은 아무래도 경제팀과 사회복지팀 진용을 어떻게 짜느냐에 모아지고 있다.

(한겨레신문 사설, 2001)

이상의 용례는 'どうやら'와 '아무래도'의 유사성을 보여주고 있다. 반면 양 언어 부사의 차이점으로 '아무래도'의 경우는 'ダロウ'에 상응하는 '-ㄹ 것이다'와도 공기할 수 있다는 점을 지적할 수 있다.

(29) 조지 부시 행정부가 유엔의 결의안과 상관없이 단독으로라도 예정대로 군사행동에 돌입할 것이란 관측이 일부 없지 않으나 아무래도 시기를 늦출 수밖에 없을 것이란 전망이 유력하다.
(한겨레신문 국제외신, 2003)

(30) … 유력한 반민주적 언행의 전력이 있는 원외 인사들은 여전히 제외되었다. 명단 작성의 공정성을 두고 얼마간 시비가 인다 해도, 명단 전체의 위신을 깎아내릴 정도는 아니라고 본다. 아무래도 시비가 일지 않을 수 없는 고충도 있었을 것이다.
(한겨레신문 사설, 2001)

(29)(30)의 '아무래도'는 '아마도'로 바꾸어 표현해도 전체적인 문장의 의미에는 크게 지장을 주지 않는다. 즉, '아무래도'는 '아마도'와 유사하게 추정 구문에서도 추량 구문에서도 나타난다는 점이 'どうやら'와는 다르다. 이상의 'どうやら'와 '아무래도'의 대표적인 공기 양상의 차이를 그림으로 제시한다.

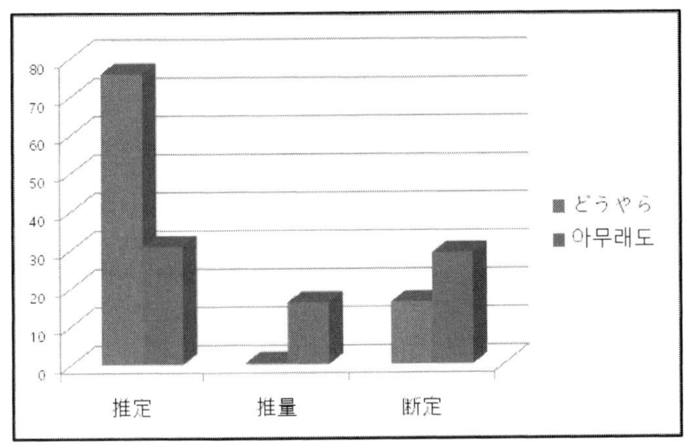

〈그림 2〉 'どうやら'와 '아무래도'의 공기 양상의 차이(단위:%)

'どうやら'와 '아무래도'는 먼저 추정과 공기하는 비율에서 상당 수 차이를 보이고 있다. 'どうやら'가 추정이라는 용법의 문말표현과 공기하는 비율이 높은 반면, '아무래도'는 '-ㄹ 것이다'와도 상당수 공기하고 있다는 점에 차이가 있다. 이는 'たぶん'이 '추량', 'どうやら'가 '추정'이라는 의미에서의 상보적인 분포를 보이는 반면, '아마도'와 '아무래도'는 추측이라는 점에서 연속적이라 생각할 수 있다.

4.3. 'もしかすると'와 '어쩌면'의 공기 양상

이 절에서는 'もしかすると[11]'와 '어쩌면'의 공기 양상에 대해 분석한다. 'もしかすると'는 먼저 'カモシレナイ'나 'ノデハナイカ'와 같은 부정의문 형식과 공기하는 용례가 다수 확인되었다.

---

11) 'もしかすると'의 용례(189예)는 『毎日新聞』, 1997~2007의 기사에서 발췌하였다.

(31) わずかな工夫でゴミは資源に変わる。もしかすると、21世紀の日本は資源大国になるかもしれない。自然から取り出す資源ではなく、都市そのものが資源となる“都市鉱山”の時代の到来だ。夢物語のようにも聞こえるが、ゴミを再利用して資源に変える循環型生産システムの研究は一般に考えられているよりもずっと進んでいる。 (毎日, 1999.5.4.)

(32) もしかすると、日本のテレビほど｢食べ物番組｣が多い国はないのではないか。日本に住んでいる米国人が以前、とても不思議がっていた。｢視聴者はタレントたちが食べているのを見ているだけ。いわば『代理グルメ』なのに何で喜んでいるのだろう｣と言うのだ。 (毎日, 2004.2.3.)

위의 ‘カモシレナイ’와 ‘ノデハナイカ’는 명제 내용을 하나의 가능성으로서 제시한다는 점에서 서로 바꾸어 써도 문맥상 큰 영향을 주지 않는다. 이러한 점은 아래의 ‘어쩌면’의 용례에서도 동일하게 보이는 현상이다.

(33) 축구대표팀이 그랬듯이 국제 사회에서 주눅들지 않는 자신감의 회복이야말로 어쩌면 이번 월드컵으로 거둔 최대의 성과일지도 모른다. (동아일보 경제, 2002)

(34) … 그녀들은 어쩌면 전혀 다른 얼굴로 태어났지만 사실 같은 부모를 가진, 어쩌면 이란성 쌍둥이인 것은 아닐까. (조선일보 문화, 2003)

한편, 양 부사어 차이점으로 ‘어쩌면’은 ‘-ㄹ 것이다/-겠’과도 공기할 수 있다는 점을 들 수 있다.

(35) 시민이 각성해서 정계를 향해 정치문화의 쇄신 압력을 강력하게 불어 넣는다면 우리는 어쩌면 새로운 정계의 출현을 대망해 볼 수도 있을 것이다. (조선일보 칼럼, 1990)

(36) 그는 서울 부산 간 운하를 꿈꾼다고 한다. 어쩌면 그저 내세우는 공약에 불과하다고 평가절하할 수 있겠지만 늦은 시각 걱정 없이 대중교통 편으로 귀가할 수 있다면, …

(조선일보 문화, 2002)

또한 'もしかすると'와 달리 '어쩌면'에서는 다음 용례에서처럼 단정과 공기하는 용례가 다수 확인되었다.

(37) 이 같은 불균형이 14대 총선의 결과를 예측할 수 없게 만들고, 유권자건 후보자건 운동원이건 모두를 불안하게 만들고 있다. 그것이 어쩌면 이미 선거가 끝난 것이나 다름없는 영-호남지역을 제외한 수도권-중부권 특히 동부권(강원도)의 일반적 현상이며 변화된 모습이다. (조선일보 칼럼, 1992)

(38) 이 업체가 바라는 것은 무엇일까. 공짜나 무료가 많아지는 것은 어쩌면 사회변화에 따른 자연스러운 현상이다. 그래서 이를 일률적으로 좋다 나쁘다고 할 수는 없다.

(동아일보 칼럼, 2001)

(39) 두 번의 '성공한' 군부 쿠데타를 겪은 우리 현대사에서 소재삼기가 금기시된 건 어쩌면 당연했다. 민간 정부가 들어선 뒤에도 '군부의 반란을 미화한다'는 오해의 소지 때문에 꺼려졌다.

(한겨레신문 문화, 2003)

반면, 'もしかすると'는 의문형식과 공기할 수 있으나, '어쩌면'은 의문형식과는 공기하지 않는다는 차이점이 있다.[12)]

(40) もしかすると、今年の母の日に、何か買ってくれたのかなあって想像するんです。 (毎日, 2005.7.21.)

(41) 「もしかすると鈴木さんですか」 (大辞林 第三版)

이상의 'もしかすると'와 '어쩌면'의 대표적인 공기 양상의 차이를 그림으로 제시한다.

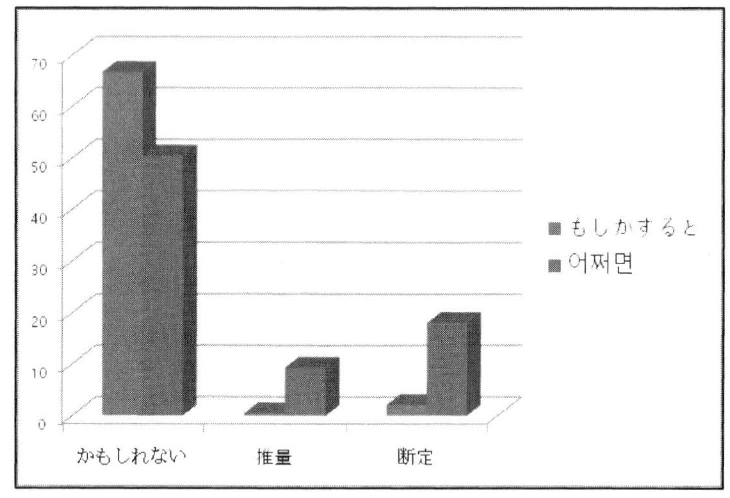

〈그림 3〉 'もしかすると'와 '어쩌면'의 공기 양상의 차이(단위: %)

'もしかすると'가 주로 'カモシレナイ'나 '부정의문' 형식과 공기하는 경향을 보이고 있는 반면, '어쩌면'은 '-지도 모른다'나 '부정의문'을 비롯해 '-ㄹ 것이다', '단정' 등 다양한 형식과 공기관계를 맺고 있다

12) 'もしかすると'와 의문형식이 공기하는 원인으로 'もし'라는 가정의 의미를 포함하고 있는 점이 작용한다고 할 수 있다.

는 사실을 확인하였다.

4.4. 우언적 표현과의 공기 양상

부사와 공기하는 문말표현 중에는 특정 표현형식에 준하는 우언(迂言)적 표현 또한 다수 존재한다. 우언적 표현은 〈표 1〉 〈표 2〉에서 각각 'その他', '기타 형식'으로 구분하였다. 'どうやら'가 15예, 'もしかすると'가 6예 확인되었고, 'たぶん'의 용례에서는 확인되지 않았다.

먼저 'どうやら'의 용례로는 (42)에서와 같이 '様子(だ)'가 6예, 그밖에 '見ている(1예)', '見える(5예)', '模様(だ)(2예)', '格好だ(1예)'가 관찰되었다. 이들 표현은 'ヨウダ'에 준하는 표현형식으로 생각할 수 있다.

다음으로 'もしかすると'의 용례로는 (43)의 '~も予想できる'가 2예, 그밖에 'なりうる(1예)', '可能性がある(高い)(3예)'가 확인되었다. 명제내용을 하나의 가능성으로서 제시한다는 점에서 'カモシレナイ'에 준하는 형식이라 할 수 있다.

(42) 携帯電話を新しい機種に変えようとしてるマナちゃん。どうやら、どのブランドにしようかと迷いに迷っている様子。ここは姉の令子記者の話を参考にしようと、根掘り葉堀り聞き始めた。 (毎日, 2000.10.4.)

(43) テレビが討論番組だけを放送していたら、いつか飽きられる。もしかすると、テレビ無視の候補が活字メディアを使って人気をさらうという、考えにくい展開だって予想できる。とにかく「見通し」は恐ろしい。 (毎日, 1999.3.1.)

한국어 부사의 경우는 일본어 부사에 비해 우언적 표현과 공기하는 용례가 다수 확인되었다. 이는 일본어 부사가 한국어 부사보다 특정 형식과 공기하는 비율이 높다는 앞에서의 지적과 일맥상통하는 결과라 할 수 있다.

(44) 개혁정권이 이 지경에 이르렀다고 주장한다면 개혁언론의 대표인 한겨레의 책임은 없었을까? 지금 상황이라면 아마도 어떠한 방식으로든 재신임이 될 가능성이 높다.

(한겨레신문 문화, 2003)

(45) 내년 봄 실시를 앞두고 벌써부터 달아오르고 있는 '지자제 열기'는 아무래도 지자제의 본질에서 너무 벗어나고 있다는 느낌이다. (조선일보 칼럼, 1990)

(46) 이번 출마자 가운데 전 현직 국회의원-정당인 등 기성 정치인이 63%를 차지한 것은 이번이 어쩌면 구시대의 '막차'라는 인식의 반영이랄 수 있다. (조선일보 칼럼, 1992)

'아마도'는 전체 용례수 435예 중 13예(3%)로 (44)의 '가능성이 있다(크다/높다)'가 10예, 그밖에 '-수도 있다(3예)'가 확인되었다. 일본어의 'たぶん'에 우언적 표현이 확인되지 않는 점과는 대조적이다. '아무래도'는 전체 용례수 117예 중 11예(9.4%)로 (45)의 '느낌이다(4예)' 외에 '모습이다(1예)', '보이다(6예)'가 확인되었다. '어쩌면'은 전체 용례수 204예 중 31예(15.2%)로 (46)의 '-수 있다(28예)' 외에 '-기도 하다(3예)', '가능성이 있다(1예)'와 같은 예를 확인하였다.

5. 맺음말

이상으로 추측을 나타내는 한일 양 부사를 대상으로 문말표현과의 공기 양상에 대해 분석하였다. 이를 통해 추측을 나타내는 부사군이라는 의미론적 유사성에 대한 지적을 넘어 개별 부사의 공기 양상의 차이를 보다 비교가능한 형태로 제시하였다. 이상의 분석을 통해 도출한 한일 부사어의 차이점은 다음과 같다.

먼저 'たぶん'은 주로 'ダロウ'와 공기하나, 그 밖에도 '단정'과 공기하는 경향이 강하다. '아마도'는 '-ㄹ 것이다/-겠' 외에도 '-것 같다/모양이다'와 같은 '증거성'을 나타내는 형식과도 공기할 수 있다는 점에서 차이가 있다.

이어서 'どうやら'는 주로 'ヨウダ/ラシイ/シソウダ'와 같은 증거성을 나타내는 형식과 공기하는 비율이 높은 반면 '아무래도'는 '것 같다' 외에도 '단정'이나 '-ㄹ 것이다'와도 공기하는 등 공기하는 형식의 분포가 넓다.

다음으로 'もしかすると'는 'カモシレナイ', 'ノデハナイカ'와 공기하는 비율이 높은 반면, '어쩌면'은 '-지도 모른다' 외에도 '단정', 'ダロウ'와 공기하는 예도 확인하였다.

마지막으로 양 언어의 부사가 우언적 표현과 공기하는 용례를 살펴본 결과, 일본어 부사에 비해 한국어 부사가 우언적 표현과 공기하는 비율이 높은 것으로 확인되었다.

이를 종합해 볼 때 일본어 부사는 특정 형식과의 공기관계가 현저하게 나타난다. 즉 'ダロウ'가 나타내는 '추량', 'ヨウダ/ラシイ/シソウダ'가 나타내는 '증거성', 'カモシレナイ'가 나타내는 '가능성'이라는 문말형식의 의미범주에 따른 공기 양상이 두드러진다는 특징이 있다. 특정 형식과의 공기가 강하고 타 형식과의 공기는 어울리지 않는다는 점에서 부사에 따른 공기 양상이 '상보적'인 관계에 있다고 할 수 있다.

한국어 부사도 특정 형식과의 공기관계가 현저하게 나타나지만,

일본어 부사에 비해 그 정도가 낮고, 특히 우언적 표현과 공기하는 비율이 높다는 점을 확인하였다. 일본어 부사에 비해 '추량', '증거성', '가능성'이라는 의미범주와의 공기 양상이 두드러지지 않고 서로 '연속적'인 관계에 있다고 할 수 있다. 즉 넓은 의미의 '추측'이라는 점에서 사태가 실현되는 개연성의 차이를 나타낸다고 할 수 있다.

이 글은 『일본학보』 115집(한국일본학회, 2018. 5.)에 게재된 「Co-occurrence patterns of Korean and Japanese adverbs expressing speculation」을 한국어로 옮기고 일부 내용을 수정·가필한 것이다.

일본어 경어표현의 문법적 정합성에 관하여

「お~だ」 경어표현을 중심으로

채성식

1. 머리말

본 연구는 국내 일본어교육 현장에서 주목받지 못했던 일본어의 경어표현(敬語表現)에 대해 고찰하고 있다. 주지의 사실이나 일본어에는 존경어(尊敬語), 정중어(丁寧語), 겸양어(謙譲語), 미화어(美化語) 등 다양한 경어표현이 존재하며 이들은 화자와 청자의 상하관계(上下関係), 친소관계(親疎関係), 내・외(ウチ・ソト) 개념 등에 따라 각각의 고유한 영역을 점하고 있다.

(1) a. 推薦書を書いてくださってどうもありがとうございます。 (존경어)

b. そろそろ帰ります。 (정중어)

c. 先生のお話が聞けて光栄です。 (미화어)

d. それでは、帰らせていただきます。 (겸양어)

지면 관계상 상기 경어표현의 각각의 상세한 특징에 관한 설명은 생략하나, 국내의 일본어교육 현장에서 행해지고 있는 이들 표현에 대한 교육의 주안점은 대체로 형태론적 요인(ex.동사활용형[1])과 태(態, voice)적 요인, 즉 물건 및 행위의 수수(授受)에 기반한 사태기술 방식 및 관점의 차이를 부각시키는데 있었다고 해도 과언이 아니다. 물론 일본어 경어표현에 익숙치 않은 학습자들에게 이들 요인에 대한 학습이 선행되어야한다는 데는 이론의 여지가 없다. 그러나 원어민과의 원활한 커뮤니케이션을 위해 자연스러운 일본어표현의 습득을 목표로 하는 학습자들에게는 여기서 한걸음 더 나아가 실생활에서 자주 사용되나 실제 교육현장에서는 잘 다루어지지 않는 경어표현에 대해 충분한 교육의 기회가 제공되어야 한다.

일례로 이하의 (2a-d)는 일반적으로 '미화어 접두사(接頭辞)「お・ご」와 동사연용형명사(動詞連用形名詞) 혹은 이자한어명사(二字漢語名詞, 이하 한어명사), 그리고 조동사「だ」[2] 가 결합한 형태(이하「お~だ」)'를 포함한 경어표현이다. 이들은 공통적으로 명사문(名詞文)의 형식을 취하고 있으나 의미기능적으로 동사문(動詞文)에 상응하는데 이는 상기의「お~だ」가 타 문장요소와 의미적 격관계(意味的 格関係)[3]를 맺고 있는 것[4]으로도 증명된다.

---

1) 특히 'ます형'(동사의 연용형)에 대한 학습

2) 계사(繫辞), 접사(接辞)

3) 寺村(1991)는 연체수식절과 주명사(수식어) 사이에「内の関係」가 성립할 경우, 쌍방은 의미적 격관계를 맺는다고 주장하였다.
   i.e. 読み終わった本 (本은 読み終わる의 대격요소(対格要素))

4) (2a,b)는 주격관계(主格関係), (2c,d)는 대격관계(対格関係)

(2) a. (あなたは)お出かけですか。
b. 社長がお呼びです[5]。
c. 今年度で長い教員生活をご卒業ですか。
d. すばらしいご趣味をお持ちですね。

이와 같은「お~だ」를 포함한 경어표현은「お~になる」나「~られる」 존경표현과 의미 기능적으로 유사[6]한 성격을 갖는다고 볼 수 있는데, 실제 사용빈도가 높은 경어표현[7]임에도 불구하고 국내의 일본어교육 현장에서 이에 관한 교육이 충분히 이루어지고 있다고는 볼 수 없다. 일례로 상기의 (2a)는 시판 중인 일본어교재에 빠짐없이 등장하는 예문임에도 불구하고 학습자들의 인식은「가벼운 인사말 표현」에 머물러있으며 본 문장의 근간인「お~だ」에 대한 문법적 이해는 전무한 실정이다.

이에 이하 본 연구에서는「お~だ」의 문법적 특징에 대한 고찰을 토대로「お~になる」,「られる」와의 차별성을 지적함과 동시에 학습자들이 본 문형을 이해언어(理解言語)가 아닌 표출언어(表出言語)로서 자유롭게 구문론적으로 활용할 수 있는 기반을 제공하고자 한다.

2. 경어표현의 사용빈도와 문법적 정합성의 상관관계

일본어의 경어표현은 존경어, 겸양어, 정중어 등 그 종류에 따라 정중도(丁寧度) 및 격식(改まり)의 정도에 있어 차이를 보인다. 일본의

5) 이하 웹검색 예문은 따로 URL를 표시하지 않는다.
6) 新屋(2014)는 이들을「주체존경술어(主体尊敬述語)」로 규정하고 있다.
7) II장에서 상술.

문화청(文化庁)에서 발표한 「現代における敬意表現の在り方」에 따르면 「貸してください」와 관련된 다양한 표현은 정중도와 격식의 정도에 따라 아래 〈표 1〉과 같이 정리될 수 있다. 〈표 1〉은 상단으로 갈수록 정중도와 격식의 정도가 상승하며, 하단으로 내려갈수록 그 정도가 하강함을 나타낸다.

〈표 1〉 경어표현별 정중도와 격식의 차이[8)]

「貸してください」와 관련된 다양한 표현	정중도의 정도 (丁寧さの程度)	격식의 정도 (改まりの程度)
拝借させていただけません(でしょう)か 拝借させていただきたいんですけ(れ)ど 拝借してよろしいでしょうか 拝借させてください(ませんか) 拝借したいんですけど お借りしてもよろしい(いい)でしょうか お借りしたいのですが	아주 정중	아주 격식 있음
貸していただけませんか(↗) 貸していただきたいんですけど 貸していただけますか(↗) 貸してくださいませんか(↗) お借りできますか(↗) (※이상, 겸양어 또는 존경어+정중어) お貸しください 貸してください(ね) ※이상, 존경어만 貸してもらえますか(↗) 貸してもらえませんか(↗) 貸してくれますか(↗) 貸してくれませんか(↗) (※이상, 정중어만)	꽤 정중	꽤 격식 있음

8) https://www.bunka.go.jp/kokugo_nihongo/sisaku/joho/joho/kakuki/21/tosin03/17.html

拝借していい(↗) 貸していただける(↗) 貸していただけない(↗) 貸してくださる(↗) 貸してくださらない(↗)	정중	격식 있음
貸してちょうだい(ね, よ) お借りしてもよろしい(↗) お借りしていい(↗) (※이상, 대부분은 친한 상대에게 사용하는 표현, 정중어 없음)	친숙함+정중	격의 없음
貸してほしいんだけど 貸してもらえる(↗) 貸してもらえない(↗) 借りて(も)いい(↗) 貸してくれる(↗) 貸してくれない(↗)	약간 거침	격의 없고 스스럼 없음
貸して(よ, よね) 借りるよ(ぜ) 貸してくれ(よ, よね) ※이상 경어 없음	거침	스스럼 없음

(수정 및 번역은 필자에 의함)

상기 〈표 1〉에서 제시하고 있는 일본어 경어표현의 정중도와 격식의 정도는 개별적인 요인이 아닌 정중어와의 공기(共起) 여부, 대체어휘의 사용, 문말표현, 종조사 등 복합적 요인에 의해 결정됨을 알 수 있으며, 이는 종래 일본어 경어교육에서 그다지 다루어지지 않았던 영역이라고도 할 수 있다. 국내의 대부분의 일본어교육 현장에서 행해지고 있는 경어교육은 정중어(e.g.~です, ~ます)를 기본으로 어휘적인 존경어(e.g. なさる, おっしゃる 등)와 겸양어(e.g. いただく, 申す 등), 구문적인 존경어(e.g. ~てくださる, ~られる 등)와 겸양어(e.g. ~ていただく, ~させていただく 등)의 순으로 교육이 이루어지고 있으나, 이들이 복합적으로

등장하였을 경우나 어휘적 혹은 구문적 경어표현 각각이 가진 상대적인 정중도 및 격식의 차이에 대해서는 좀처럼 다루어지지 않고 있는 실정이다. 이 점에서 상기의 표에서 제시한 경어표현별 정중도 및 격식의 차이는 일본어 경어표현에 대한 학습자의 새로운 인식과 학습필요성을 유발시킬 수 있다는 점에서 시사하는 바가 크다고 할 수 있다.

또한 일본어 경어표현의 경우 실생활에서 다용되는 표현이라 하더라도 일본어모어화자가 갖는 인식에 미묘한 차이가 관찰되는 경우가 있다. 아래 (3)과 같이 어휘적인 존경어·겸양어에 구문적인 존경표현·겸양표현이 결합하거나, 구문적 존경표현·겸양표현에 다시 구문적 존경표현·겸양표현이 결합한 이중경어(二重敬語)[9]가 대표적인 경우로 일본어모어화자 사이에서도 그 문법적 정합성에 대해 의견이 나뉜다. 아래의 (3a~d)의 술어부분은 각각「お話しになります」,「おっしゃいました」,「召し上がってください」,「伺います or お伺いします」로 치환하더라도 존경어 혹은 겸양어로서의 역할을 충분히 수행할 수 있으며, 모어화자에 따라서는 그 장황함(冗長さ)을 이유로 이중경어의 문법적 정합성에 대해 부정적인 견해를 피력하는 경우가 많다.[10]

(3) a. 本日は高橋さまがお話しになられます。
(cf. 本日は高橋さまがお話しになります)
b. 社長が今日お休みになるとおっしゃられました。
(cf. 社長が今日お休みになるとおっしゃいました)

9) 文化庁에서 2007년 발표한「敬語の指針」에서는 이중경어에 대해「一つの語について、同じ種類の敬語を二重に使ったもののを「二重敬語」と言う」라고 정의하고 있다. 다시 말해「존경어+존경어」,「겸양어+겸양어」의 형태를 취하는 경어형태라고 할 수 있다.

10)「二重敬語は一般に適切ではないとされている」(「敬語の指針」, 文化庁(2007:30))

c. どうぞお召し上がりになってください。
(cf. どうぞ召し上がってください)
d. 私が課長のお宅にお伺いいたします。
(cf. 私が課長のお宅に伺います)

단 그럼에도 불구하고 이러한 이중경어 표현이 사용되는 배경에는 일상적인 경어표현(상기의 お話しになる, 召し上がる, 伺う)에 비해 상대방에 대한 경의(敬意, 정중도)를 나타내기에 이중경어가 보다 적합하다는 모어화자의 인식이 자리 잡고 있으며, 사용빈도가 높아 습관적으로 사용되는 이중경어 표현의 경우에는 그 정합성에 대해 문제시 삼고 있지 않은 것이 현실이다.[11] 따라서 모어화자의 인식과 해당표현의 문법적 정합성 사이의 간극은 상당히 유동적일 수밖에 없으며, 이러한 괴리를 학습자에게 올바르게 인식시키고 교육시키는 것도 경어교육이 나아갈 방향일 것이다.

이와 같은 모어화자의 인식과 문법적 정합성 사이의 간극을 여실히 보여주는 또 하나의 사례가 바로 본 연구에서 다루고 있는 「お~だ」이다. 상기한 바와 같이 「お~だ」는 「お~になる」와 「~られる」와 유사한 존경표현으로 기능하고 있으나 이들 표현과 달리 형식상 명사술어문의 구조를 갖는 만큼 실제 사용에는 일정부분 제약이 따르게 된다. 아래 (4)에 제시한 바와 같이 특히 어형성(語形成)[12]과 텐스, 아스펙트 형식과의 공기 여부 등의 관점에서 다른 동사술어문 존경어와는 큰 차이를 보인다고 할 수 있다. 新屋(2014)에서 거론된 바와 같이 (4a)의

11) 「語によっては、習慣として定着しているものもある」(「敬語の指針」, 文化庁(2007:30))
12) 동사의 연용형(連用形)가 1박으로 끝나거나 특정 동사의 경우에는 「お~だ」의 형태를 취할 수 없다.
e.g. *お貸しだ。*お消しだ。(新屋(2014:70)

「お話しだ」는 명사술어문의 성격상 텐스 및 아스펙트(계속상, 완료상)형식과의 공기가 제한되어 한정된 의미용법(i.e.행위발생 사실에 대한 지적)으로 밖에 기능할 수 없는데 반해, (4b)의 「お話しになる」의 경우는 복수의 텐스, 아스펙트 형식(e.g. タ, テイル)과의 자유로운 공기를 통해 다양한 의미 기능을 수행할 수 있다.

(4) a. 山田さんが[お話しだ/お話しでした]。
→ 단순한 행위발생 사실에 대한 지적
b. 山田さんが[お話しになる/お話しになった/お話しになっている/ …]。 → 미래, 완결, 계속

新屋는 「お~だ」, 「お~になる」, 「~られる」와 같은 주체존경술어에 대한 일본어모어화자의 문법형식도(文法形式度)[13]에 관한 인식을 실제 앙케이트 조사를 통해 「~られる」>「お~になる」>「お~だ」의 순으로 정리하고 있다. 新屋가 실시한 앙케이트가 20세 전후의 일본어모어화자 31명만을 대상으로 하고 있다는 점에서 다소 제한적이라는 인상을 지울 수 없으나 이러한 결과가 나오게 된 배경에는 상기한 바와 같은 「お~だ」의 명사술어문으로서의 구조적 한계성이 존재한다고 생각한다. 하지만 여기서 한 가지 대단히 흥미로운 사실은 이러한 주체존경술어의 문법형식도의 차이에 대한 모어화자의 인식에도 불구하고 新屋가 지적한 바와 같이 실제 코퍼스자료(『現代日本語書き言葉均衡コーパス(BCCWJ)』)에서 파악되는 실제 사용빈도는 상기의 문법형식도의 순위와는 전혀 다른 결과, 즉 「お~だ」 > 「お~になる」 > 「~られる」의 순으로 높다는 것이다. 물론 동사에 따라 다소의 편차가 관찰되기는 하나

13) 존경어로서의 자연스러움을 의미하며 본 연구의 문법적 정합성과도 관련됨.

「考える」, 「使う」, 「待つ」, 「持つ」 등의 동사의 경우는 타 존경표현을 압도하는 빈도로 등장하고 있다는 사실은 주목할 만하다.

(5) a. いつ頃の購入をお考えですか。 (BCCWJ)
b. どんな道具をお使いですか。 (BCCWJ)
c. ローラがあなたをお待ちです。 (BCCWJ)
d. 青井先生, これまで医療裁判の経験をお持ちですか。 (BCCWJ)

이상과 같은 경어표현의 문법적 정합성과 실제 사용빈도 사이의 괴리가 발생하는 원인과 배경에 대해 다음 장에서는 「お~だ」 구문을 중심으로 본격적으로 고찰하도록 하겠다.

3. 「お~だ」 구문의 문법적 정합성

본 장에서는 「お~だ」의 구조적 특징과 여타 주체존경술어와 구별되는 특유의 의미기능을 파악하는 한편 실제 경어교육 현장에서의 적극적인 교육의 필요성에 대해 살펴보고자 한다.

먼저 「お~だ」는 서두에서 밝힌 것과 같이 접두사「お・ご」와 동사 연용형명사 혹은 한어명사, 그리고 조동사「だ」[14] 가 결합한 형태를 포함한 경어표현이다. 특히 여기에서 주목해야할 점은 「お~だ」의 「~」 부분에 해당하는 요소가 동사연용형명사인가 한어명사인가에 따라 미화어 접두사의 존재 여부가 구문 전체의 정합성에 결정적인

14) 계사(繫辞), 접사(接辞)

영향을 끼친다는 것이다. 아래의 (6a, a')에서 한어명사「卒業」는 접두사의 존재 여부와 상관없이 구문 전체가 성립하고 있으나 (6b, b')의 연용형명사「探し」의 경우 접두사를 동반하지 않으면 구문 전체의 정합성을 확보할 수 없다.

(6) a. そしてこの度お世話系のリーダーさんを<u>ご卒業ですか</u>。
a'. あ、今年の春で学校を<u>卒業ですか</u>。
b. 市川で介護の求人を<u>お探しですか</u>。
b'. * 市川で介護の求人を<u>探しですか</u>。

결국 위의 예에서 관찰되는 구문 전체의 정합성의 차이는 '①한어명사와 동사연용형명사의 차이', 그리고 '②동사연용형명사와 공기할 때의 미화어 접두사의 문법적 역할'로 귀결된다고 볼 수 있다.

먼저 '①한어명사와 동사연용형명사의 차이'에 대해 살펴보자면, 전자는 보조동사인「する」와의 공기를 통해 한어동사로 파생될 수 있는데 반해 후자의 경우는 동사의 연용형이 명사화된 전성(転成)명사로 규정될 수 있어 일견 전성의 관점에서는 역의 관계가 성립한다고도 볼 수 있다. 한어명사가「する」와 공기가 가능한 데에는 한어명사에 내재된 동사성(혹은 동작성)이 중요한 역할을 한다고 볼 수 있다. 이는 아래의 (7a)에서와 같이 명사술어문의 형태를 취하고 있음에도 불구하고 (7a')의 한어동사문과 같이「学校」를 대격요소로 취하고 있다는, 다시 말해 명사임에도 불구하고 여타 구문요소와 격관계(i.e. 대격관계)를 맺고 있어 구문 전체가 문법적 정합성을 담보하고 있다는 사실로도 증명이 가능하다.

(7) a. あ、今年の春で学校を<u>卒業ですか</u>。 ((6a')의 재인용)
a'. あ、今年の春で学校を<u>卒業しますか</u>。

이에 반해 동사연용형명사의 경우는 동사에서 파생된 전성명사임에도 불구하고 (8b')의 용인도(容認度) 판단에서 알 수 있듯이 한어명사와는 달리 「する」와의 공기가 불가능하다. 이를 통해 동사연용형명사는 한어명사에서 관찰되었던 동사성이 부재하여 여타 구문요소와 격관계를 맺는 것이 불가능하다는 잠정적인 결론에 도달하게 되는데 이에 관해서는 후술하도록 한다.

(8) a. *市川で介護の求人を<u>探しですか</u>。
a'. *市川で介護の求人を<u>探ししますか</u>。

다음으로 '②동사연용형명사와 공기할 때의 미화어 접두사의 문법적 역할'에 대해 고찰해보자면 예를 들어 아래의 (9a, a')의 경우 접두사와 연용형명사의 결합((9a'))을 통해 구문 전체의 정합성을 담보하고 있다고 볼 수 있다. 한편 (9b, b')에서는 보조동사 「する」와 공기시의 구문 전체의 정합성을 알 수 있으나 여기서 주의를 요하는 대목은 (9b')의 경우 구문적 정합성에는 문제가 없으나 「お~する」의 형태가 겸양표현인 관계로 구문 전체의 의미적 정합성이 맞지 않아 비문으로 판단된다는 점이다. 마지막으로 (9c, c')는 바로 앞에서 지적한 봐 같이 주체존경술어가 아닌 겸양표현으로서는 「お探しする」가 성립하지만 이를 「お~だ」의 형태로 치환할 수 없음을 나타내고 있다.

(9) a. *市川で介護の求人を探しですか。 ((6b')의 재인용)
a'. 市川で介護の求人をお探しですか。 ((6b)의 재인용)
b. *市川で介護の求人を探ししますか。 ((8a')의 재인용)
b'. *市川で介護の求人をお探ししますか。
c ok あなたに合った職をお探しします。
c'. *あなたに合った職をお探しだ。

이상을 종합해보면「お~だ」에서의「~」에 해당하는 연용형명사는 품사상으로는 명사에 속하나 접두사「お」와의 결합을 통하지 않고서는 명사로서의 기능을 온전히 수행할 수 없음을 알 수 있다. 新屋(2014)에서는「お~だ」에 대해 각각의 요소(i.e.접두사, 연용형명사, 조동사)에 대한 개별적인 분석보다는 구문전체의 문법적 특징에 기초한 주체존경술어로서의 위상에 대해 고찰[15]하고 있으나 상기한 바와 같이 각 개별요소에 대한 분석, 그 중에서도 연용형명사의 문법적 특징에 대한 집중적인 고찰은 불가결하다고 판단된다. 그 이유는 이러한 고찰이 선행되어야만 접두사와의 필연적 공기에 대한 이론적 설명이 가능해지기 때문이다. 본 연구에서 필자는「お~だ」의「~」부분을 '연용형명사'로 규정함과 동시에 '연용형명사의 명사로서의 불완전성'이 접두사「お」를 통해 보충된다고 규정하고자 한다.

岡村(1995)는 연용형명사에 대해 아래 (10)을 근거로 어휘의미적으로『동사의 행위적 의미(動詞+こと)』가 아닌「동사의 양태적 의미(行為・動き・作用のさま)」를 나타내는 것을 전형적인 연용형명사로 규정하고

---

15)「述語「お~だ」は「~」部分の名詞化いかんにかかわらず, 通常の名詞述語と同じものとは言えない。「お~だ」は,、動詞連用形を中核とする名詞述語形式の述語、「お~だ」の「お」と「だ」は、両者が相まって主体尊敬述語を形成する要素なのである。」(新屋(2014:72))

있다. 이에 따르면 (10a')의 「走り」는 「走ること」가 아닌 「走り方」와 같은 행위의 양태적 의미(i.e.달리는 방식, 달리는 자세 등)로 해석되므로 구문 전체의 의미적 정합성상 용인되지 않는다.

(10) a. 走ることは身体に良い。
a'. *走りは身体に良い。 ((岡村1995:75))

한편 岡村는 전형적인 연용형명사, 즉 양태적 의미를 갖는 연용형명사에 포함되지 않는 연용형명사를 아래 〈표 2〉와 같이 분류하여 다양한 연용형명사의 존재를 구체적으로 제시하고 있으나, 이는 역설적으로 원동사(元動詞)의 종류나 의미적 연계성, 명사로서의 자립도(독립성) 등에 따라 일반적인 명사와는 차별화된 연용형명사의 실체를 부각시키고 있다고도 볼 수 있다. 다시 말해 정형화되지 않은 이러한 연용형명사의 다양성이야말로 명사로서의 불완전성을 노정하고 있다고 볼 수 있을 것이다.

〈표 2〉 전형적 연용형명사에 포함되지 않는 연용형명사

	종류	예
①	名詞として自立度が極めて高く、もとの動詞との意味的なつながりが連想されにくいもの	計る-はかり(秤) 流す-流し
②	行為・働き掛けの対象を表しているもの	連れる-連れ 含む-含み
③	動詞動作・作用によって生じたもの・状態・結果	光る-ひかり(光) 富む-とみ(富)
④	動作・作用の道具/手段	囲う-囲い 包む-包み

⑤	行為の内容	話す-話し 願う-願い
⑥	主体の感情	恨む-恨み 驚く-驚き
⑦	限定的な意味を持つもの	教える-教え 救う-救い
⑧	その他のもの(限定的なコンテキストが必要とされるもの・名詞としての自立度が高いもの)	殺す-殺し 許す-許し 受ける-受け

(岡村(1995:79-80), 필자에 의한 수정 및 정리)

더불어 상기의 〈표 2〉의 ⑤번 항목에 등장한 「話し」의 경우, 실제로는 (11a-c)와 같이 「행위의 내용」 뿐만이 아니라 문맥에 따라 다양한 의미기능을 갖는다. 일례로 행위의 내용을 의미하는 (11a)의 경우와 달리 (11b)의 「話しが早い」는 일종의 숙어로서 「이해가 빠르다」는 의미를 갖게 되며, (11c)의 경우는 모두에서 언급한 바와 같이 「お話しになる」와 유사한 행위적 의미(i.e.話すこと)를 갖는다고 볼 수 있다.

(11) a. 上手な話しの聞き方で話を聞く。
b. 彼は話しが早い。 (谷口(2006:64))
c. 山田さんが[お話しだ]。 ((4)의 재인용)

요컨대 연용형명사는 상기의 岡村의 주장과는 달리 「전형적인 연용형명사」라는 규정이 무의미할 정도로 구문형태에 따른 어휘의미의 가변성이 관찰되며, 이러한 비정형성이야말로 연용형명사의 명사로서의 불완전성을 여실히 보여준다고 할 수 있다. 이를 토대로 연용형명사가 (12)~(14)에서 보는 바와 같이 동사성을 지닌 한어명사와 달리 구문론적 제약(i.e.~だ 및 ~する형태로의 사용 제약)을 받는 이유에 대해 고찰할 필요가 있다.

(12) a. そしてこの度お世話系のリーダーさんをご卒業ですか。
a'. あ、今年の春で学校を卒業ですか。
b. 市川で介護の求人をお探しですか。
b'. *市川で介護の求人を探しですか。 ((6)의 재인용)

(13) a. あ、今年の春で学校を卒業ですか。
a'. ok あ、今年の春で学校を卒業しますか。 ((7)의 재인용)

(14) a. *市川で介護の求人を探しですか。
a'. 市川で介護の求人をお探しですか。
b. *市川で介護の求人を探ししますか。
b'. *市川で介護の求人をお探ししますか。 ((9)의 재인용)

이를 위해 아래 (15)와 같이 연체수식절의 주요부(主要部)의 위치에 연용형명사가 등장하는 경우를 살펴보기로 한다. 아래 (15a, b)에서 「求め」와 「探し」는 각각 수식부(修飾部)의 「開示等」, 「お部屋」와 의미적 격관계(i.e.대격관계)[16]를 맺고 있으며, (15a', b')에서와 같이 문맥상의 의미적 정합성(i.e.상대방에 대한 경어표현)에 따라 접두사 「お」를 동반한 형태도 용인됨을 알 수 있다.

(15) a. 開示等の求めをお受けする手続きに関する事項
a'. 個人情報の利用目的の通知、開示、及び訂正等のお求めをいただいても(후략)
b. 全国のお部屋の探しができます。
b'. 土地のお探しが順調であればそれが一番良い事です。

---

16) I장 참조.

그러나 아래 (16)과 같이 같은 연체수식절이라도 수식부에 동일한 연용형명사가 등장한 경우, 이들과 주요부의 「お客様」, 「物件」 사이에 위와 동일한 의미적 격관계가 인정됨에도 불구하고 (16a', b')의 용인도 판단의 결과에서도 알 수 있듯이 접두사 「お」와의 공기가 필수적이다.

(16) a.　お求めの商品は、無料でお直しいたします。
a'. *求めの商品は、無料でお直しいたします。
b.　お探しの物件がなかなか見つからない方
b'. *探しの物件がなかなか見つからない方

이러한 경향은 (17)과 같이 연용형명사가 주어에 위치한 주격구문의 경우에서도 관찰된다.

(17) a.　お求めがあればいつでもご提示致します。
a'. *求めがあればいつでもご提示致します。
b.　たまにお探しが苦しくなるかもしれませんが、程度の良いお車に乗っていただく(후략)
b'. *たまに探しが苦しくなるかもしれませんが、程度の良いお車に乗っていただく(후략)

이상을 토대로 연용형명사는 등장하는 구문형태에 따라 단독사용의 여부가 결정되는 구문론적 제약을 태생적으로 갖는다고 볼 수 있으며, 이는 위의 (11)에서 지적한 어휘의미적 가변성(비정형성)과 함께 연용형명사의 명사로서의 불완전성을 야기하는 주된 요인으로 작용하고 있다고 판단된다. 더불어 이러한 연용형명사의 불완전성을 보충하는 접

두사「お」의 역할에 대해서도 새롭게 조명할 필요가 있다.

연용형명사와 공기하는 접두사「お」는「お~する」와 같은 겸양어를 제외하면 위에서 다루었던「お」와 결합된 연용형명사를 포함한 예문은 예외 없이 상대방에 행위에 대한 경의의 의미를 갖는다.

(18) a. 個人情報の利用目的の通知、開示、及び訂正等のお求めをいただいても
b. 土地のお探しが順調であればそれが一番良い事です。
c. お求めの商品は、無料でお直しいたします。
d. お探しの物件がなかなか見つからない方
e. お求めがあればいつでもご提示致します。
f. たまにお探しが苦しくなるかもしれませんが、程度の良いお車に乗っていただく

특히 (18a-d)와 같이 행위의 대상이 명시되어 있는 연체수식절과 달리 (18e, f)와 같이 동작의 주체가 명시되지 않은 채로 주격의 위치에 연용형명사가 등장한 경우, 접두사「お」가 경의의 대상이자 행위의 주체를 암묵적으로 특정 짓는 역할을 하게 되며, 바로 이점이 연용형명사의 부족한 어휘적, 구문적 요소를 보충하게 된다고 볼 수 있다. 이는 접두사「お」가 결여된 아래 (19a,b)가 문법적 정합성이 결여된 비문으로 판단되는 결정적 요인이며, 본 연구의 주된 연구대상인「お~だ」경어표현이 성립하게 되는 주된 요인이기도 하다.

(19) a. *市川で介護の求人を探しですか。
b. *市川で介護の求人を探ししますか。

결국「お~だ」구문에 대한 일본어모어화자의 문법형식도(문법적 정합성)에 관한 인식의 배경에는 이러한 연용형명사의 명사로서의 불완전성이 자리잡고 있다고 볼 수 있다. 따라서 일본어경어교육 현장에서는 연용형명사 고유의 문법적 특징과 함께 해당 구문 내에서의 접두사「お」의 문법적 역할에 대한 교육이 선행되어야 할 것이다.

4. 맺음말

이상 본 연구에서는 일본어 존경표현 중의 하나인「お~だ」구문을 대상으로 일본어경어교육적 측면에서 본 구문의 문법적 정합성에 대해 고찰하였다. 서두에서 언급한 바와 같이 본 연구의 주된 목적은 해당 구문을 이해언어가 아닌 표출언어로 학습자가 실제 경어사용 장면에서 적극적으로 활용할 수 있게 하는데 있다. 이러한 목적을 달성하기 위해 종래의 문형적 접근에서 벗어나 해당 구문을 이루는 각각의 요소의 문법적 특징에 대해 구문론적, 화용론적 측면에서 접근하였다. 본 연구에서 다루지 못한 여타 존경표현과의 이동(異動)에 대한 상세한 분석에 대해서는 금후의 과제로 삼고자 한다.

이 글은『일본연구』35집(고려대 글로벌일본연구원, 2021.2.)에 게재된「일본어 경어표현의 문법적 정합성에 관하여」의 내용을 일부 수정 및 가필한 것이다.

제2부

일본어교육 연구

IT development and the 'forced' future of language teaching

Toward the de-standardization of language education and the professionalization of language teachers

Marcella MARIOTTI

1. Professional Knowledge Landscapes: Learning from (self-)history

In this article, I am not going to 'simply and emotionally narrate' my own Japanese learning-history. Instead, agreeing with Clandinin & Connelly that 'professional knowledge context shapes effective teaching, what teachers know, what knowledge is seen as essential for teaching, and who is warranted to produce knowledge about teaching', I will first address my own 'response to the environment, to landscape features that impact the teaching and learning setting' (Moloney & Harbon, 2017:vi).

Already 30 years have passed since I started to study Japanese at Ca' Foscari University of Venice. At the end of the Eighties we had no grammar classes and our native speaker language teachers adopted the ‘direct method’, talking to us in Japanese, adopting textbooks and literature masterpieces. I searched for grammar explanations in our reference book in Italian, and as soon as *A dictionary of basic Japanese Grammar* (Makino, Tsutsui, 1986) was published it became my faithful and trusty companion. Mechanical exercises did not help me during my first chance to study-travel to Japan (1991), and as Japanese proficiency might be concerned, I was the worst in my class.

I had a hard time, but great friends helped me to improve my language skills and to express my thoughts. Friendship and shared values, as well as peer pressure and ‘in land residence’, were the basis of such improvement.

Returning to Venice I graduated, and I won a MEXT grant to study over 5 years, M.A. and Ph.D. courses in Sociology of mass communication, at Osaka University. I was extremely grateful, but also dependent on native speakers who would check my writing. It was as if I could not trust my own thoughts unless they were corrected by my patient native-speaker friends.

Once I had left Japan in 2001, I started teaching Japanese language to students of Chinese at Ca’ Foscari University, so that they could find Japanese references for their research. I also taught Japanese grammar to students who took Japanese as a second language, often following the grammar instructions page by page in textbooks grammar. Feeling uncomfortable with what I perceived as my own mechanical role (佐藤, 2016) (牛窪, 2016), I enrolled in a PhD course in Japanese language teaching, hoping to develop a grammar reference book for Italian speakers. At that time, I was intrigued by the theory of pleasure as a constant source of motivation (Caon, 2006) to store 'new inputs to learn' (Krashen, 1985) as well as the new spiral learning process suggested by Hosokawa (細川 et al., 2007): thinking〉 talking〉 listening〉 answering〉 reflection〉 thinking: I assume my fascination with these ideas was because my first studying experience had been so far away from Hosokawa's theorised process.

Thanks to a Ph.D. workshop held by Professor Ogawa Takashi and the above-mentioned studies about foreign language teaching and learning, I finally realized my way of learning was tightly tied to finding the right grammar and method I needed to express myself. I compare this to Stephen Downes suggestion: '...the idea is that learning is like a utility - like water or electricity - that flows in a network or a grip, that we tap into when we want' (Downes, 2007). A post-doc JSPS grant allowed me to create a reference tool I have always dreamt of since I was a student: a Japanese grammar hypermedia dictionary with authentic examples from everyday life in Japan: BunpoHyDict. In eight years, the latter has developed into the *JALEA System* (Mariotti, Mantelli, Lapis 2017), which is integrated with other online projects (*ITADICT* Mariotti-Mantelli 2011, *EduKanji* Mantelli 2010, *A4edu* Mantelli-Mariotti 2016), collaborating with more than 72 people, and investing more than 6.000.000 yen, thanks to a Mitsubishi Corporation donation in 2016. Focussed mainly on the reception processes, JALEA goes hand in hand with the second project presented in our panel: Aikawa's *Ai Tutor*: This project took three years, and included an investment of about 890.000

yen and 30 people's support.

What brought me to develop such an interactive reference tool? Why have we invested so much energy and funds in these two technology enhanced language learning projects? What kind of new language teachers does technology allow us to dream of ? What kind of language teaching are we aiming at? These are some of the questions my own history as a Japanese Language learner and teacher have aroused in me, and I will address them in this paper. A very initial and generic answer might be of course the awareness that in my own history as a student of Japanese, my 'pleasure' was not enough to continue to motivate me for studying the Japanese Language in a standardized way. If we think (do we? Do we have the time to think? Are we teachers encouraged and rewarded to do think?) that expressing ourselves to other people is our ultimate 'pleasure' or the ultimate way to feel ourselves alive as a human being, we may begin to question our way of teaching. Also, we may question the way we were taught, and the reasons for our 'short memory'. I even have begun to have unpleasant feelings about my own addiction to native speaker checks.

1.1. Why de-standardize? Considering Pink Floyd.

Pink Floyd's song, *The wall* (1982), has become the leitmotiv of almost all my presentations' opening. The words that form the sentence in the song, 'We don't need, no, education - We don't need, no, thought control... Hey teacher leave the kids alone/ all in all you are just/ another brick in the wall', had continuously puzzled me since I was 9. At that time, this song was the background music of my dance recital and I had to listen it hundreds of times in a week to exercise. Only in 2017 (!) I finally understood the meaning hidden in those words and why they puzzled me. Thus, they are now my leitmotiv. Words and language vehicle ideas. What is that? Why could I not grasp the meaning of this song until few years ago?

1.2. Another brick in the wall?

Thinking back to the Japanese language classes which I both received and offered, I wish to thank Balboni (Balboni, 2003), Ogawa (小川貴士, 2007) and Hosokawa (細川英雄 et al., 2002) for their writings, as well all my students up to today, who have pushed me to re-think the meaning of teaching a language, reviewing my sociological studies and Gramsci's ideas of consensus, ideology and reflecting upon my own 'teaching landscape'. As Gramsci (1932) points out, since all action is political, every choice we make has a political background and has political consequences. Thinking about our choices takes time and energy because it is simplest to follow the 'well known path'. Therefore, re-thinking politically is not easy to do. What was I doing during my classes? Was I really *choosing* my action? Of course I was. I was teaching, I took on that action: so, voluntarily or not, I had chosen to follow what had already been decided by others before me. I chose to follow the instructions I had been given through my Japanese language studying years. Without even questioning it, I myself was a brick in the wall, a gear of the system, reproducing the same language teaching and learning environment that did not help me, nor my students.

What was wrong with my actions? How and why can we act *transformatively*?

2. What are we teachers aiming at? Why being 'critical'?

Mayo (1999), in building a comprehensive theory of transformative adult education, based on participation and active democratic citizenship as part of a genuine global democracy, analyses Gramsci and Freire educational theories and practices, while Shaull underlines in the introduction of Mayo's book how 'There is no such thing as a neutral education process. Education either functions as an instrument which is used to facilitate the integration of generations into the logic of the present system and bring about conformity to it, or it becomes the 'practice of freedom', the means by which men and women deal critically with reality and discover how to participate in the transformation of their world.' (R. Shaull, 2005:34).

If we agree with posing such problems in order to transform education, or (radical) critical pedagogy, we need to step back, and ask ourselves *why* do we need to transform *what*? Critical pedagogy-transformative/ problem- posing education aims at **empowering students to individuate, reflect and question** the ideologies and practices that make them or others individuals feel oppressed and restrained. Doubting and questioning makes us responsible about ourselves and our actions in society. Transformative education starts from the community nearest to the students, which is the classroom, aiming to consider and respect them as active citizens. So called bank-pedagogy, aims at 'saving bits of holy-teacher knowledge' inside students' *empty*-heads:

In the banking concept of education, knowledge is a gift bestowed by those who consider themselves knowledgeable upon those whom they consider to know nothing. Projecting an absolute ignorance onto others, a characteristic of the ideology of oppression, negates education and knowledge as processes of inquiry. The teacher presents himself to his students as their necessary opposite; by considering their ignorance absolute, he justifies his own existence. The students, alienated like the slave in the Hegelian dialectic, accept their ignorance as justifying the teacher's existence - but, unlike the slave, they never discover that they educate the teacher. (Freire 1970: 247)

By utilizing transformative education/critical pedagogy/problem-posing education instead, we see how Gramscian thought of an 'organic intellectual', who gives voice to those who need one, becomes concrete, realizing that 'the relation between teacher and pupil is active and reciprocal, so that every teacher is always also a pupil and every pupil a teacher'. The learner is not an empty head to fill with knowledge, but is a thinking individual whose ideas are capital and an investment.

"In problem-posing education, people develop their power to perceive critically the way they exist in the world with which and in which they find themselves; they come to see the world not as a static reality, but as a reality in process, in transformation. Although the dialectical relations of women and men with the world exist independently of how these relations are perceived (or whether or not they are perceived at all), it is also true that the form of action they adopt is to a large extent a function of how they perceive themselves in the world. Hence, the teacher-student and the students-teachers reflect simultaneously on themselves and the world without dichotomizing this reflection from action, and thus establish an authentic form of thought and action" (Freire 1970:252).

Problem-posing education needs ‘listening, dialogue, and action’, as it recognizes learning and knowing as social, not merely an individual process, able to bring changes in co-creating our own society, and based on ‘previous knowledge’ of the students, i.e. on their own ideas and capabilities to discuss, questioned through a facilitator-teacher. ‘In a Freirean context, learning occurs through the combined efforts of teacher and students. There is neither a formula for a given outcome nor an ultimate destination. One of the objectives is to understand one’s social conditions and imagine ways to create liberatory social conditions’ (Rangel, 2017:75).

In problem-posing transformative language education, learner’s own ideas became the ‘textbook’ and the teacher’s role changes to that of a facilitator who encourages the self-reflection processes through a dialogue towards an awakening of critical awareness.

How is it possible to encourage a problem-posing/ enquiry based language education?

3. Case Studies: from 2010 to 2016

3.1. From 2010 to 2014: Activities with Graduate Students

With the above questions in mind, I held 15 weeks of Japanese Language courses in 2010-11, 2012-13, 2013-14 and a three month (Jan-March 2013) joint workshop with Hosokawa and his Waseda University Ph.D. students at Ca' Foscari University. The aim was to stimulate *real* social interactions between students through a common goal: publishing online their own thoughts and the process that resulted in them, in a group report in the Japanese Language (http://virgo.unive.it/mariotti/kangaeru.html). Learners had to choose a theme to talk about, and through dialogues with others, inside and outside the classroom, explain why they cared about that subject and how it was connected to their past-present-future. Such a process brings an awareness of their own personal and others' values, and of their own historical position in the society. This workshop recalls the 'autobiography of intercultural encounters' method (AIE, Byram et. al 2009), suggesting an 'inter-individual' encounter, where 'culture' is that which is *owned* by each individual, arising from the social interaction that takes place in and outside the class-room. More details about each case study can be read in Mariotti (Mariotti 2016: 103-127). Some common and vivid conclusions were drawn by the participants themselves [original transcript, without any correction]:

「日本語はかり使って人と話し合ったり、感想を書いたり、改めてアドバイスを交換したりしました。が予想だにしていなかった要素も多かったです。[省略]報告が終わると、以外にすっきりしました。尚、母語を通じて普通に伝われないものもやっと掘り出せた気がします。対話報告後、プロジェクトに参加した親友ともう一度話すと、二人も母語ではない言語でコミュニケーションしたからこそ、普段より素直に話せ、遠回しな言い方を避け、真実をそのままで伝わることに努めたと認めました。(C.)」

Actually, [interacting only in Japanese] I have been able to discover things I was not able to express in my native language... both of us realized that just because we communicated in a foreign language, we were able to be more honest/direct, avoiding roundabout speech patterns and making every effort to say things as they truly were. (C.)

This statement itself shows what it means to become a citizen through language: "...[it] means to be free, as user of Japanese/FL, to use that very language" (Hosokawa 2012: 261).

Actually, the final discussions on how to evaluate the whole course, and peer reports and activities, posed a crucial question: does it make sense to evaluate the development process of an individual? Arguing and debates had been the very *time&place for awareness* about the whole process that had been taking place in such holistic-total-global activity/

actions/practice Language Education. Two different positions were discussed: 1) a strong community composed against the teacher ('we do not understand, let's gather our understandings and help each other through a Facebook group and let's ensure the same top grades for all of us!') and 2) a sense of concurrency ('I worked harder, I know more, I am the best and I will not help others'). This position was held to only until they had gathered towards the common goal, free from grades, in creating the online booklet about their thoughts. In all cases, the learners finally bore their own responsibility about what they thought and wrote in the reports.

The development of foreign language education which considers the classroom as a interactional community and does not use any textbook will improve language proficiency levels due to the very fact that it does not allow a 'banking education'. The next research question, then, evolved naturally from the above case studies: Is it possible to realize a teacher- student/ student-teacher simultaneous self-reflection involving "listening, dialogue, and action" in a 'zero beginners' foreign classroom? We brought this challenge to the *Action Research Zero* workshop (Mariotti, Ichishima, Hosokawa 2016).

3.2. *Action Research Zero (ARZ)*: the 2016 workshop

Inspired by the practical research gathered in the edited book, *Shiminseikeisei to kotoba no kyōiku: Bogo, daini gengo, gaikokugo o koete* (Hosokawa, Otsuji, Mariotti 2016), we organized a four-month period Action-Research project involving 15 'zero-beginners' students of Japanese at Ca' Foscari University (Sept.- Dec. 2016), and 4 tutors (3 M.A. Italian students in Japanese language and 1 Japanese volunteer). Details of the project can be read in Mariotti- Ichishima (2017).

The workshop did not center on Japanese grammar explanation but on giving voice to what students thought was important to them, starting from a self-presentation (*Watashi wa Y desu,* 'I am Y'), then expanding to encompass what they liked (*nani ga suki desuka* 'What do you like'), what this meant to them (*Watashi ni totte X wa Y desu,* 'To me X means Y'), and why it was important to them to talk about this subject (*Nazenara X kara desu*, 'Because it is...'). Since finding reasons for own thoughts is connected to our past, present and future, this project required time to talk, listen, question, answer, return to initial opinions. Through such a process of dialoguing, the review and formulation of a new point of view often came about. The students could relate to each other in any language they wanted, but since it was a Japanese Language course, and the facilitators, Ichishima and Hosokawa, did not know Italian, students had to report and write their thoughts in Japanese from the beginning. Please refer below for some samples from the email interactions, without adjustment or translation.

19 Sept. 2016, 18:42 - after *meeting 1* (2 hours of class interaction):

Example 1> Name: Gio

Email object: ジョウアン二のかつどう

Email content: わたしはからてとよむことがだいすきです。わたしはしぇるくほるむすのすとりだいすきです。わたしはからてかですとだからからてだいすきです。

15 Oct. 2016, 19:00 - after 7 *meetings* (about 14 hours of class interaction, and 7 online few lines report and comment/questions submissions):

Example 2> Name: Gio

Email object: 私の猫と私、動物と私

Email content:

1) アイシャさん、あなた は 人間(にんげん) と 動物(どうぶつ)の友情(ゆうじょう) は 人間(にんげん) を 改善します(かいぜんします) 考えますか(かんがえますか)。

友情(ゆうじょう)= Amicizia [friendship]

改善します(かいぜんします)=Migliorare [improve]

考えますか(かんがえますか)=Pensi? [Do you think?]

2) 何(なに) があなたの猫(ねこ) と あなたの絆(きずな) について あなた にとって 大切(たいせつ) ですか。

絆(きずな)= Legame [bond]に

ついて= Riguardo [about]

大切(たいせつ)= Importante [important]

大切(たいせつ)= Importante [important]

3) アイシャさん は 人間(にんげん) と 動物(どうぶつ)の友情(ゆうじょう) 特別(とくべつ) です 言いました(いいました)。どして。

特別(とくべつ)= Speciale [special]

言いました(いいました)= Hai detto [you said]

[結論]

このテーマの中にキーワードが三つあります。自信と改善すると 仲間です。この語はとても大切 です。自信は困難に直 面することが 出来ます。改善するよりは 私 の自信に生まれました。仲間は でも改善するのために、 いつも 私 を助けました。だからこのキーワードは 私 にとって非常に深い意味を持っています。テーマのせんとうに 空手の練 習 を話しました。対話でその 枢要を深めました。それから仲間の枢要を分かりました。対話はとても大切 で 便利でした。今は、 私 の 新 しいの部分を知っています。

10

〈Figure 1〉 Gio's conclusions in the Final Report (Jan 2017)

The final reports of each student can be read at the website: http://virgo.unive.it/mariotti/kangaeru.html. What is important here is how students invested their time in the classroom to concentrate on interacting with teachers and peers and to discuss the contents of their interactions (see Figure 1), while using their home-time to search for grammatical explanations or how to translate words. From a survey I conducted between Jan and Feb 2017, it became apparent that the students used the following methods to support their study: a grammar book in Italian (89%), associated with tutors (72%), Google translator (45,5%), an online grammar dictionary (9,1%), or friends. As far as words translation is concerned they used mainly English-Japanese online dictionaries (72%) and online Italian-Japanese translators (45,5%). It became clear that contents of the interaction drove students interest toward grammatical items which were not usually taught, nor present in textbooks for, the ‘first year-zero beginners’ level (Bartolommeoni 2017). Further, it was evident that books, tutors and the internet were the primary sources for finding grammatical explanations or exercises. We must emphasise here that tutors were not meant to explain grammar but to guide student interactions, and that Italian language free websites for Japanese Language Learning are still extremely rare. The Italia Association for Japanese Language Teaching (AIDLG) has developed a website, Hi-J.eu (Highschool Japanese: thematic scenarios without grammar explanations), partially funded by the Japan Foundation, while JaLea Research Team developed JaLea (Japanese Learning System through authentic materials, with hyperlink to grammatical explanations, by Mariotti, Mantelli, Lapis) recently in 2017, thanks to Mitsubishi Corporation funding. The only academic free source available in Italian to ARZ students was BunpoHyDict (Mariotti 2008).

This interaction-centered AZR workshop was the first opportunity for zero-beginners outside Japan that followed a Japanese Language Education through Global Activities (*sōgo katsudō gata nihongo kyōiku*). It seems that, even if technology assisted students to have more ‘time for thinking in interaction’, the still strong belief of students and tutors in ‘banking education/ pedagogy’ was only partially deconstructed (Arleoni 2017). A big shift is expected though, through A.I. and the use of well designed sophisticated apps. It is our belief that these will free the way from such mechanical expectations that hold back the potential freedom of both, teachers and learners, allowing a de-standardization of teaching, the professionalization of teachers, and opportunities for critical education through dialogue.

4. Conclusion: Technology and critical radical language education

As Lesley Harborn (2016) states in her article, *Acknowledging the generational and affective aspects of language teacher identity*, 'Looking back and looking forward, systematically, ... can be a productive exercise'. The previous paragraphs describe three fundamental motivations to improve and enforce joint research on technology and A.I. as they inform the ongoing development of critical foreign language education. Those three motivations are:

1) to concretize the 'new' vision and concept of language education itself and its true value as a process of forming socially responsible individuals as members of a public civil society;

2) to educate about the value and pleasure of self-inquiring, exploring and expressing ourselves. Although this is a difficult and demanding process, it will surely drive the input into long term memory (outside of the school exams term!).

3) to free teachers and learners from standard curricula, allowing the

former to develop and express themselves as professional and non-mechanical human beings, and releasing the latter ones to be able to think as social actors responsible for their own ideas and actions expressed by the language as utilised.

What all of the above motivations have in common is not only allowing more time to think, but offering the learners active participation in creating their/our own teaching and learning landscapes towards active citizenship and social cohesion.

This paper was part of the following panel: *The next generation of language education: technology and pedagogy side-by-side* (AIKAWA, Takako Massachusetts Institute of Technology, USA Alessandro MANTELLI Università Ca' Foscari Venezia, Italy Marcella MARIOTTI Università Ca' Foscari Venezia) presented at the 15th International Conference of the European Association for Japanese Studies (EAJS), section 10, 2017. It has been published in the *Proceedings of the 21st Japanese Language Symposium in Europe of the Association of Japanese Language Teachers in Europe (AJE)*, 2018, pp.111-119. I am grateful to AJE for allowing me to re-publish it here. Retrievable at https://eaje.eu/pdfdownload/pdfdownload. php?index=112-135&filename=panel-aikawa-mantelli-mariotti.pdf&p=lisbon

CEFR, JF-SD, J-GAP의 성과를 토대로 한 일본어 이머전 교육(immersion education)의 실천연구 및 성과

Intensive Japanese Language Program을 중심으로

겐코 히로아키

1. 머리말

전 세계 외국어 교육 현장은 지식 중심이었던 기존의 학습관에서 실제로 그 언어를 사용하여 무엇을 할 수 있는가에 중점을 둔 행동주의에 입각한 학습관으로 변화하고 있다. 이는 숙달도(Proficiency)의 개념을 토대로 한 '안다'에서 '할 수 있다'라는 패러다임의 전환을 의미한다. 일본어교육 현장에서도 실제로 '일본어를 사용해서 무엇을 할 수 있는가'라는 점이 중시되고 있다.

이러한 큰 흐름 속에서 2010년도에 (일본)국제교류기금이 일본어능력시험을 개정하여 CEFR[1]의 이론에 기반하여 'Can-do statements

---

1) CEFR(Common European Framework of Reference for Languages – Learning, teaching, assessment: 외국어 학습, 교육, 평가를 위한 유럽 공통 참조 틀) 「Council

(CDS: 능력 기술문)'으로 숙달도를 표시한 'JF일본어교육 스탠다드 2010 (JF-SD)'[2]를 공개하였다.

극동대학교(이하 K대학) 일본어학과에서는 이에 따라 과제수행능력을 향상시키고 '할 수 있는 일본어'를 습득하도록 2011년도 1학기에 'Intensive Japanese Language Program'(이하 IJLP)를 개설하였다. 본 IJLP에서는 참가한 학생이 1학기 동안 기숙사 생활을 하며 정규 수업과 더불어 저녁시간부터 야간 시간 동안 진행되는 수업을 일본어로 수강하게 된다. 또한 기숙사 생활이나 식사 시간에도 일본어로 회화하도록 지도하며 집중적으로 일본어 환경에 노출시킨다. 이를 통해 일본어를 사용하여 실제 회화가 가능하도록 함으로써 커뮤니케이션 능력 향상을 목적으로 개설한 프로그램이다. IJLP는 몰입교육의 장점을 적극적으로 도입하여 실제 일본 유학을 통해 학습한 것과 같은 수준의 일본어 커뮤니케이션 능력 향상을 목표로 하고 있다. 또한 원어민 교사와 하루 일과를 함께 보내며 실제로 일본어를 사용하고 수행 가능 활동을 늘려 과제 수행 능력을 양성하는 것을 목표로 한 프로그램이다.

IJLP와 같이 1학기라는 오랜 기간 동안 기숙사 생활과 연동하는 점, 전임 교사가 지도하는 점, 중간 및 기말고사 그리고 수시로 평가를

---

of Europe(2001)」〈https://ja.wikipedia.org/wiki/%E3%83%A8%E3% 83%BC%E3%83%AD%E3%83%83%E3%83%91%E8%A8%80%E8%AA%9E%E5%85%B1%E9%80%9A%E5%8F%82%E7%85%A7%E6%9E%A0〉

2) 「JF일본어교육 스탠다드」: "standard movement"라고 할 수 있는 세계의 외국어계에서 학습/교육/평가를 위한 지표를 개발하는 흐름 속에서 일본어에 관해서는 일본국제교류기금(Japan Foundation)이 「JF일본어교육 스탠다드 2010」(약칭 「JF 스탠다드」)를 발표했다. 필자는 국제교류기금이 2008년에서 2009년까지 일본 우라와/ 한국 서울/ 독일 쾰른에서 실시한 JF일본어교육 스탠다드 개발을 위한 CEFR시행연구에 참여했다.(서울에서 명칭은 "서울 프로젝트")
「JF일본어교육 스탠다드」는 https://jfstandard.jp/top/ja/render.do 참조.

진행하며 학점 인정이 가능한 정규 과목 프로그램 형태라는 점 등은 국내 타 대학에서 2011년에서 2017년까지 찾지 못하였으며 IJLP의 도입은 K대학이 국내 첫 시도인 것으로 알고 있다.

또 이 프로그램은 앞에서 언급하였듯이 필자가 참여한 JF일본어교육 스탠다드(JF-SD) 개발을 위한 CEFR 시행연구에서 얻은 지식과 연구결과와 뒤에서 논하는 일본어교육 Global Network(GN)[3)]가 2011년부터 국제적으로 실시했으며, 필자가 한국일본학회 대표로 책임을 맡고 참여한 J-GAP(Japanese Language Global Articulation Project)[4)]에서 얻은 지식과 연구결과를 투입해서 운용한 새로운 프로그램이었다는 점에서 가치가 있었다고 할 수 있다.

본고에서는 4년간의 진행 과정에서 4년째에 해당하는 2014년도 1학기 진행을 중심으로 IJLP라는 일본어 이머전 교육(immersion education)의 실천연구(action research)를 보고하며 그에 대한 성과를 고찰한다.

---

3) 일본어교육 Global Network(GN): 세계 각국・지역의 일본어교육 관련단체가 국제연대를 강화하기 위해 설치했다. 정보교류를 추진함으로써 실천활동이나 학술연구가 활성화하는 것을 목적으로 하고 있다. 일본어교육 분야의 세계대회로서는 최대 규모인 일본어교육 국제연구대회(International Conference on Japanese Language Education: ICJLE)를 통상 격년으로 개최하고 있다.
〈http://gnforjle.wiki.fc2.com/〉, 〈http://www.nkg.or.jp/kenkyusha/network〉

4) 일본어교육 Global Articulation Project - GN 장기 프로젝트: 세계 각국/각 지역에서의 일본어교육의 수준 간의 연속성(세로[縱]의 Articulation)의 달성과 각국/각 지역과 일본과의 일본어교육의 연속성(가로[横]의 Articulation) 달성을 목적으로 한 프로젝트. 〈http://gnforjle.wiki.fc2.com/wiki/%E9%95%B7%E6%9C%9F%E3%83% 97%E3%83%AD%E3%82%B8%E3%82%A7%E3%82%AF%E3%83%88〉
CAJLE-개나다日本語教育振興会 J-GAP 페이지 〈http://www.cajle.info/resources/j-gap/〉

2. 선행연구

한국에서 유사하게 진행한 선행연구로 桜井(2006), 斎藤(2011) 등이 있으며 IJLP의 선행연구로는 検校・二ノ神(2014), 検校(2015)가 있다.

桜井(2006)는 인하대학교에서 진행한 일본어 캠프에 관한 것으로 2박 3일 동안 일본어전공 학생(40명)을 대상으로 일본어 캠프를 진행하였다고 보고하고 있다. [1] '일본어를 사용하여 일본어만으로 생활해 본다.', [2] '교실에서 습득할 수 없는 일본 문화를 체험해 본다.', [3] '일본이 재미가 있고 즐거운 나라라는 것을 체험함으로써 학습 의욕을 높이고 자율학습을 촉진시킨다.'와 같은 3가지 목표를 세웠으며 성공적인 결과를 얻었다고 기술하고 있다.

斎藤(2011)는 한림대학교에 소재한 HID(Hallym International Dormitory) 일본어 기숙사의 일본어 학습 프로그램에 대해 보고하고 있다. 이 프로그램은 기숙사가 운영 주체자이며 한국인 학생과 일본인 유학생(튜터)이 장기간 같이 생활하며 한국인 학생의 일본어 회화능력 향상을 기획하는 것이다. 기숙사생을 위해 준비한 원어민 전임교원에 의해 오후 시간에 진행되는 '생활일본어(3시간)' 강의 또는 중심 프로그램인 일본인 유학생(튜터) 중심으로 저녁시간 90분씩 총 2일간 진행되는 선택형 '튜터 수업', 그리고 수업 외에 일본어 노래를 부르는 '노래자랑(のど自慢)'이나 '언어와 문화의 밤' 발표 등이 있다. 기숙사생을 대상으로 한 인터뷰에서 일본어 기숙사생의 일본어 학습에 대한 학습 의욕이 강해진다, 일본어를 말하는 것에 익숙해지며 두려움이 없어졌다는 등의 효과가 있다고 전해지며 동시에 일본 문화 이해에도 큰 도움이 되었다고 밝히고 있다.

이상과 같은 선행연구가 있으나 앞서 말했듯이 한국의 타 대학에서 1학기 이상의 장기간에 걸쳐 기숙사와 연계하여 정규 과목으로 진행하는 프로그램 관련 보고는 IJLP 이외 찾아 볼 수 없다. 본 실행은 국내 대학 가운데 1학기 이상의 장기간 동안 일본어학과가 운영하며 학과의 전공과목과 연동하여 진행하는 프로그램이라는 점이 기존 실행연구와 다른 점이라고 볼 수 있다. (필자는 일본어학과 학과장이었으며 대학교 본부에서 정식으로 "일본어 몰입교육 디렉터"로 임명받아 운영에 관계하는 부서를 통괄하였다.)[5)]

상기 사항과 같이 IJLP도입은 기존 실행과는 상이하며 비현지체재형 집중어학프로그램이라는 새로운 시도로서 학술적 의의가 있다. 検校・ニノ神(2014)는 IJLP 개시 이후 3년간의 진행 과정을 종단적으로 기술하는 형식으로 보고하였으며 検校(2015)는 2013년도 2학기의 실행에 초점을 맞추어 그 효과를 검증하였다.

---

5) 한림대 프로그램(주 3시간씩 오후 타임 수업+튜터 주도의 선택식 수업: 주 3시간씩 저녁 타임)과의 가장 큰 차이점은 오후 타임 일본어 전공수업(주15-21시간: 일본어학과)와 함께 IJLP 핵심수업인 주 16시간의 저녁 수업을 수강하는 점이다. 또한 IJLP는 학생 튜터가 지도할 뿐만 아니라 IJLP 전임교사가 담당하여 정식으로 복수의 평가를 진행하며 학점을 인정하는 정규과목이다. 교사는 일본어교육 전공자 혹은 부전공자이며 420시간 과정 수료 및 일본에서 일본어교육능력검정시험 합격자, 그리고 교사 경험자 등의 조건을 충족하고 전문적으로 교육업무로서 담당하였다. 斎藤선생님에 의하면 HID튜터인 학생 전공은 일본어교육으로 한정되지 않고 다양하다고 한다. 斎藤선생님은 '튜터는 대학생이며 문법적인 설명을 하는 것이 힘들 때가 많아 학습 성과는 기대만큼 나오지 않은 듯하다. 따라서 2008년부터는 모두 회화중심 교실로 복구하도록 하였다.'라고 전하고 있다. 斎藤(2011), p.111; 検校(2015), p.33.

3. IJLP(Intensive Japanese Language Program)의 개요

K대학에서 진행한 IJLP는 이를 담당하는 일본인교사(이하 IJLP교사)와 학생이 1학기 동안 기숙사에서 함께 생활하며 학생은 수업 이외 시간(여가시간 및 식사시간 등)에서도 일본어를 사용할 수 있는 환경에 노출된다. 이를 통해 본 프로그램에서는 최종적으로 커뮤니케이션 능력 향상을 목표로 하고 있다. 2014년도에는 원활한 교내 행정과 프로그램의 통괄적 운영을 위해 '몰입교육 디렉터' 직무를 신설하였다. 이머전 교육(immersion education)과도 상통하나 'Intensive'라는 문자 그대로 '집중적으로, 철저히' 일본어 환경에 노출하는 것이 목적이다. 2011년도 1학기에 개시하고 2014년도 1학기가 7학기 째 실행이었다.

3.1. IJLP의 특징

IJLP는 일본에 가지 않고도 일본어와 접하는 시간을 늘릴 수 있다는 특징이 있다. 일본에 체재하며 일본어를 습득하는 것은 기본적으로 교실 외에서도 일본어를 사용하는 환경이라는 점에서 일본어 습득에 매우 유효하다고 생각하는 학생이 많다. 그러나 경제적으로 어려운 학생에게 유학은 그 장벽이 크다. 이러한 점에서 IJLP는 경제적 이유 때문에 유학을 포기해야하는 학생들을 위해서라도 일본어 커뮤니케이션 능력 향상을 위한 환경을 제공할 수 있으며[6] 이러한 점에서 IJLP는 획기적인 프로그램이라고 할 수 있다.

6) 2014년도 1학기도 학생들은 기숙사 생활을 위한 기숙사 비용(식비 포함)만 전액 부담하였다. 수강료는 면제하고 대학에서 부담하였다.

3.2. IJLP교사의 역할

IJLP교사의 역할은 수업 진행은 물론 학생들이 일본어를 사용할 기회를 최대한 제공하는데 있다. IJLP교사는 수업 외의 시간에도 학생들과 접할 수 있도록 프로그램 기간 동안 학생들과 같은 기숙사에서 생활하였다. 매일 저녁식사를 학생들과 함께하며 간혹 학생들의 방을 방문하여 학습에 관한 이야기뿐만 아니라 생활에 관한 회화를 하는 등 학생들이 일상생활 속에서 일본어를 사용할 수 있는 환경을 조성하였다.7)

또한 IJLP교사는 오전과 오후에 진행되는 전공 회화수업에 팀 어시스턴트로 참가하였다. 오전과 오후의 전공 회화수업은 복수의 원어민 교사에 의한 팀티칭 수업으로 IJLP교사는 낮 시간의 학생들 모습을 파악할 수 있었다. IJLP참가학생은 저녁시간의 수업과 연결되고 IJLP 불참학생에게도 일본인과의 접촉 장면이 많아진다는 장점이 있었다.

3.3. IJLP 내 일본어 몰입교육 디렉터의 역할

2014년도 1학기부터 변경된 점은 첫 번째로 필자가 "일본어학과 학과장"을 겸임하며 정식으로 국제협력처의 "일본어 몰입교육 디렉터"로 임명되었다는 점이다. 이에 따라 강한 책임감을 가지고 적극적으로 운영을 통괄하였다. 그리고 두 번째로 매주 정기적으로 회의를 실행하며 중간 보고회 및 최종 보고회도 강화한 점 등이 있다. 최초 개강식에

---

7) 교사는 기숙사에서도 항상 일본어로 대화를 걸어 학생은 일본어로 응답한다. 간혹 학생의 방에서 공부에 관한 이야기뿐만 아니라 기숙사 생활이나 사적인 대화를 하므로 학생과의 거리는 확연히 좁혀지며 기숙사에서는 편안한 상태에서 대화를 즐길 수 있다. 따라서 일본어로 말하는 것에 대한 부담을 줄이는데 도움이 된다. (検校(2015), p.39.) 그 만큼 교사와 디렉터는 봉사하는 마음과 교육적 열의가 필요했다.

서는 책임자로 환영 축사를 실시하였다. 학습자의 참가 동기를 확인하기 위하여 동기와 목표를 용지에 기술하도록 해서 가시화시켰다. 중간 보고회 및 최종 보고회, 발표회 등의 각종 행사에서 정확한 코멘트와 그 후의 의욕을 도모하는 것 또한 중요한 임무였다.

2013년도 2학기에 2014년도 1학기의 운영계획안을 세우고 교무처, 학생처, 국제협력처, 기숙사, 학생식당 담당자와 수시로 연락을 취하며 조정해 갈 필요가 있었다. 학생들은 기숙사에 입소하면서 통학을 하지 않게 되지만 이로 인해 일반 학생의 입소인원에 영향을 끼치게 된다. IJLP교사 모집, 채용, 계약, 기숙사, 그 외의 수속부터 IJLP수업의 강의실 확보, 식당과의 저녁식사 시간의 조정 교섭 등의 사전 준비, 그리고 학생모집을 위한 타 학과장들에 대한 연락, 관련 서류 및 공문 기안 작성 등의 업무도 진행한다.

학생의 레벨 체크, 그 외 수강 조건을 위한 연락, 면담 등을 진행하고 수강인원이 확정되면 개시한다.

기본적으로 개강전과 학기 중, 그리고 종강 후의 회의뿐만 아니라 매주 정기적으로 진행상황과 문제점 확인 등의 회의를 진행한다. 개강식 및 종강식은 물론 평소 수업이나 특별행사에 참가하기 위해 매주 며칠 간은 교내에서 숙박하였다. 기회가 되는대로 학생들의 저녁식사에 동참하였다.

몰입교육의 방향성을 결정하고 타 교사들과 회의하며 교육상황을 파악 후 조언도 제공한다. 학생을 관리하고 평가 방향을 결정하며 교무처 및 국제 협력처와의 제반 회의를 진행하는 것 또한 디렉터의 임무이다. 디렉터인 필자 또한 수업에서 몰입교육을 수강하고 있는 학생을 지도한다. 이 때 수집한 정보를 기반으로 수업 중의 대화 혹은 필요에 따라 연구실에서의 면담을 통해 상담이나 생활지도 등을 진행할 수 있어 이점이 되었다.

IJLP교사는 24시간 일본어로 학생들을 접한다. (한국어를 모르는 교사인 경우도 있다.) 일본어만으로 진행되는 점이 한계가 있어, 학생지도 과정에서 한국어로 지도하지 않으면 안 될 경우는 디렉터인 필자가 한국어로 면담하고 지도하였다.

4. IJLP의 실행

이번 장에서는 2014년도의 실시한 개선 점에 대한 이해를 돕기 위해 필요시 2013년도의 내용과 비교하여 서술한다.

4.1. 목표

2013년도 2학기의 IJLP에서는 수업과 생활 및 활동을 포함한 코스 전체의 목표(Goal)로서 다음 3가지 사항을 세웠으나 2014년도 1학기에는 이하 4가지 사항으로 정정하였다.

〈표 1〉 2013년도 2학기 코스 전체 목표(Goal)

① 일본어환경에 노출됨으로써 일본어 사용에 대한 자신감을 높일 수 있다.
② 일본어의 커뮤니케이션 능력을 향상시켜 이문화 이해능력을 높일 수 있다.
③ 자기평가를 통해 현재 자신의 일본어능력을 스스로 통찰할 수 있다.

〈표 2〉 2014년도 1학기 코스 전체 목표(Goal)

① 일본어환경에 많이 노출됨으로써 습관적으로 일본어를 사용할 수 있다.
② 일본어의 커뮤니케이션 능력을 향상시켜 과제수행능력을 높일 수 있다.
③ 이문화 이해능력을 향상시킬 수 있다. (일본문화에 접하고 이해하며 느낀 점을 표현할 수 있다.)
④ 일본어로 활동함으로써 일본인이나 동료와의 깊은 유대감(つながり)을 만들 수 있다.

2014년에는 '자기평가를 통해 현재 자신의 일본어능력을 스스로 통찰할 수 있다.'라는 목표 항목을 삭제하였다. 목표에서는 삭제했지만 자기평가 활동은 변동없이 진행했다. 이것은 자율학습(학습자 Autonomy)을 키울 수 있는 과정이다. 자기평가는 어디까지나 성찰을 하기 위한 "수단"이고 자기평가 자체를 "목표"로 하는 것은 피하였다.

4.2. 프로그램 내용

4.2.1. IJLP교사와 참가학생

2013년도에는 수강 가능한 학생을 전 학년으로 확대함과 동시에 2012년도 이후 일본어학과 입학생은 기본적으로 2학년 때 IJLP에 참가하도록 필수로 지정하였으나 이와 함께 2명이었던 IJLP교사를 4명으로 증원하고 보다 세밀하게 레벨 분류한 수업을 제공하도록 했다. 이는 検校(2015)에서 언급한 바와 같이 많은 효과가 있었다. 하지만 대학 예산 문제로 2014년도에는 교사를 2명 감원할 수밖에 없었다. 교사수가 감원됨과 동시에 대상 학생 인원수를 증원할 수 없었기 때문에 2학년을 중심으로 편성하게 되었다. 그 결과 참가학생은 2013년도

에 비해 감소하였다.[8)]

2014년도 1학기 참가학생은 남학생 10명(일본어학과 8명, 타 학과 2명(호텔외식경영학과 2학년, 간호학과 4학년), 여학생 7명(전원 일본어학과)로 총 17명(2학년: 남학생7명·여학생5명, 3학년: 남학생2명·여학생2명, 4학년: 남학생1명)이었다. 참가학생은 이전에 비해 일본어능력시험(JLPT) N3~N4레벨의 학생 비율이 증가하였다.

4.2.2. 수업 개요

2014년도 수업과목은 2013도까지의 과목에 이어 아래의 시간표와 같이 '집중일본어청해(4시간)' '집중일본어독해(4시간)' '집중일본어회화(4시간)' '일본어스터디(4시간)'(1시간 수업 당 50분)를 주4일(월~목)에 걸쳐 배치하고 프로그램을 운영하였다.

〈표 3〉 시간표

교시	시간	월	화	수	목
8	16:30-17:20	집중 일본어청해	집중 일본어독해	집중 일본어청해	집중 일본어독해
9	17:30-18:20				
	18:20-19:20	저녁식사			
10	19:20-20:10	집중 일본어회화	일본어스터디	집중 일본어회화	일본어스터디
11	20:20-21:10				

'집중일본어청해·집중일본어독해·집중일본어회화'의 3과목은 기본과목이며 학기 초 레벨테스트를 진행 후 학년에 상관없이 레벨 별

8) 일본어학과의 학생 입장에서는 필수과목에 해당되며 기본적으로 2학년이 수강하는 것을 추천하고 있다. 학생 개인 사정으로 인해 3학년에 참가하는 경우도 있었다.

로 교실을 배정하고 수업을 진행하였다. 교사가 감원된 점과 2학년 수강을 기본으로 정했기 때문에 2013년도에 비해 3,4학년의 학생 수가 감소하고 2학년의 비율이 높아졌다. 따라서 교실 배정 또한 각 과목별로 중급, 초급(초급과 초중급)의 2개 반으로 편성하여 2명의 원어민교사가 각각 담당하였다. CEFR[9]의 A1에서 A2레벨 정도의 학생을 초급반으로, B1-1정도를 초중급반으로 배정하여 초급반과 초중급반 교실로 나누어 수업을 진행하였다. 그리고 B1-2에서 B2-1레벨을 중급반으로 배정하여 수업하였다. 또한 주1시간정도 점심 여가시간을 이용하여 수업에서의 목표달성이 어려운 학생을 대상으로 개인지도를 하며 보강하였다. '일본어스터디'시간은 학생이 자율적으로 활동하는 시간이다.

청해와 회화수업교재로 사용한 드라마는 '斎藤さん2'(日本テレビ)(2013년 7월 13일부터 9월 21일까지 방송)이다. 겨울방학 동안 준비하기 때문에 드라마는 6개월 이내 방송된 최신 것으로 선택하였다. 이번 활동은 종이연극 낭독이었다. 종이연극 중에서도 일본 전통 종이를 사용한 종이연극(紙芝居)을 일본에서 직접 구입하여 사용하였다. 그리고 또 다른 반은 디지털종이연극으로 온라인상에 있는 종이연극을 하나의 '보이스 액토(Voice Acting)'로서 진행하였다. 리더 학생을 중심으로 그룹 활동을 하고 진행자 역할을 담당한 교사는 보조역을 맡아 도움으로써 리더가 중심이 되어 협동 활동을 진행하였다. 평가는 코디네이

9) 2018년 2월에 개정해서, CEFR Companion Volume with New Descriptors에서는 A1~C2까지의 6단계를 기본으로 하면서, Pre-A1, A1, A2, A2+, B1, B1+, B2, B2+, C1, C2, Above-C2의 11단계에 구분했다. 그 이전부터 전문가 사이에서 A2, B1, B2의 3가지 단계에서는 그 수준의 폭이 넓다는 지적을 하며 논의를 하고 있었다. [A2-1과 A2-2, B1-1과 B1-2, B2-1과 B2-2]라고 구별한 것을 [A2, A2+, B1, B1+, B2, B2+]로 정한 것이다.

터와 일본어학과 교수, 그리고 IJLP교사와 학생이 함께 진행하였으며 종료 후 각각에게 평가를 피드백하였다.

'특별수업'으로서의 '일본어스터디' 수업시간을 사용하여 월 1회(50분씩 2시간) 일본의 언어와 문화를 주제로 하는 특별수업으로 연극, 음악, 패션, 젊은이 문화 등을 다루었다. 이 중 '일본문화체험'의 하나로 대학에서 보조예산을 지원받아 일본요리체험 '다코야키·오코노미야키 만들기', '고토(琴 일본 거문고)연주체험' 등을 진행하였다.[10)]

4.3. 성과산출 목표(Outcome)와 자기평가 체크리스트 도입

2014년도 1학기 실행에서는 최종 목표(Goal) 산하에 성과산출로서의 목표(Outcome)를 세워 CEFR, JF스탠다드(JF-SD)를 참고로 Can-do statements(CDS)에 따라 A1에서 B2-1레벨의 행동지표를 기술하였다. Can-do statements(CDS)의 형식으로 성과 목표가 있어 그 목표를 중심으로 '목표' '수업' 평가'의 3가지 항목이 일관성을 갖추게 되었다. 이를 자기평가 체크리스트에 기재하여 평소 기회가 있을 때마다 목표를 의식하여 학기 초와 중간고사 이후 그리고 기말고사의 총 3번에 걸쳐 자기평가를 실행하였다.

자기평가를 도입한 목적은 현재 자신의 레벨을 인지하고 어떻게 다음 단계에 나아가는지를 생각하기 위함이나 궁극적으로는 자신의 커뮤니케이션 능력과 학습 방법을 메타 인지하여 자율학습이 실행되

10) K대학 일본어학과에서는 2009년도 2학기부터 매년 5월과 11월에 4주간 일본에서 고토(琴: 일본 거문고) 지도자를 특별문화강사로 초빙하고 있다. 이에 따라 몰입교육에서도 고토(琴) 지도를 도입하였다. 강사는 일본어로 설명하고 고토(琴)에 관한 전문용어도 있어 이해가 어려운 내용은 학생들이 질문하고 강사가 알기 쉽게 설명한다. 그럼에도 어려운 개념은 학생 간에 통역하고 도우며 이해를 도왔다. (検校(2015), p.38.)

도록 하기 위함이다. 자기평가는 2012년도부터 실행하였으나 2013년도 2학기까지는 CEFR와 JF스탠다드를 참고하여 작성한 '듣기' '읽기' '표현' '회화' '쓰기'등의 항목을 각각 6단계의 자기평가 체크리스트를 사용하여 진행하였다. 그러나 2014년도 1학기는 항목이 방대하다는 단점을 보완하기 위해 반별 학습자의 A1부터 B2-1의 능력기준에 맞춘 목표를 작성하여 Can-do statements(CDS) 형식으로 기술하였다. 그리고 이를 자기평가 체크리스트에 기재하여 시작단계·중간단계·최종단계의 총 3번에 걸쳐 〈5:매우 잘함 4:잘함 3:보통 2:별로 못함 1:못함〉의 5단계로 체크하였다.

스스로의 내성을 통해 자기평가함으로써 자율적인 학습능력을 양성하고 확실하게 자신의 일본어능력을 재확인할 수 있도록 하였다.

〈표 4〉〈자기평가 체크리스트〉 청해 1

		항목
초급	1	수업 중 교사나 교우의 간단한 말은 이해한다.
	2	간단한 내용의 드라마를 보고 아는 단어나 문법을 알아들을 수 있다.
	3	교사의 지시나 설명을 듣고 무엇을 해야 하는지 이해한다.
	4	일상 속 내용의 프리토킹이나 회화를 듣고 어떠한 이야기를 하고 있는지 이해할 수 있다.
		항목
초중급	1	수업 중 교사나 교우의 말은 이해한다.
	2	간단한 내용의 드라마를 보고 어떤 내용의 대화를 하는지 알아들을 수 있다.
	3	전문적이지 않은 일상적인 내용의 프리토킹이나 회화는 이해할 수 있다.
	4	간단한 안내사항이나 설명을 정보를 받을 수 있다.

〈표 5〉〈자기평가 체크리스트〉 독해1

		항목
초급	1	N5, N4레벨의 한자를 읽고 쓸 수 있다.
	2	단순한 단문(일상 속 이름, 단어, 표현)을 이해할 수 있다.
	3	가게 간판이나 메시지카드를 읽고 필요한 정보를 얻을 수 있다.
	4	자신에 관한 구체적인 정보(프로필 등)을 작성할 수 있다.
	5	배운 문법을 사용하여 일상 화제에 대해 400자 정도의 문장을 작성할 수 있다.
		항목
초중급	1	N3레벨의 한자를 읽고 쓸 수 있다.
	2	일상 속 간단한 글을 읽고 이해할 수 있다.
	3	지정된 몇 가지 항목에 관한 정보를 기술할 수 있다.
	4	간단한 안내문이나 설명문을 읽고 필요한 정보를 받을 수 있다.
	5	배운 문법을 사용하여 일상 화제에 대해 800자 정도의 문장을 작성할 수 있다.

〈표 6〉〈자기평가 체크리스트〉 회화1

		항목
초급	1	자기소개나 자신의 감정을 간단하게 말할 수 있다.
	2	교사나 교우의 질문에 대해 간단한 말로 대응할 수 있다.
	3	현장의 상황을 간단한 말로 설명할 수 있다.
	4	자신의 희망이나 원하는 것을 간단하게 말할 수 있다.
	5	준비하고 프리토킹으로 발표를 할 수 있다.
		항목
초중급	1	배운 문법이나 단어를 사용하여 커뮤니케이션 할 수 있다.
	2	자신의 감정과 그 이유를 설명할 수 있다.
	3	일상 속 화제에 대해 회화를 할 수 있다.
	4	현장의 상황이나 이유를 정확하게 설명할 수 있다.
	5	준비를 하면 프리토킹이나 스피치 등의 짧은 발표는 할 수 있다.
	6	교사나 교우에게 묻고 싶은 것을 질문할 수 있다.

〈표 7〉〈자기평가 체크리스트〉 청해3

		항목
중급	1	일본 TV방송(시사뉴스, 일기예보, 관광지소개, 요리방송 등)을 듣고 내용을 이해할 수 있다.
	2	일상 속 화제(유행병, 스포츠 시합, 학생생활 등)에 대해 음성을 듣고 요점을 이해할 수 있다.
	3	간단한 사실관계의 정보나 구체적인 내용을 듣고 이해할 수 있다.
	4	드라마나 애니메이션을 보고 등장인물의 대사를 대체로 들을 수 있고 내용을 이해할 수 있다.

〈표 8〉〈자기평가 체크리스트〉 독해3

		항목
중급	1	경어를 사용한 문장이나 간단한 비즈니스 글을 이해할 수 있다.
	2	일본어로 쓰인 짧은 소설이나 에세이 등의 문장을 읽고 상황이나 감정 등 내용의 상세한 부분을 이해할 수 있다.
	3	간단한 내용이며 전문적인 글을 이해할 수 있다.
	4	일본의 책이나 카탈로그 정보잡지 등에서 정보를 얻을 수 있다.
	5	N2레벨에서 배운 한자를 읽거나 그 한자를 사용하여 문장을 작성할 수 있다.

〈표 9〉〈자기평가 체크리스트〉 회화3

		항목
중급	1	자신의 생각이나 의견을 일본어로 논리적으로 말할 수 있다.
	2	일상 속 화제나 사회문제에 관해 일본어로 토론할 수 있다.
	3	일상 속 관심이 있는 화제에 대해 일본어로 프레젠테이션을 할 수 있다.
	4	사회문제나 전문적인 화제에 대해 일본어로 질의응답 할 수 있다.
	5	발음이나 억양을 의식하여 보다 원어민에 가까운 발화를 할 수 있다.
	6	사전에 준비한 내용으로 일본인에게 인터뷰할 수 있다.

4.4. 포트폴리오의 도입과 활용

CEFR, JF스탠다드(JF-SD)에도 공통적으로 포트폴리오(Portfolio)를 도입하는 것을 권장하고 있다. CEFR에서는 그 이념을 교육현장에서 실현하기 위한 도구로써 "European Language Portfolio(ELP)"을 도입하도록 제시했다. JF-SD에서는 "상호이해를 위한 일본어"를 이념으로 하며, 그것을 위해 "과제수행능력"과 "이문화 이해능력"이 필요하다고 하고 있는데 그 두 개 능력을 육성하기 위해 학습자가 학습과정을 기록하며 보존하는 것으로 Portfolio를 제안하고 있다.

K대학교 IJLP에서도 이른 단계에서부터 Portfolio를 투입하고 학습자 한명 한명이 스스로 자신의 학습과정을 기록·보존하도록 해 왔다. 「학습자 Portfolio」에는 (1)「평가표」-①자기평과 체크 리스트, ②평가기준 시트 (2)「언어적·문화적 체험의 기록」-③언어적·문화적 체험과 배음, ④학습계획과 성찰 (3)「학습 성과」-⑤성과물 일람, ⑥작문·레포트·발표원고 등, ⑦프로젝트의 성과 등을 넣었다. 교사는 교사 입장에서 「티칭 포트폴리오(Teaching Portfolio)」를 기록·보존했으며 그것이 "PDSA cycle[Plan(계획)-Do(실시)-Study(연구)-Action(개선)]을 통해 코스에 발전에 큰 도움을 주었다.

5. IJLP의 개선과 효과

5.1. 2014년도 1학기의 실행 개선

필자는 IJLP 프로그램을 한층 더 충실히 만들기 위해 코스 목표의 수정이나 프로그램 내용의 개선을 지속적으로 진행해왔다. 2014년도 1학기의 IJLP 변경사항에 대해 정리하면 다음과 같다.

(1) 국제협력처 일본어몰입교육 디렉터를 배치하였다.

상기한 바와 같이 일본어학과 학과장을 겸임하면서 일본어몰입교육 디렉터를 함으로써 국제협력처라는 대학 내 기구의 한 부서의 전임 책임자라는 자리를 맡게 되어 교내 행정의 다양한 업무를 진행하기 용이하였다. 예전이라면 한 학과의 장에 그치므로 제안 사항이 통과되기 쉽지 않은 가운데 본 프로그램을 진행하였다. 따라서 일본어몰입교육 디렉터의 입장에서 교내 행정에 영향력을 발휘하게 된 점이 크다.

(2) 일본어 몰입교육 관련 회의를 정기적으로 진행하였다.

지금까지 회의를 진행하며 다소 불규칙하게 진행한 점이 있었으나 기본적으로 매주 1주일에 1시간정도 정기적인 회의를 하도록 변경하였다. 회의에는 일본어학과 교원과 IJLP교사뿐만 아니라 국제협력처 직원도 매번 참가할 수 있도록 하여 생활면이나 교내행정면의 지원을 받을 수 있도록 하였다. 국제협력처 스탭 역시 저녁부터 야간 사이에 지원을 할 필요가 있어 필자의 희망사항에 따라 교무처와 협력하여 기본적으로 오후시간부터 야간 사이의 근무시간이 성립되도록 하였다. (직원도 기숙사에 입소하고 업무를 해야 하는 관계로 방은 제공되었다.)

회의를 통해 수업 결과 및 학생들의 현 상황 등을 파악하고 조언이나 지시사항을 전달하기 쉬워지는 등 전체 프로그램을 관리하기 수월해졌다.

(3) J-GAP를 통해 얻은 식견을 살려서 CEFR, JF스탠다드를 바탕으로 한 실행을 더욱 많이 도입하였다.

(4) 동시에 최종목표(Goal)의 하위개념으로 성과산출로서의 목표(Outcome)를 CEFR, JF스탠다드를 참고하여 A1부터 B2-1레벨의 행동지표를 작성하고 이를 Can-do statements(CDS) 형식으로 기술하였다. Can-do statements(CDS) 형식을 갖춘 성과산출 목표(Outcome)가 있어서 목표, 수업, 평가의 3가지 항목이 일관성을 갖추게 되었다. 이를 자기평가 체크리스트에 기재하여 평소 기회가 있을 때마다 목표를 의식하고 학기 초, 중간고사 후, 학기말의 총 3회에 걸쳐 자기평가를 실시하였다.

(5) 평가기준을 정비하여 루브릭 평가를 실시했다.

회화 시험용으로 루브릭(Rubric: 회회평가기준표)을 작성하여 사전배포 후 설명하고 객관성과 명확성을 도모한 후 루브릭 평가(Rubric assessment)를 했다. 루브릭은 학습자의 학습 활동에 대하여 실제적인 점수산정이 가능하도록 학습자료나 학습자의 성취수준을 결정하는 평가 가이드라인과 평정척도(rating scale)를 제공한다. 루브릭(Rubric)을 사전에 배포한 것은 평가기준이 학생과의 계약이라는 신념에서 비롯된다.

〈표 10〉 루브릭(Rubric: 회화평가기준표)

	항목	1점(힘내라)	2점(조금 더)	3점(좋다)	4점(매우 좋다)	평정
1	유창성	표현을 찾거나 커뮤니케이션을 수정하기 위해 막히는 일이 매우 많다. 정확한 발음이나 억양으로 말할 수 없다.	표현을 찾거나 커뮤니케이션을 수정하기 위해 막히는 일이 많다. 정확한 발음이나 억양으로 말하는데 어려움이 있다.	표현을 찾거나 커뮤니케이션을 수정하기 위해 막히는 경우도 있으나 어느 정도의 긴 문장을 말할 수 있다. 발음이나 억양을 틀리는 경우도 있으나 상대가 이해할 수 있는 정도로 말할 수 있다.	표현을 찾거나 커뮤니케이션을 수정하기 위해 거의 막힘없이 말할 수 있다. 발음이나 억양을 틀리는 부분이 있으나 알기 쉽게 말할 수 있다.	
2	사용어휘표현폭	내용에 대하여 하고 싶은 말을 기본적인 동사나 형용사 등의 단어를 몇 가지 사용하나 많이 사용할 수 없다.	내용에 대하여 하고 싶은 말을 기본적인 단어로 표현하고 말을 할 수 있다.	내용에 대하여 하고 싶은 말을 어느 정도 상대에게 전달할 수 있는 어휘력이 있고 번거롭지만 자신의 생각을 표현할 수 있다.	내용에 대하여 하고 싶은 말을 상대가 알기 쉽게 전달할 수 있는 어휘력을 가지며 이를 사용하여 자신의 생각을 표현할 수 있다.	
3	정확성	알고 있는 단어를 연결하여 회화하는 정도로 기본적인 문법을 사용할 수 없다.	틀리는 경우가 있으나 기본 문법을 사용하여 말할 수 있다.	틀리는 경우가 있으나 자주 사용하는 문법이나 문형을 사용하며 상대가 이해할 수 있는 정도로 정확하게 사용할 수 있다.	오용은 보이나 자주 사용하는 문법이나 문형을 회화 속에서 정확하게 사용하여 회화를 이어갈 수 있다.	
4	상호커뮤니케이션	상대에게 질문하거나 대답하는 것이 어려우며 커뮤니케이션을 하기가 어렵다.	되묻기도 하나 상대에게 질문하거나 대답하는 것을 어느 정도 할 수 있으며 간단한 커뮤니케이션은 가능하다.	오용은 있으나 상대에게 자세히 질문하거나 대답할 수 있다. 복잡하지 않으면 커뮤니케이션에 문제가 없다.	상대에게 상세히 질문하거나 대답할 수 있다. 상대의 이야기에 맞장구를 치며 자연스럽게 커뮤니케이션을 할 수 있다.	

5	일관성	「~て」「~から」 등의 매우 간단한 접속표현을 사용하며 간단한 문장을 연결하여 이야기하는 것이 거의 불가능하다. 문장과 문장이 끊어진다.	「~て」「~から」 등의 매우 간단한 접속표현을 사용하며 간단한 문장을 연결하여 말할 수 있다.	단어 및 각 문장을「それから」「それで」「そして」 등 사용빈도가 높은 접속표현을 사용하여 말할 수 있고 정합성이 있는 말을 할 수 있다.	단어나 각 문장을「それから」「それで」「そして」 등 사용빈도가 높은 접속표현을 사용하여 말할 수 있고 「~場合」「~次に」 등을 사용하여 내용의 흐름을 상대에게 알기 쉽게 말할 수 있다.	

5.2. 학생의 성찰(reflection) 및 평가(assessment)

5.2.1. IJLP 참가학생의 성찰 결과

최종보고로 IJLP를 〈1.매우 만족 2.만족 3.보통 4.조금 만족할 수 없다 5.불만족〉의 5단계로 학생들(17명)을 대상으로 조사한 결과 매우 만족이 8명, 만족이 9명이며 3.보통이나 4.이하의 불만족이 없이 높은 만족도가 나왔다.[11] 보다 구체적인 의견으로는

(1) '이번 몰입교육은 자신에게 어떠한 점이 도움이 되었습니까?' 라는 질문에

① 실력향상을 스스로 실감했다는 대답

·수업 내용 모두 재미있고 도움이 되었다.(4학년/남/초급)·작문에 대한 첨삭과 설명이 도움이 되었다.(3학년/남/중급)·선생님들이 우리의 부족한 일본어를 들어주시고 잘 못하더라도 용기 내어 열심히 말하려고

11) 야간시간까지 수업이 있었으나 학생들도 만족도가 높았으며 실력 향상을 직접 체험하여 결석 없이 참가하였다.

노력한 점이 도움이 되었다.(2학년/여/중급) · 작문이 도움이 되었다.(2학년/여/초급) · 모두 일본어를 사용해야하므로 회화에 많은 도움이 되었다.(2학년/남/중급) · 경어 사용에 도움이 되었다.(2학년/남/중급) · 일본인 선생님과 일본에 대해서 대화한 것이 도움이 되었다.(2학년/남/중급)

② 실력향상이라고 표현하지 않으나 도움이 되었다는 대답

· 일본어 회화에 자신감이 붙었다.(4학년/남/초급)

③ 자신감과 관련한 대답

· 회화 실력이 향상되었다. (3학년/여/중급)(2학년/남/초급)(2학년/여/초급) · 리스닝과 스피킹이 향상되었다.(3학년/여/초급) · 일본어만을 사용하여 말하려고 노력하며 자연스레 청해 능력도 향상되고 회화 실력도 향상되었다.(2학년/여/초급) · 겨울방학에도 몰입교육을 수강하고 실력이 향상됨을 느꼈으나 이번 기회에 더욱 향상된 것 같다.(2학년/여/중급) · 듣기, 말하기, 읽기, 쓰기 등 전체적으로 일본어 실력 향상에 도움이 되었다.(2학년/남/초급) · 부족했던 회화 능력이 향상되었다.(2학년/남/초급) · 일본인과 어느 정도 대화를 나눌 수 있게 되었다.(2학년/남/초급)

④ 일본에 대한 친근감에 관한 대답

· 군 제대 후 일본어에 적응하지 못했으나 일본어에 다시 한 번 친숙함이 생겼다.(3학년/남/중급)

이상으로 분류할 수 있다. 프로그램에 대해 만족하고 긍정적인 반응이었음을 알 수 있다.

(2) '수업에서 좋았던 점은 무엇입니까?'라는 질문에

① 지금껏 없는 방식의 프로그램

・지금까지 들은 적이 없는 방식의 프로그램에 참가할 수 있어 즐거웠다.(3학년/여/초급)

② 학생들의 레벨에 맞춘 수업

・각자의 일본어 레벨에 맞추어 수업을 진행해주어 이해하기 쉽고 보다 많은 것을 배울 수 있었다.(2학년/여/중급)(2명)・최대한으로 우리들의 레벨에 맞추어 수업 내용 모두 도움이 되고 재미있었다.(3학년/남/초급)

③ 교사와의 대화 및 소통

・일본어로 회화를 할 수 있게 되었다.(3학년/남/초급)・선생님과 많이 대화할 수 있어 자연스럽게 말할 기회가 많아졌다.(3학년/여/초급)・일본어만 사용하여 수업을 하기 때문에 회화 부분에서 빠르게 실력이 향상되었다.(2학년/남/초급)・전체적으로 일본인 선생님과 소통할 수 있어서 좋았다.(3학년/남/중급)

④ 일본어 사용

・끊임없이 일본어를 접할 수 있어 좋았다.(2학년/남/초급)

⑤ 교사의 정확한 피드백・알기 쉬운 설명

・선생님이 잘못된 표현을 지적하고 교정 해 주어서 좋았다.(2학년/남/초급)・질문하면 납득이 가는 명확한 회답을 들을 수 있어서 좋았다.(2학년/남/중급)・알기 쉽게 설명해 주셨다.(2학년/남/초급)

⑥ 수업 구성・시간・내용

・배운 일본어 표현을 바로 사용할 수 있는 수업구성이었다.(2학년/남/중급)・수업 스케줄이 좋았으며 많이 길지도 않아서 적당하였다.(2학년/남/초급)・드라마와 프리토킹의 시간이 매우 좋았다.(2학년/여/초급)・여러 방면에서 배울 수 있어 좋았다.(2학년/여/중급)・학기 중에 또 다른 일본인 게스트와도 인터뷰를 할 수 있어서 좋았다.(2학년/여/초급)

학생들이 보낸 보고에서 '수업에서 좋았던 점'은 이상 6개의 카테고리로 분류할 수 있었다.

(3) 루브릭(Rubric)에 대한 반응을 파악하기 위해 '루브릭(회화평가기준)이 학습이나 시험준비에 도움이 되었습니까'라는 질문도 준비하였다. 이에 대한 회답으로 아래와 같은 긍정적인 의견이 있었다.

・평가기준을 받기 때문에 조금 더 긴장하게 되고 많은 준비를 하게 되어 도움이 되었다.(3학년/남/초급)・어떻게 이야기를 정리하면 좋을지 생각할 수 있는 힌트가 되어 도움이 되었다.(3학년/남/초급)・점수 배분이 어떻게 구성되는지 알게 되어 대략의 본인 레벨을 판단할 수 있었다.(3학년/여/초급)・어떻게 공부하고 어떻게 회화를 하면 좋은지 알게 되어 도움이 되었다.(2학년/여/중급)・스스로의 실력을 판단하기 쉬웠다.(2학년/남/중급)・기준표가 있어 어떻게 평가되는지 알 수 있어 긴장하지 않아서 좋았다.(2학년/여/중급)・자신의 회화 실력이 어느 정도인지 조금 구체적으로 파악할 수 있다.(2학년/남/중급)・도움이 되었다. 시험시간에 기준표를 생각하면서 대답하였습니다.(2학년/남/초급)・이전 시험을 되돌아 보는 기회가 되었습니다.(2학년/남/중급)

긍정적인 의견을 정리하자면 준비성·생각할 수 있는 힌트·자기판정·학습전략에 대한 자율적인 책정·평가항목을 알고 긴장하지 않는다·과거 시험의 반성 등의 사항에서 도움이 된다는 의견이었다. 한편 아래와 같이 긍정적으로 평가하지 않는 의견도 존재하였다.

·기준표가 중요하지 않으며 종합적으로 본인이 공부하는 것이 중요하다.(2학년/여/초급)·처음 경험하여 잘 모르겠다.(3학년/남/초급)·별로 도움이 되지 않았다.(2학년/여/초급)·만약 자신의 회화 실력이 좋지 않으면 평가 이후 의기소침해 질 수 있을 것 같다.(2학년/남/초급)

기준표만 보고 대책을 세우는 형식적인 공부가 아니라 종합적인 공부가 필요하다고 주장하는 믿음직한 의견부터 처음 접한 방법이라 잘 모르겠다는 의견도 있었다. 자신의 실력이 기준표보다도 낮을 경우 평가를 받기 전부터 예상이 가능하여 의기소침해진다는 지적은 생각지도 못한 의견으로 참고할 만한 의견이었다.

5.2.2. 참가학생에 의한 자기평가

2014년도 1학기에는 각 레벨에 맞춘 Can-do statements(CDS) 형식을 사용하여 목표를 설정하였다. 이 목표에 따라 자기평가 리스트에 〈5:잘 할 수 있다 4:할 수 있다 3:보통 2:별로 할 수 없다 1:할 수 없다〉라는 5단계로 자기평가를 체크한 것을 각각 5점, 4점, 3점, 2점, 1점으로 지정하고 향상도의 평균점을 산출하였다.

〈초급반 학생〉

1	청해1(초급)				청해1(초중급)				독해1(초급)					독해1(초중급)					회화1(초급)					회화1(초중급)					
	1	2	3	4	1	2	3	4	1	2	3	4	5	1	2	3	4	5	1	2	3	4	5	1	2	3	4	5	6
1:시작	4	3	3	3	3	3	4	3	4	3	3	3	2	2	4	2	3	2	3	3	2	3	3	4	2	2	2	3	3
2:중간	4	3	4	4	4	3	4	3	4	4	4	3	3	3	4	4	4	3	3	4	3	3	3	4	3	3	3	3	3
3:최종	4	4	4	4	5	5	5	5	5	5	4	4	4	3	4	4	4	4	4	4	3	4	4	4	3	3	3	4	4
향상도	2-1				2-1				2-1					2-1					2-1					2-1					
	0.5		향상도		0.25		향상도		0.6		향상도			1.0		향상도			0.4		향상도			0.5		향상도			
	3-2		0.75		3-2		1.75		3-2		1.4			3-2		1.2			3-2		1			3-2		0.83			
	0.25				1.5				0.8					0.2					0.6					0.33					

2	청해1(초급)				청해1 (초중급)				독해1(초급)					독해1(초중급)					회화1(초급)					회화1(초중급)					
	1	2	3	4	1	2	3	4	1	2	3	4	5	1	2	3	4	5	1	2	3	4	5	1	2	3	4	5	6
1:시작	3	2	3	3	2	1	2	1	3	4	2	2	1	2	3	2	2	1	2	2	1	1	3	1	1	1	1	2	1
2:중간	3	2	3	3	3	2	3	2	3	4	2	2	2	2	3	2	2	1	3	3	2	2	3	2	2	2	2	3	2
3:최종	4	4	4	4	4	4	4	4	4	4	4	3	3	4	4	3	3	2	3	4	3	3	4	4	3	4	3	4	4
향상도	2-1				2-1				2-1					2-1					2-1					2-1					
	0		향상도		1.0		향상도		0.2		향상도			0		향상도			0.8		향상도			1		향상도			
	3-2		1.25		3-2		2.5		3-2		1.2			3-2		1.2			3-2		1.6			3-2		2.5			
	1.25				1.5				1.0					1.2					0.8					1.5					

3	청해1(초급)				청해1(초중급)				독해1(초급)					독해1(초중급)					회화1(초급)					회화1(초중급)					
	1	2	3	4	1	2	3	4	1	2	3	4	5	1	2	3	4	5	1	2	3	4	5	1	2	3	4	5	6
1:시작	4	3	4	3	4	3	4	3	4	4	4	4	3	3	4	3	4	2	3	3	2	3	3	4	2	2	2	3	3
2:중간	4	4	4	4	4	4	4	3	4	4	4	4	3	4	4	3	4	3	3	4	3	3	3	4	3	3	3	3	3
3:최종	5	5	5	5	5	5	5	4	4	5	4	4	4	4	5	3	4	3	4	4	3	4	4	4	3	3	3	4	4
향상도	2-1				2-1				2-1					2-1					2-1					2-1					
	0.5		향상도		0.25		향상도		0		향상도			0.4		향상도			0.2		향상도			0.5		향상도			
	3-2		1.5		3-2		1.25		3-2		0.4			3-2		0.6			3-2		0.6			3-2		1.0			
	1.0				1.0				0.4					0.2					0.4					0.5					

4	청해1(초급)				청해1(초중급)				독해1(초급)					독해1(초중급)					회화1(초급)					회화1(초중급)					
	1	2	3	4	1	2	3	4	1	2	3	4	5	1	2	3	4	5	1	2	3	4	5	1	2	3	4	5	6
1: 시작	2	2	2	2	2	2	1	2	2	3	2	2	1	1	3	1	1	1	3	2	2	1	1	1	1	1	1	1	1
2: 중간	3	3	3	4	3	3	3	2	4	4	4	3	3	3	4	2	3	2	3	3	2	3	1	3	3	3	2	2	3
3: 최종	4	4	4	4	4	5	4	3	5	5	5	5	4	5	5	3	4	3	4	4	4	4	4	3	3	4	2	3	3
향상도	2-1				2-1				2-1					2-1					2-1					2-1					
	1.25		향상도		1.0		향상도		1.6		향상도			1.4		향상도			0.6		향상도			1.67		향상도			
	3-2		2.0		3-2		2.25		3-2		2.8			3-2		2.6			3-2		2.2			3-2		2.0			
	0.75				1.25				1.2					1.2					1.6					0.33					

5	청해1(초급)				청해1(초중급)				독해1(초급)					독해1(초중급)					회화1(초급)					회화1(초중급)					
	1	2	3	4	1	2	3	4	1	2	3	4	5	1	2	3	4	5	1	2	3	4	5	1	2	3	4	5	6
1: 시작	4	4	5	4	4	4	4	4	4	4	4	3	3	3	4	3	3	3	4	4	3	3	3	4	3	3	3	4	4
2: 중간	4	5	5	5	4	5	5	5	4	5	4	4	3	4	4	4	4	3	5	5	4	4	4	5	5	4	4	5	5
3: 최종	5	5	5	5	5	5	5	5	5	5	5	4	4	4	5	5	5	4	5	5	5	5	4	5	5	5	5	5	5
향상도	2-1				2-1				2-1					2-1					2-1					2-1					
	0.5		향상도		0.75		향상도		0.4		향상도			0.6		향상도			1		향상도			1.17		향상도			
	3-2		0.75		3-2		1.25		3-2		1.0			3-2		1.4			3-2		1.4			3-2		1.5			
	0.25				0.25				0.6					0.8					0.4					0.33					

6	청해1(초급)				청해1(초중급)				독해1(초급)					독해1(초중급)					회화1(초급)					회화1(초중급)					
	1	2	3	4	1	2	3	4	1	2	3	4	5	1	2	3	4	5	1	2	3	4	5	1	2	3	4	5	6
1: 시작	3	2	3	3	3	2	3	3	2	2	2	2	1	1	2	1	1	1	2	2	1	1	2	1	1	1	1	1	1
2: 중간	3	2	3	4	3	2	4	3	2	3	3	2	1	2	3	1	2	1	2	2	2	1	2	2	2	2	1	2	2
3: 최종	4	3	5	5	4	3	4	4	3	3	3	3	2	3	4	3	3	1	3	4	3	4	2	4	4	4	3	3	5
향상도	2-1				2-1				2-1					2-1					2-1					2-1					
	0.25		향상도		0.25		향상도		0.4		향상도			0.6		향상도			0.2		향상도			0.83		향상도			
	3-2		1.5		3-2		1.0		3-2		1.0			3-2		1.6			3-2		1.6			3-2		2.83			
	1.25				0.75				0.6					1.0					1.4					2.0					

〈중급반 학생〉

7	청해3(중급)				독해3(중급)					회화3(중급)					
	1	2	3	4	1	2	3	4	5	1	2	3	4	5	6
1:시작	4	4	4	4	1	3	2	2	1	2	3	1	2	2	3
2:중간	4	4	4	4	3	3	2	4	3	2	4	2	2	2	4
3:최종	4	4	4	4	3	4	3	4	4	3	4	4	2	3	4
향상도	2-1				2-1					2-1					
	0		향상도		1.2		향상도			0.5		향상도			
	3-2		0		3-2		1.8			3-2		1.17			
	0				0.6					0.67					

8	청해3(중급)				독해3(중급)					회화3(중급)					
	1	2	3	4	1	2	3	4	5	1	2	3	4	5	6
1:시작	3	3	4	4	3	3	2	2	3	3	2	3	2	2	2
2:중간	4	3	4	4	4	3	4	3	4	3	3	3	3	2	3
3:최종	4	4	5	5	4	4	5	4	5	4	4	4	4	3	4
향상도	2-1				2-1					2-1					
	0.25		향상도		1.0		향상도			0.5		향상도			
	3-2		1.0		3-2		1.8			3-2		1.5			
	0.75				0.8					1.0					

9	청해3(중급)				독해3(중급)					회화3(중급)					
	1	2	3	4	1	2	3	4	5	1	2	3	4	5	6
1:시작	2	2	2	2	2	1	2	2	1	2	1	2	1	2	2
2:중간	3	3	2	3	2	2	3	2	2	2	2	3	2	3	3
3:최종	4	4	3	4	3	2	3	3	2	3	3	4	3	4	4
향상도	2-1				2-1					2-1					
	0.75		향상도		0.6		향상도			0.83		향상도			
	3-2		1.75		3-2		1.0			3-2		1.83			
	1.0				0.4					1.0					

10	청해3(중급)				독해3(중급)					회화3(중급)					
	1	2	3	4	1	2	3	4	5	1	2	3	4	5	6
1:시작	3	3	3	4	2	2	2	2	2	3	3	3	2	3	3
2:중간	3	3	3	4	3	3	3	3	3	3	3	3	3	3	3
3:최종	3	3	3	4	3	3	3	3	3	3	3	3	3	3	3
향상도	2-1				2-1					2-1					
	0		향상도		1.0		향상도			0.17		향상도			
	3-2		0		3-2		1.0			3-2		0.17			
	0				0					0					

11	청해3(중급)				독해3(중급)					회화3(중급)					
	1	2	3	4	1	2	3	4	5	1	2	3	4	5	6
1:시작	2	1	2	2	1	1	1	2	2	3	2	2	2	2	3
2:중간	3	3	3	4	2	3	4	3	3	3	3	3	3	2	4
3:최종	4	3	4	5	3	3	5	4	3	3	4	4	3	2	4
향상도	2-1				2-1					2-1					
	1.5		향상도		1.6		향상도			0.67		향상도			
	3-2		2.25		3-2		2.2			3-2		1.0			
	0.75				0.6					0.33					

12	청해3(중급)				독해3(중급)					회화3(중급)					
	1	2	3	4	1	2	3	4	5	1	2	3	4	5	6
1:시작	3	4	3	4	3	3	3	3	1	2	2	3	2	3	3
2:중간	4	4	4	4	3	4	4	4	2	3	3	3	3	3	3
3:최종	5	5	5	5	4	5	5	5	3	4	4	4	4	4	5
향상도	2-1				2-1					2-1					
	0.5		향상도		0.8		향상도			0.5		향상도			
	3-2		1.5		3-2		1.8			3-2		1.67			
	1.0				1.0					1.17					

13	청해3(중급)				독해3(중급)					회화3(중급)					
	1	2	3	4	1	2	3	4	5	1	2	3	4	5	6
1:시작	4	4	5	5	2	2	3	4	3	3	3	4	2	3	4
2:중간	4	4	5	5	3	3	4	4	3	4	3	4	3	3	4
3:최종	4	4	5	5	3	3	4	4	4	4	4	5	4	4	5
향상도	2−1				2−1					2−1					
	0		향상도		0.6		향상도			0.33		향상도			
	3−2		0		3−2		0.8			3−2		1.17			
	0				0.2					0.83					

14	청해3(중급)				독해3(중급)					회화3(중급)					
	1	2	3	4	1	2	3	4	5	1	2	3	4	5	6
1:시작	3	3	3	4	3	3	3	2	3	3	3	4	3	2	3
2:중간	3	4	4	4	4	3	4	3	4	4	4	4	4	2	3
3:최종	4	4	4	5	5	4	4	4	4	4	4	5	4	3	4
향상도	2−1				2−1					2−1					
	0.5		향상도		0.8		향상도			0.5		향상도			
	3−2		1.0		3−2		1.4			3−2		1.0			
	0.5				0.6					0.5					

15	청해3(중급)				독해3(중급)					회화3(중급)					
	1	2	3	4	1	2	3	4	5	1	2	3	4	5	6
1:시작	2	2	2	3	2	2	2	3	2	3	2	3	3	2	3
2:중간	3	3	3	3	3	3	4	3	3	3	3	3	3	2	3
3:최종	4	4	4	4	3	3	5	4	3	3	3	4	3	3	4
향상도	2−1				2−1					2−1					
	0.75		향상도		1.0		향상도			0.17		향상도			
	3−2		1.75		3−2		1.4			3−2		0.67			
	1.0				0.4					0.5					

16	청해3(중급)				독해3(중급)					회화3(중급)					
	1	2	3	4	1	2	3	4	5	1	2	3	4	5	6
1:시작	4	5	4	5	4	3	4	5	3	4	4	5	3	3	4
2:중간	4	5	5	5	4	4	4	5	3	4	5	5	3	4	5
3:최종	5	5	5	5	5	4	5	5	4	4	5	5	4	5	5
향상도	2-1				2-1					2-1					
	0.25		향상도		0.2		향상도			0.5		향상도			
	3-2		0.5		3-2		0.8			3-2		0.83			
	0.25				0.6					0.33					

〈청해·독해는 중급반, 회화는 초급반 학생[12)]〉

17	청해3(중급)				독해3(중급)					회화1(초급)					
	1	2	3	4	1	2	3	4	5	1	2	3	4	5	1
1:시작	1	2	2	2	2	3	3	3	3	2	3	3	3	3	3
2:중간	1	2	2	2	2	3	3	4	3	4	4	4	4	3	3
3:최종	1	2	2	2	3	4	4	5	4	4	4	5	5	3	4
향상도	2-1				2-1					2-1					
	0		향상도		0.2		향상도			1.0		향상도			
	3-2		0		3-2		1.2			3-2		1.4			
	0				1.0					0.4					

12) 음성언어와 문자언어에 의한 수용능력과 산출능력은 구별하여 레벨 체크하고 있기 때문에 이 학생은 청해와 독해는 중급반으로 들어가며, 구두로의 산출력이 다소 약하기 때문에 회화는 초급반에 속하였다. 이처럼 세밀하게 반을 배정하여 관리하는 점도 중요하다.

〈향상도 총 집계 결과〉

	초급			초중급			중급		
	청해1	독해1	회화1	청해1	독해1	회화1	청해3	독해3	회화3
향상도 (3회차 −1회차) 평균	+1.29	+1.30	+1.40	+1.62	+1.43	+1.71	+0.88	+1.38	+1.10

자기평가 점수를 개별적으로 보면 초급과 초중급에서는 모든 항목에서 수치가 상승하고 있다. 이는 IJLP에 참가하기 전부터 전체적으로 일본어에 자신감이 없는 학생이 포함되어 있기 때문이라고 판단된다. 일본어에 대한 자신감이 부족하여 첫 회의 자기평가에서는 그 평가가 낮았으나 몰입교육을 받으면서 자신감을 갖게 되고 수치가 크게 상승한 것으로 분석된다. 또한 개별 수치를 살펴보면 중급반 학생 가운데 청해 평가치가 첫 회부터 3회차까지 변하지 않은 학습자가 4명 있었다. (7번, 10번, 13번, 17번) 그 외의 항목에서는 자기평가 향상이 보였다. 2014년도 1학기 IJLP에서는 중급반보다도 초급반 상승도가 높았다. 초급반 학생들은 특히 회화 평가치가 청해, 독해에 비해 상승도가 높았다. 이를 통해 학생들의 일본어 커뮤니케이션에 대한 자신감 상승 및 실력 향상에 대한 자가 인식 경향을 알 수 있다.

5.3. IJLP 실행의 성과

K대학(일본어학과)에서는 매학기 일본어능력시험 JPT(이하 JPT)를 단체로 응시하고 있다. 따라서 과거 IJLP와 비교한대로 '청해력' '독해력' 전반의 성과를 측정하는 하나의 데이터로서 참가학생의 프로그램 참가 전과 그 후의 JPT 평균점을 비교하였다.[13] IJLP 참가학생

들 중 프로그램 참가 전과 후 모두의 JPT시험을 응시한 학생만으로 한정하여 비교하였다. 그리고 비교를 위해 IJLP에 참가하지 않은 학생(일본어학과 57명)의 시험결과도 함께 제시하였다.

〈IJLP 참가학생과 불참가생의 JPT득점수의 평균점 비교〉

	IJLP 참가 전			IJLP 참가 후			
	청해	독해	합계	청해	독해	합계	점수 변화
참가학생	287.6	203.0	475.3	300.0	258.0	531.3	+56.0
불참가학생	312.4	287.8	600.2	313.2	298.2	611.4	+11.2

데이터 수집 대상인 참가학생 수는 2013년도 2학기말과 2014년도 1학기말 모두에 참가한 17명 중의 12명이다.

먼저 전체적으로 비록 평균점이기는 하나 참가 전보다 참가 후의 득점수가 상승하고 있다. 참가학생들 중 합계 점수가 100점 이상 상승한 학생이 5명(그 중 200점 이상 상승한 학생이 1명)이며 10점에서 230점이 상승하였다. 100점 이상 상승한 학생의 경우 프로그램 참가 전후로 회화 실력이 향상되었음을 알 수 있었다. 참가학생들은 합계 점수의 평균이 56점 상승하여 IJLP 성과가 일부 확인되었다. 또한 IJLP에 참가한 학생과 그 외 학생과의 평균점수를 비교하면 참가하지 않은 학생의 경우 평균점이 하락한 학생도 다수 있는데 반해 참가학생은 1명이 동일한 점(720점→720점)이었던 것을 제외하면 모두 상승하고 있다. 이것도 IJLP 참가에 따른 성과를 나타낸다고 볼 수 있다. 자기평가를 통해서도 관찰되는 자신감은 일상 속 커뮤니케이션

13) JLPT는 서로 급수가 다른 점수는 비교하기 어려우며 연속해서 응시하지 않는 경우도 있다.

을 관찰하고 있는 교사들이 봐도 그 향상도를 체감할 수 있었다. 일정 부분이기는 하나 JPT 점수를 통해서도 전체 실력이 향상되는 경향을 확인할 수 있다.14)

6. 맺음말

본고에서는 2014년도 1학기 IJLP 실행에 대해 보고하였다. 지금까지의 실행을 바탕으로 코스 목표를 수정하고 2014년도 1학기는 '①일본어를 사용하는 환경에 많이 노출되어 습관적으로 일본어를 사용할 수 있다' '②일본어 커뮤니케이션 능력을 높여 과제수행능력을 높일 수 있다' '③이문화 이해능력의 향상(일본문화에 접하고 이해하며 느낀 점을 표현할 수 있다)' '④일본어를 사용하는 활동을 통해 일본인이나 동료와의 연대를 깊게 유지할 수 있다' 등과 같은 4가지 코스 목표를 세웠다.

'일본어를 사용하는 환경에 많이 노출되어 습관적으로 일본어를 사용할 수 있다'는 항목은 그 목표를 달성했다고 본다. 반성 시트 기술이나 자기평가 결과에서도 알 수 있듯이 학생들은 일본어를 사용하는 것에 이전보다 자신감이 높아졌다.

다음으로 '일본어 커뮤니케이션 능력을 높여 과제수행능력을 높일 수 있다'의 항목 중 '일본어 커뮤니케이션 능력 향상'은 과거 프로그램 실행에서도 확인된 바 있다. 예전에는 한국어가 가능한 일본인 교사에 대해 한국어로 대화를 시도한 학생이 있었으나 추후에 자발적으로 일

14) 타과생 중 1명은 6개월 후에 처음으로 N1등급을 응시하여 합격했다. 일본어학과만 실력이 상승했다고 볼 수 없다.

본어로 의사소통을 하고자 하는 변화가 있었다. 이처럼 전체적으로 일본어로 커뮤니케이션을 하도록 의식하는 행동 변화가 관찰되었다. 이러한 점에서도 '일본어 커뮤니케이션 능력 향상' 역시 일정 수준의 목표를 달성했다고 볼 수 있다. '과제수행능력을 높인다'에 관해서도 반성 시트 기술에 능력 향상을 스스로 인식하고 자기평가하는 기술도 확인되어 본 프로그램 도입에 대한 성과가 있었다고 판단된다.

'이문화 이해능력의 향상(일본문화에 접하고 이해하며 느낀 점을 표현할 수 있다)'의 항목 역시 일본문화에 관한 활동을 도입하여 실천하였다. 또한 반성 시트 기술에도 일본문화에 관한 활동이 좋았다는 코멘트가 확인되어 일정한 효과가 있었다고 할 수 있다. 나아가 '일본어를 사용하는 활동을 통해 일본인이나 동료와의 연대를 깊게 유지할 수 있다'라는 항목은 일본인 교사와의 관계가 깊어짐을 확인할 수 있었으며 참가한 교우와의 관계도 깊어졌다고 할 수 있다. 아울러 이는 학습 공동체 구축으로 이어졌다고 볼 수 있다.

필자가 근무하는 대학 내에서는 일본어능력 향상과 함께 학생들에게도 전반적으로 좋은 영향을 줄 수 있었다. 일본 파견 교환학생으로 선발된 학생들이 대부분 일본어 이머전 교육에 참가한 학생들이였고, 일본계 기업 취업, 인천공항 지상직 취업 등 취업에서도 성공하는 사례가 2014년 후반부터 나타났다. 2014년 2학기에는 일본어학과 학생뿐만 아니라 호텔외식경영학과, 간호학과, 산업디자인학과, 작업지료학과 등의 학생들도 일본어 이머전 교육에 참여하게 되었고, 2015년 1학기에 있었던 취업률 조사에서는 일본어학과가 90%에 근접하는 취업률을 기록해서 대학 내에서 공동2위가 된 적도 있었다.

향후 과제로는 언어기능을 중심으로 한 자기평가 체크 리스트뿐만 아니라 일본인과 일본에 관한 심리, 사회, 문화 등에 관한 이해도를 포함하여 체크 리스트 정비를 검토할 필요가 있다. 아울러 이외의 과제로 더욱 다양한 관점에서 프로그램 효과 분석과 검증이 필요하다. 본고에서 언급한 것 이외에도 교육방법으로서 어떠한 성과가 있는지 등 교사와 학생 양측의 시점에서 평가할 필요가 있다.

앞으로도 CEFR, JF-SD, J-GAP의 성과를 토대로 한 실천연구를 진행하며 한국의 일본어교육 뿐만 아니라 세계의 일본어교육의 발전에도 공헌할 수 있도록 노력하고 싶다.

[감사의 말씀] 일본어 몰입교육을 함께 진행하며 많은 도움을 주셨던 선생님들과 스탭 분들께 진심으로 감사의 말씀을 드립니다.

이 글은 『일본학보』 112집(한국일본학회, 2017.8.)에 게재된 「日本語集中教育(몰입교육)の実践と成果」를 한국어로 옮긴 것을 토대로 새로운 내용을 가필 보완한 것이다.

정보화시대의 일본어교육 연구

교육의 글로벌화와 대규모 공개 온라인 강좌(MOOCs)

도다 다카코

1. 머리말

근래의 인터넷을 대표하는 정보통신기술의 진보는 교육에도 큰 변화를 가져왔다. 본고에서는 ICT(Information and Communication Technology)를 활용한 교육인 대규모 공개 온라인 강좌(MOOCs)에 초점을 둔다. 필자는 하버드대학교와 매사추세츠 공과대학교가 공동개발한 글로벌 MOOCs(Massive Open Online Courses: 대규모 공개 온라인 강좌)의 edX (http://www.edx.org/)에 2016년 11월 Japanese Pronunciation for Communication(이하 JPC)을 개강했다. 본 강좌는 세계의 일본어 학습자・일본어교육 관계자를 대상으로 무료로 제공되고 있으며, 현재까지 170개국・지역에서 42,000명이 넘는 수강자가 등록한 상태이다(2018년 11월 21일 현재). JPC는 글로벌 MOOCs에 의한 세계 최초의 일본어 강좌이며, 반년마다 재개강하는 것이 결정되어 이미 5기째를 맞이했다. 향후에도 계속해서 공공적으로 열린 공개교육자원으로서의 역할을 다할 것이다.

교육의 글로벌화는 네트워크 공간을 통해 전 세계의 천단위, 만단위의 학습자에게 무상으로 열리는 배움의 장을 제공하는 새로운 학습공간으로 인해 가속되고 있다. 교육자 개인이 다루는 일이 없었던 빅데이터가 우리들에게도 친숙해지고 있다. 본고는 정보화시대의 일본어교육 연구의 새로운 방향성으로서, 빅데이터의 분석을 통해 배움에 관한 다양한 문제점과 과제를 마주하여 해결의 실마리를 발견해 나갈 것을 제안하고자 한다.

2. 한국의 온라인 교육

2.1. 글로벌 MOOCs와 로컬 MOOCs

2012년, 미국을 중심으로 세계규모의 글로벌 MOOCs의 플랫폼이 개발되어 스탠포드의 Coursera나 하바드대학교와 매사추세츠 공과대학교가 공동개발한 edX에서 강좌를 개설하려는 시도가 확산되었다. MOOCs에는 세계적인 플랫폼을 보유한 글로벌 MOOCs인 Coursera, edX 이외에 국가・지역별 로컬 MOOCs가 존재한다. 일본에서는 2013년 10월, JMOOC(일본오픈온라인교육추진협의회)가 설립되었다. JMOOC(일본) 이외에도, 로컬 MOOCs로는 K-MOOC(한국), 学堂在線(중국), FutureLearn(영국), Open2Study(호주) 등이 있다. 일본어교육에 관한 강좌로서 유일하게 JMOOC에 제공된 것은 국제교류기금과 방송대학이 공동개발한 'にほんごにゅうもん(NIHONGO STARTER)'이며, 글로벌 MOOCs에는 그 전례가 없었다. 'にほんごにゅうもん(NIHONGO STARTER)'은 약 3년간 재개강되었지만, 현재 웹페이지상에서 재모집은 실시되고 있지 않는 것으로 보인다.

한편, K-MOOC는 2015년 2월에 설립된 후 12월에 개통되어, 한국의 정부기관인 교육부의 총괄 아래 국가평생교육진흥원이 운영하고 있다. 2017년 8월 현재, 20개교의 교육기관과 프로젝트팀에 의해 제공된 368개의 강좌가 등록되어 있으며, 강좌는 인문, 사회, 교육, 공학, 자연, 예술 등 다양한 분야에 이르나, 일본어교육에 관해서는 부산외국어대학교가 제공한 '일본어문법'만이 존재한다고 보고되어 있다(金, 2017).

앞서 언급했듯이 2016년 11월에 개강한 JPC는 글로벌 MOOCs에 의한 세계 최초의 일본어 강좌이며, JMOOC나 K-MOOC 등의 로컬 MOOCs의 경우에도 일본어교육에 관한 강좌는 매우 적은 것이 실정이다.

2.2. 사이버대학

MOOCs 이외에도 여러 가지의 온라인 교육 형태가 존재한다. 대학 등의 교육기관에서 공개하는 형태, 민간기업이 사업으로서 실행하고 있는 형태 등이 있으며, 운영방침이 영리인가 비영리인가(수업료의 유무), 학점이나 수료증이 발행되는가 등의 차이점이 있다. 대학 등의 교육기관이 공개교육자원(Open Education Resources)으로서 수업을 공개하고 있는 것으로는 매사추세츠 공과대학의 MIT Open Course Ware나 와세다대학의 Waseda Course Channel이 있다.

한국에는 21개교의 사이버대학(사이버공간에서 이루어지는 강의를 통해 학점을 취득하여 학위취득이 가능)이 있으며, 그중 일본어에 관련된 코스가 개설되어 있는 대학은 7개교, '일본학과'가 있는 곳은 다음의

5개교이다(金, 2017).

사이버한국외국어대학(サイバー韓国外国語大学)
경희사이버대학(慶熙サイバー大学)
서울디지털대학(ソウルデジタル大学)
한국열린사이버대학(韓国ヨルリンサイバー大学)
한양사이버대학(漢陽サイバー大学)

이들 사이버대학의 '일본학과' 코스는 다음과 같은 특징이 있다. 먼저, 청해, 회화, 작문, 한자 등, 기초적인 일본어능력의 향상을 위한 강의이다. 나아가서는 비즈니스 일본어, JLPT 특별강좌 등의 실용적인 일본어 강의도 개설되어있다. 더불어, 일본어교육론, 일본어학개론 등의 전문적인 내용의 강의도 제공되고 있다. 그중에서도 기초적인 일본어능력에 관한 강좌 수가 가장 많으며, 다음으로는 실용적인 강의가 많고 전문적인 내용의 강의가 가장 적다는 것이 알려져 있다.

3. 글로벌 MOOCs에의 참획

3.1. 교육콘텐츠의 개발

본절에서는 JPC 개발의 기반이 된 교육콘텐츠에 대하여 서술한다.

먼저, 2000년도에 개설한 와세다대학의 일본어교육 연구센터에 설치된 유학생 대상 과목 'コミュニケーションのための発音(커뮤니케이션을 위한 발음)'에서 매 수업마다 작성한 배부자료를, 매 학기마다 개정하여 음성교육용 교재 『コミュニケーションのための日本語発音レッスン

(커뮤니케이션을 위한 일본어 발음 레슨)』(戸田, 2004)을 출판했다. 본 교재는 『일본어 발음』이라는 이름으로 한국어판이 출판되어 있다. 이를 기반으로 2007년에 일본어 발음 온디맨드 강의 개발을 개시하여 와세다대학의 LMS(Learning Management System)인 CourseN@vi(코스나비) 상에서 이수자가 언제 어디서든 15주분의 강의영상을 통해 발음을 연습할 수 있도록 했다. 이를 통해 익년부터 온디맨드 강의를 도입한 음성교육 실천수업을 개시하게 되었다.[1)]

본 콘텐츠에서는 먼저, 강사가 일본어 발음에 대해 강의하고 수강자는 강사의 설명에 뒤따르는 샘플음성을 들으며 그 음성특징을 확인한다. 이후 자신의 학습 속도에 맞춰 '발음연습버튼'을 몇 번이고 눌러가며 연습을 진행해 나갈 수 있도록 고안되어 있다. 학습자는 강사의 설명을 잠시 멈추거나 되감아 재생하여 강의내용을 충분히 이해한 후에 다음 콘텐츠로 넘어간다. 음성파일은 戸田(2004)의 CD에 수록된 음성파일을 출판사의 승인 하에 사용했다.

위의 음성파일의 활용 이외에, 수강자의 내용 이해를 촉진시키기 위해 고안된 점으로 '자막'이 있다. 수강자의 일본어 레벨에 맞춰 일본어자막, 영어자막, 자막 없음을 선택할 수 있도록 했으며, 본 콘텐츠는 LMS상에 보조교재로 제공되었다. 당초에는 강의와 발음연습으로 이루어진 15주간의 대면수업을 행하는 가운데, 수강자가 교실을 벗어나서도 언제 어디서든 예습·복습에 이용할 수 있도록 하는 것이 목적이었다. 그 후 '모어별 발음 레슨'의 강의영상을 추가하여 모어전이로 인한 발음상의 문제에 대해서도 개별적으로 대응할 수 있게 되었다.

하지만, 본 콘텐츠는 LMS상에 제공되었기 때문에 수업기간이 끝나

---

1) 『音声習得ストラテジーと発音学習システムに関する実証的研究』平成18-20年度科学研究費補助金基盤研究(B)

면 이용할 수 없게 되어, 여러 학습자로부터 수업기간이 끝난 후에도 사용하고 싶다는 목소리가 높아졌다. 또한, 해외의 협정교의 요청으로, 대학 간에 협정교가 이용할 수 있도록 공개하고 있었기 때문에, 콘텐츠를 보다 널리 공개하는 방법을 모색해왔다. 이를 통해 '담장 없는 대학'을 목표로 개교된 Waseda Course Channel(http://course-channel.waseda.jp/)에서 전 세계의 누구나가 언제 어디서든 접속할 수 있도록 했다(〈그림 1〉).[2]

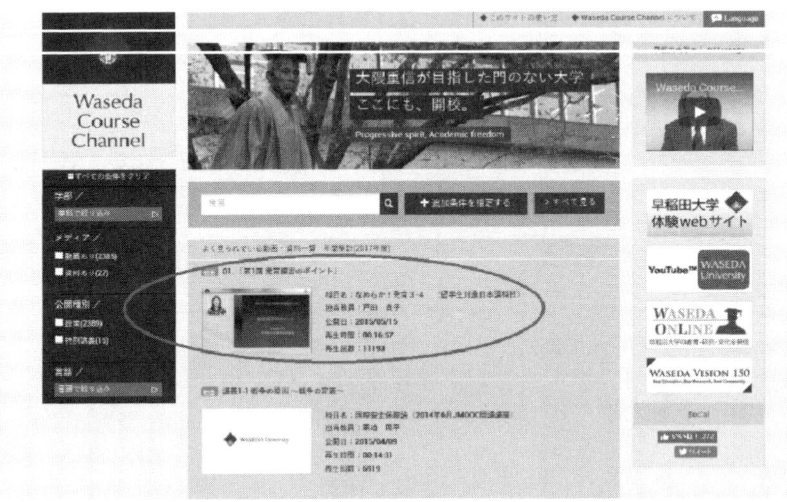

〈그림 1〉 Waseda Course Channel

2012년도 가을학기에는 첫 5주간의 대면수업 후, 남은 10주간은 CourseN@vi를 활용하여 온라인 교육이 이루어지는, 즉 학기 도중에 '교실이 사라지는' 일본어 발음 수업을 열었다. 본 과목은 1주차부

2) 2015년 봄학기부터 현재까지 일반 공개 중. '자주 보는 동영상' 연간 누계 1위를 달성하고 있다.

터 5주차까지는 대면 수업, 6주차부터 15주차는 온라인 수업으로 구성된 블렌디드 러닝 형식의 발음과목이다. 이 수업형태는 교실 안에서 교사가 학습자와 대면하여 발음을 연습한다는, 종래의 음성교육의 방식을 뒤엎는 것이었다.[3] 대면수업 종료 후에도 학습자가 10주 동안 자율적으로 학습을 진행하기 위해서는 학습방법을 몸에 익히고 과제의 제출방법에 익숙해질 필요가 있었다. 이에 대면수업에서는 학습자가 혼자서도 15주차까지 스스로 학습을 진행할 수 있도록, 각 학습자에게 한 대씩 PC가 설치되어있는 컴퓨터 룸에서 실제로 PC를 사용하여 담당교원이 제출방법에 대해 자세하게 설명한다.

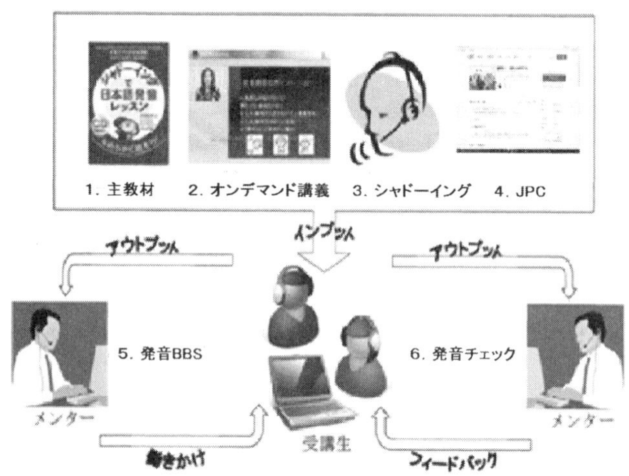

〈그림 2〉 와세다대학의 일본어 음성교육 실천의 흐름

3) 본 시스템을 활용한 일본어교육 연구센터의 유학생 대상 일본어 과목은 2013년도에 제 1회 Waseda e-Teaching Award를 수상했으며, 일본어교육 연구과의 실천연구과목은 2015년도 가을학기 와세다티칭어워드 총장상을 수상하였다.

상기의 강의영상(〈그림 2〉의 2. 온디맨드 강의)에 더불어 섀도잉 연습용 교재의 내용을 보다 충실히 하기 위해, 2009-2010년도 '초급학습자를 위한 일본어 발음 교재의 개발' 프로젝트(와세다대학 일본어교육연구센터)를 통해 발음 교재(텍스트, CD)를 제작했다. 프로젝트를 통해 본 교재의 텍스트(중국어・한국어・영어번역 제공)・음성을 LMS상에서 이수자가 이용할 수 있도록 하여 수업기간 중 언제 어디서든 섀도잉 연습을 할 수 있는 환경을 정비했다(〈그림 2〉의 3. 섀도잉 연습).

이 성과를 토대로 또 다른 교육개발 프로젝트를 시작하여『シャドーイングで日本語発音レッスン(섀도잉으로 일본어 발음 레슨)』(戸田 외, 2012)를 개발했다. 교재 출판 후, 20과분의 '발음 포인트' 영상을 녹화하여 출판사의 사이트에 업로드했으며(http://www.3anet.co.jp/ja/2861/), 강의 영상은 현재까지도 무료로 열람 가능하다. 필자가 담당하는 음성교육 실천수업은『シャドーイングで日本語発音レッスン』이 주교재(〈그림 2〉의 1. 교과서)이며, 20과분의 '발음 포인트' 영상은 보조교재로써 사용되고 있다.

위에서 언급한, 필자가 온디맨드 수업을 통해 고안한 학습지원방법과, e-러닝을 활용한 일본어 발음 학습지원과 자율학습모델에 관한 연구성과를 반영하여[4)]2016년에 새로이 개발한 온라인 강좌가 바로 Japanese Pronunciation for Communication(JPC)이다(〈그림 2〉의 4. JPC).

---

4)『オンデマンド授業における学習支援の方法に関する研究』平成25 年度早稲田大学特定課題研究助成および『e-Learningを活用した日本語発音学習支援と自律学習モデルに関する研究』平成26-28年度科学研究費補助金基盤研究(C)

3.2. Japanese Pronunciation for Communication의 개발

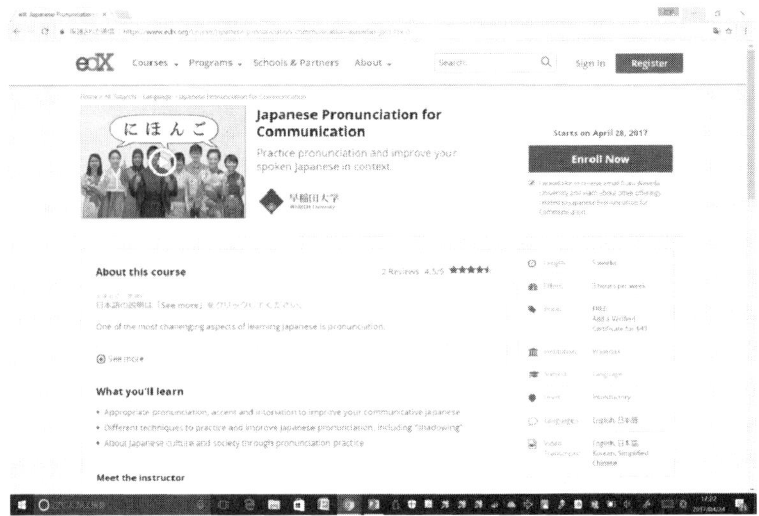

〈그림 3〉 Japanese Pronunciation for Communication

전술한 바와 같이 몇 차례의 온라인 교재 개발과 일반 공개 시도를 거쳐, 2016년 4월, 와세다대학의 MOOCs프로젝트를 담당하는 WasedaX 팀 NihongoX프로젝트가 발족했다. 이는 글로벌 MOOCs, edX의 '세계 최초의 일본어 강좌'로서의 새로운 도전이었다.

JPC의 독자성은 '전달하고자 하는 기분이나 내용이 전해지는 발음으로 일본어를 말할 수 있게 되는 것'을 최종적인 도달 목표로 하여, 그를 위해 필수불가결한 음운지식의 획득, 발음의 의식화, 음성화한 발음학습의 실천과 계속을 목표로 하는 온라인 강좌라는 점이다. 강사에 의한 일방향적인 강의에 그치는 것이 아니라, 수강자가 주체적으로 학습에 관여하여 발음연습을 계속하기 위한 기능이 충실히 갖추어져 있다. JPC의 기본적인 학습 콘텐츠에 대해서는 戸田(2016)에 소개되어 있다.

JPC의 각회(제1회~제5회)의 구성은 다음과 같다(〈그림 4〉).

〈그림 4〉 JPC의 학습 콘텐츠

1. 본편강의: 강사의 강의 영상·게스트 인터뷰 영상
2. 회화로 배우는 일본어 발음과 컬쳐: 음성에 초점화한 회화교재
3. 섀도잉 연습용 교재: 섀도잉 연습에 사용하는 음성교재
4. 세계의 일본어 음성교육: 각지의 일본어 학습자의 발음상의 문제점과 학습법·지도법
5. 발음 체크: 수강자가 회화를 녹음한 자신의 음성파일을 제출하여 상호평가하는 기능
6. 발음 포럼: 수강자에 의한 질문·의견 교환의 장
7. 퀴즈(제1회~제4회) 및 최종 테스트(제5회)

학습 콘텐츠의 이해를 촉진하기 위해 JPC에는 4가지 언어의 자막(일본어, 영어, 중국어, 한국어)과 7가지 언어의 음성 번역 파일(일본어, 영어, 중국어, 한국어, 베트남어, 태국어, 인도네시아어)이 제공된다.

'세계의 일본어 음성교육'에서는 영어, 중국어, 한국어, 베트남어, 태국어가 다루어지고 있으며 한국외국어대학교 일본어대학의 김동규 교수가 한국어모어화자의 일본어 발음상의 문제점과 지도법·학습법에 대하여 설명한다.

JPC는 '열린 배움의 장'에 있어서 세계 곳곳의 배움에 대한 의욕을 가진 사람들에게 교육의 기회를 제공할 뿐만 아니라, 희망자에게는 수료증을 발행한다는 점에서 교육적인 의의를 갖는다. 대학 ICT추진협의회에 의한 보고서에 언급되어있듯이 고등교육기관의 학습경험의 기회가 주어지지 못한 수많은 사회인에게 있어서 '수료증을 받을 수 있는 온라인 강좌'라는 점은 취업력(employability)의 향상이라는 가치를 제공하여, MOOCs가 사회적으로 널리 인지된 배경이 되었다[문부성 online: 1357548.htm]. JPC 개발에 관한 문제의식과 교육적 의의에 대해서는 戸田(2017a)를 참조하기 바란다.

4. 정보화시대의 일본어교육 연구 (1) 상호평가

4.1. 온라인 교육의 과제

교육현장에서는 강사가 자신이 담당하는 수업에서 앙케이트를 실시하여 수강자의 특성을 파악한 후에, 수업내용을 조정하거나 코스를 통해 얻은 데이터를 분석하여 교육효과를 검증, 향후의 코스 운영을 개선하는 일이 이전부터 이루어져 왔다. 근래에 들어 인터넷을 활용하여 누구나 무료로 수강할 수 있는 MOOCs의 보급으로 인해 한 강좌 당 수백, 수천 규모의 데이터를 얻는 것이 가능해졌다. MOOCs 자체가 아직 새로운 분야이며 빅데이터의 활용이나 교육개선에 관해서도 최근부터 논의가 이루어지기 시작했기 때문에, 앞으로도 다양한 연구의 가능성이 남아있다(Cope and Kalantzis, 2016). 온라인 교육의 특성으로서, 앙케이트나 학습 로그로부터 수강자의 특성이나 학습 행동이 데이터로 남는다는 점이 있다. 앞으로의 온라인 교육의 개선을 위해서는 이러한 데이터를 상세히 분석하여, 실태를 파악하고 교육효과를 검증해 나갈 필요가 있다.

근래에 ICT를 활용한 교육의 발전에 동반하여 교육 콘텐츠의 개발도 진행되어 왔지만 다양한 문제점과 과제도 떠오르고 있다. 첫 번째로, 일방향적인 강의 형식의 수업을 제공하는 것만으로는 타인과의 대화가 생겨나지 않으며, 학습자의 배움으로 이어지지 않는다는 문제점이 있다. 두 번째로, 코스가 무료로 제공되는 경우, 수강료라는 투자비용을 회수하고자 하는 계속동기가 작용하지 않기 때문에 중도 포기율이 높다는 문제점이 있다. 필자는 이러한 과제를 해결하기 위해 JPC에 있어서 '발음 체크'라는 상호평가의 기능을 개발・운용하여 빅데이터를 분석했다.

4.2. JPC의 상호평가

'발음 체크'는 수강생이 행하는 과제의 하나이며, 과제문을 녹음한 음성파일을 제출하여 상호간에 평가하게 된다. 과제의 흐름은 아래와 같다.

Ⅰ. 각 회의 과제문의 음성을 듣고 연습한다.

Ⅱ. 과제문을 녹음하고 음성파일을 화면상에 마련된 '과제(the assignment)'에 업로드한다.

Ⅲ. 화면상에 제시된 다른 수강생(5명)의 음성파일을 듣고 평가한다. 평가방법은 '좋음(Good)', '약간 좋음(Fair)', '평가 불가(Unable to Assess)'의 선택 식이며, 코멘트를 기입할 수 있도록 되어있다.

Ⅳ. 자신의 음성파일에 대한 평가 및 코멘트가 제시된다.

과제문은 본 강좌의 회화연습교재 '회화로 배우는 일본어 발음과 컬쳐'로부터 발췌했다(〈표 1〉). 화면상에는 과제의 스크립트와 음성 파일이 제시되어 있으며, 음성파일을 잘 듣고 리듬이나 악센트, 목소리의 높낮이, 인토네이션에 주의하여 연습하도록 지시되어 있다.

〈표 1〉 '발음 체크' 과제문

회차	과제문
제1회: 발음의 포인트	A: おめでとうございます。(축하합니다.) B: ありがとうございます。(감사합니다.)
제2회: 악센트	A: 2020年には、東京でオリンピックが行われますよね。 (2020년에는 도쿄에서 올림픽이 열리지요?) B: そうですね。東京オリンピック、すっごく楽しみにしてるんです。 (그렇네요. 도쿄올림픽, 정말 기대하고 있어요.)
제3회: 인토네이션	A: あれ？雨降ってきたんじゃない？(어라? 비 오는거 아니야?) B: ホントだ！うわあ、傘持ってな~い。(정말이네! 아아, 우산 없는데~.)
제4회: 구어체의 발음	A: なんか食べるもん、買っとかなきゃ。(뭔가 먹을 거 사 둬야 하는 데.) B: えっ、新幹線乗り遅れちゃうよ。(앗, 신칸센 놓칠 거야.)
제5회: 발음의 달인이 되자	A: 歌でシャドーイングしていたら、発音が上手になった気がします。 (노래로 섀도잉을 하고 있었더니 발음이 좋아진 느낌이 들어요.) B: シャドーイングですか。(섀도잉이요?)

과제문의 음성파일은 스크립트를 낭독한 것이 아니라 '회화로 배우는 일본어 발음과 컬쳐'의 회화교재의 영상 음성을 사용하였기 때문에, 실제 회화 장면에서 들을 수 있는 현실감 있는 발음을 듣고 연습할 수 있다. 또한, 강의 및 강의와 연동된 회화교재로서 각 회차가 테마로 다루고 있는 음성 항목이 해설되어있기 때문에, 그 음성 항목을 의식하면서 연습할 수 있다.

타인평가에서는 한 수강자에게 자동적으로 타 수강자의 음성파일이 할당되어, 화면에 표시된 음성파일을 평가하면 다음 음성파일이 제시된다. 타 수강자 5명 분의 발음 평가를 완료해야만 자신도 다른 5명으로부터 코멘트를 받을 수 있는 시스템이다. 평가 시에는 평가자도 같은 과제문을 연습한 경험이 있기 때문에 어느 부분에 주의하면 좋을지, 어떤 부분이 어려운지 등을 고려하여 평가할 수 있다고 생각된다. 또한, 평가할 음성파일이 자동적으로 할당되므로 학습자의 개인정보가 공개되지 않아, 누구의 음성인지 신경쓰지 않고 솔직한 평가가 이루어지는 것도 기대할 수 있다. 통상적으로 교실에서 학생들이 서로의 발음을 평가할 때, 학습자가 서로에게 직접 부정적으로 평가하거나 문제점을 지적하기는 어렵다. 하지만, 이러한 시스템상에서 학습자 간에 솔직한 코멘트가 이루어질 수 있다고 생각된다. MOOCs에서 대부분의 상호평가는 문자표기를 사용한 레포트 등의 형식으로 이루어지고 있지만 '발음 체크'는 음성을 매개로 하는 상호평가이며, 이러한 시스템을 개발·운용한 사례는 아직까지 전례를 찾아 볼 수 없다.

4.3. 상호평가에 있어서의 배움

'발음 체크'는 4.1에서 온라인 교육의 과제로서 예로 든 첫 번째 문제점인, '일방향적인 강의 형식의 수업을 제공하는 것만으로는 타인과의 대화가 생겨나지 않으며, 학습자의 배움으로 이어지지 않는다'라는 과제의 해결을 위해 개발되었다. '발음 체크'를 개발함에 있어서, '언어배경이 서로 다른(일본어모어화자가 아닌) 일본어 학습자 간의 상호평가는 기능할 것인가'라는 큰 의문이 있었다.

첫 번째로, 글로벌한 온라인 교육에 있어서 다양한 모어를 가진 수강자들이 있는 가운데, 모어의 음운체계가 서로 다른 수강자가 녹음한 음성을 듣고, 그 문제점을 깨달을 수 있을 것인가라는 의문이 있었다. 두 번째로, JPC에서는 다양한 언어문화배경을 가진 전 세계의 수강생이 사용하는 '공통언어로서의 일본어'라는 관점으로부터, 온라인에서 '발음'을 상호평가한다는 생각을 의도적으로 도입한 것이지만, 이러한 개념이 수강자에게 받아들여질 것인가라는 의문이 있었다. 종래의 음성교육의 형식에서는 학습자의 발음이 옳은지 평가하는 것은 교사의 몫이었다. 음성에 국한되지 않고 다른 언어영역에 대해서도 마찬가지이듯, 자신의 일본어를 일본어 교사에게 평가받고자 하는 학습관을 가진 수강생은 많다. 특히, 발음에 관해서는 모어화자 교사에 의한 평가, 정정이 요구되는 경우가 많다. 세 번째로, MOOCs의 상호평가는 대부분 레포트 등, 문자를 매개로 한 과제이며 음성과제의 상호평가는 그 전례가 없는 가운데, 이러한 시스템을 개발·운용한 예도 아직까지 찾아 볼 수 없다. 시스템상, 음성은 문자보다 다루기 어려우며 '발음 체크'가 잘 운용될 수 있을 것인가라는 의문도 있었다. '발음 체크'가 효과적으로 기능할 것인가라는 의문의 기저에는 위의 3가지의 의문이 있었다.

이를 바탕으로, 본 연구에서는 '발음 체크'에 초점을 맞춰 다음의 연구과제(RQ)를 설정했다.

RQ1: '발음 체크'에 있어서 상호평가에서는 어떠한 피드백이 이루어졌는가.
RQ2: 온라인에서 '발음'을 상호평가하는 시스템은 기능하는가.

이 두 RQ에 답하기 위해 戸田 외(2017)에서 빅데이터를 사용하여 JPC 제1회의 '발음 체크' 상호평가의 코멘트를 분석한 결과, 수강자는 '칭찬'과 '지적'을 사용하여 타인평가를 하고 있다는 것이 밝혀졌다.

〈표 2〉 긍정성을 분석관점으로 분류한 코멘트의 대표 예(戸田 외, 2017)

	칭찬하는 경우	칭찬하지 않는 경우
지적하는 경우	「で」がすこし「れ」に聞こえましたが, 内容がよく伝わる発音だったと思います。('で'가 약간 'れ'로 들렸지만, 내용이 잘 전달되는 발음이라고 생각합니다.)	I heard arigadou gozaimasu instead of arigatou gozaimasu. Be careful :) ('ありがとう'의 'と' 가 탁음화되어 'ど' 로 들렸음을 지적)
지적하지 않는 경우	完璧です！私よりすばらしい発音に感心します！^^ (완벽합니다! 저보다 훌륭한 발음에 감동했습니다!)	motto ganbarimasu :D (보다 열심히 연습할 것을 독려)

또한, '칭찬'과 '지적'이 공존하는 코멘트가 많으며, '지적'의 경우 그저 문제점을 지적하는 것에서 그치지 않고 수정방법까지 지적하는 코멘트가 다수 존재한다는 것이 밝혀졌다.

〈표 3〉 구체성을 분석관점으로 분류한 코멘트의 대표 예(戸田 외, 2017)

	수정방법을 알고 있는 경우	수정방법을 모르는 경우
문제점을 알고 있는 경우	GoodPoint I think your Pronunciation is clear. ImprovementPoint You pronounced like おめで「と」ございます。ありが「と」ございます。You should pronounce like おめで「とう」ございます。ありが「とう」ございます。「とうtou」 or 「とー」 you will be better. (좋은 점: 명료한 발음이라고 생각합니다. 고칠 점: 'とう' 가 'と'처럼 들린다는 점을 지적한 후, 보다 길게 발음 해볼 것을 제안)	「~ござい~」の箇所が「~ごじゃい~」と聞こえてしまいます。 ('ザ'를 'ジャ'라고 발음하는 것을 지적)
문제점을 모르는 경우	なし (없음)	ちょっと日本人っぽくないと思います (조금 일본인같지 않은 발음이라고 생각합니다.)

본 연구의 결과, 온라인에서 '발음'을 상호평가한다는 시스템은 효과적으로 기능하며, 자신의 발음에 대해 코멘트를 받을 수 있다는 이점 뿐만 아니라, 타인의 발음을 평가하는 것으로 인해 새로운 배움을 얻을 수 있다는 것이 밝혀졌다. 온라인에서도 '타인과의 대화를 형성하여 학습자의 배움을 활성화하는' 것이 가능하다는 것이 보여졌다고 할 수 있다.

4.4. 상호평가에의 계속적 참가

두 번째 문제점으로는 높은 중도 포기율을 들 수 있다. 그 이유는 4.1에서 서술했듯이 수업료라는 투자비용를 회수하고자 하는 계속동기가 작용하지 않는 것, e-러닝자체에 대한 지향성, 상호평가에의 적합함과 부적합함과 같은 '상호평가지향성' 등을 고려할 수 있다(渡邉・向後, 2017). 이 문제의 배경에는 뿌리 깊게 남아있는 '교사가 수강자를 평가해야 한다'라는 교육관・학습관이 있다고 보여진다. 山川(2015)에서는 글로벌 MOOCs의 edX와 Coursera의 평균 수료율이 4~5%인 것을 지적했고 이 수치로부터는 계속이 어려운 것으로 보일 수 있다. 하지만 JPC의 상호평가에 초점을 맞추면, 전 5회의 계속률은 36%이며 이는 계속률이 높은 것으로 보여진다. 참고로 JPC의 수료율은 7.5%이며, 강좌 전체적으로 보아도 평균보다 높은 수치를 보인다. 또한, 강좌 종료시에 이뤄지는 Post-Course Survey의 '콘텐츠의 유익성'에 대한 앙케이트 결과로부터, '발음 체크'는 5단계 중 4.25로 높은 평가를 얻고 있다고 보고되었다(戸田, 2017b).

이를 바탕으로, 상호평가에의 계속적 참가에 대하여 아래의 연구과제(RQ)를 설정했다.

RQ1: 상호평가의 계속 상황은 어떻게 나타나는가.

RQ2: 상호평가를 계속하는 수강자의 코멘트는 어떠한 특징을 가지는가.

JPC의 제1회부터 제5회까지의 빅데이터를 분석한 결과, 다음의 내용이 밝혀졌다(戸田 외, 2018). 먼저, 수강자의 상호평가에의 계속적 참가율이 높았다. 다음으로, 상호평가에 계속적으로 참가한 수강자는 구체성이 높은 코멘트(문제점, 수정방법의 지적)를 계속하는 경향이 있다. 또한, 처음에는 구체성이 높은 코멘트를 하지 못했던 수강자도 계속적으로 참가하는 것으로 인하여 구체적으로 지적할 수 있게 되었다.

JPC의 상호평가는 레포트 등의 문자표기를 이용한 상호평가를 행하는 다른 강좌와는 달리 '발음을 평가한다'라는 특수성을 가지고 있지만, '발음을 평가하기' 때문에 새로이 개발된 JPC의 상호평가의 시스템이 계속적 참가로 이어졌다고 보여진다. JPC의 상호평가의 시스템으로부터 '유용감'과 '참가하기 쉬운 학습환경'이 만들어져, 상호평가의 계속으로 이어졌다. 수강자에게 있어서 이러한 학습 프로세스가 없다면 상호평가의 계속은 기대할 수 없었을 것으로 보인다.

수강자는 계속하여 구체성이 높은 코멘트(문제점, 수정방법의 지적)를 제시했다. 그 원인으로서 '본편강의'를 통해 알기 쉬운 학습 콘텐츠를 제공한 것과 '사용언어의 제약이 없어졌다'는 것을 들 수 있다. 또한, 처음에는 구체성이 높은 코멘트를 하지 못하던 수강자도 상호평가를 계속하는 것으로 인하여 구체성이 높은 코멘트를 할 수 있게 되는 모습이 나타났다. 이 결과로부터, 수강자는 상호평가의 계속을 통해 얻은 타인으로부터의 코멘트에서 배움을 얻었고, 이것이 수강자의 평가능력을 향상시킨 것임을 알 수 있다. JPC의 상호평가로 인해 학습자는 타인을 평가하는 것에서 그치는 것이 아니라, 계속에 의해 수강자가 코멘트를 보다 구체화해나가는 과정을 통해, 일본어의 발음에 대한 이해가 깊어졌다는 것이 시사되었다. 더욱이, 온라인상에서 수강자끼리 상호평가에 참가가 가능하며, 자유롭게 랭귀지스위칭이 가능한 '참가하기 쉬운 학습환경'의 조성에 의해, 학습자가 정의적 필터가 낮은 환경 속에서 타인평가를 행하였고 그것이 상호평가의 계속으로 이어졌다고 보인다. 글로벌한 온라인 교육에 있어서 수강자는 다양한 모어를 가지며, 사용언어를 제한하는 경우 언어능력의 부족으로 인한 참가의 어려움을 초래하여 상호평가의 계속을 방해할 수 있다는 점이 우려된다. 하지만, 코멘트를 받는 쪽은 미지의 언어일지라도 Google번역 등을 이용하여 모어 혹은 익숙한 언어로 번역하여 코멘트를 이해할 수 있다는 점에서, 상호평가에 참가하기 쉬운 학습환경의 구축에 일조했다고 보여진다. 모어가 서로 다른 학습자로 구성된 일본어 수업에서는 직접법을 도입하는 경우가 많지만, 그러한 교실환경에서 교사와 학습자에게 있어서 일본어로 말하지 않으면 안된다는 인식이 생기기 쉽다. 이 인식은, 특히 초급 레벨의 학습자에게 불안요소가 되기 쉬우며, 정의적 필터가 높아질 가능성이 있다. 하지만, JPC의 상호평가에서는 교실 내에서 일본어로 곧바로 코멘트를 해야한다는 불안요소가 배제된다. 또한 표현한 내용이 기록으로 남기 때문에 시간을 들여서 이해하는 것이 가능하다.

이상으로, JPC의 상호평가에 계속해서 참가한 수강자의 빅데이터의 분석으로부터 온라인 학습에 있어서 중요한 시점이 부각되었다. 온라인에서의 배움을 촉진시키기 위해서는 JPC의 상호평가와 같이 수강자들이 계속해서 서로를 통해 배워나갈 수 있는 시스템을 고안하는 것이 중요하다고 할 수 있다.

5. 정보화시대의 일본어교육 연구 (2) 동영상 재생 로그

5.1. 동영상 시청의 문제점

앞장에서는 JPC의 상호평가의 분석결과로부터, 수강자의 배움을 활성화하여 계속시키는 데에 있어서 중요한 시점이 무엇인지를 밝혀냈다. JPC로부터 얻은 빅데이터를 분석함으로써 수강자가 어떻게 행동하고 어떤 배움을 얻는 가를 밝혀, 연구성과를 온라인 교육의 개선에 활용하는 것을 목표로 한다. 앞으로의 정보화시대의 일본어교육

연구의 방향성으로서, 이러한 시점으로부터 행해지는 '학습 행동'의 연구에 착목하고자 한다.

본 장에서는 동영상의 시청 실태에 착목한 연구의 일부를 소개한다(戸田・大戸, 2018). 교사가 부재하는 온라인 학습에 있어서, 애초에 학습자가 강의 영상을 능동적으로 시청하고 있는지조차 알 수 없다는 문제점이 있다. 강의 영상을 틀어 두고 수강자가 자리를 떠서 돌아오지 않아도 결과적으로는 강의를 수강했다는 기록이 남게 된다. 여기서, 본 연구에서는 2017년 4월에 재개강된 JPC에서 제공되는 동영상 중, '1. 본편강의' '2. 회화로 배우는 일본어 발음과 컬쳐'의 두 가지를 연구 대상으로 하여 동영상 재생 로그를 분석했다. 연구 목적은 시청자 수, 시청 완료율[5], 리플레이율[6]의 분석에 의해, 수강자가 동영상 시청을 통해 주체적인 학습을 하고 있는가를 밝히는 것이다. 본 연구의 연구과제(RQ)은 다음의 2가지이다.

RQ1: 수강자는 동영상을 능동적으로 시청하고 있는가.

RQ2: 수강자는 동영상 시청을 통해 주체적으로 학습하고 있는가.

본 연구의 분석 대상은 총 5회의 강의 콘텐츠에 포함된 영상이다. '1. 본편강의'의 각 회는 복수의 영상으로 구성되어 있다. 예를 들면, 제2회는 '인트로덕션', '들어봅시다', '발음해봅시다', '소리를 내어 연습해봅시다', '응용연습1', '응용연습2', '인명(人名) 악센트'로 총 7개의 영상이 존재한다. 그중, '인트로덕션', '발음의 달인 인터뷰'는 정보제

5) 시청 완료율은 동영상을 끝까지 본 시청자 ÷ 동영상을 시작한 시청자×100(%)으로 계산하였다.

6) 리플레이 수는 5초마다 샘플링한 재생수–시청자 수(회)로 계산하였다.

공과 동기부여를 목적으로 마련되어 수강자 자신의 발음 연습은 이루어지지 않기 때문에 분석 대상에서 제외, 분석의 대상은 총 26건이다. 또한 '2. 회화로 배우는 일본어 발음과 컬쳐'는 각회에 하나씩 포함되어 있어 합계 5건이다. 그 결과 총 31건의 영상이 분석대상이 되었다.

'1. 본편강의'와 '2. 회화로 배우는 일본어 발음과 컬쳐'의 각각의 영상 리플레이 수를 보면 같은 영상 중에도 연습문제의 문제와 해답이 표시되는 부분, 수강자에게 있어서 어렵다고 여겨지는 부분 등에서 리플레이가 늘어나는 것을 알 수 있다. 또한, '1. 본편강의'에서 다루어진 항목이 '2. 회화로 배우는 일본어 발음과 컬쳐'의 회화장면에서 나타난 부분의 재생 수가 높은 것을 알 수 있다. 따라서, 수강자는 강의 영상을 능동적으로 시청하고 있다는 것이 밝혀졌다(RQ1). 또한, 수강자는 '1. 본편강의'에서 학습한 항목을 의식하면서 '2. 회화로 배우는 일본어 발음과 컬쳐'를 시청하고 있었으므로, 주체적으로 학습하고 있다는 것이 시사되었다(RQ2).

5.2. 본편강의의 분석

26건의 동영상 모두에서 리플레이 수의 증감이 나타난 것으로 보아, 수강자가 리플레이를 하고 있다는 것을 알 수 있다. 26건 중, 시청완료율이 90%를 넘은 제4회 본편강의의 '들어봅시다'(90.2%)의 재생 수의 증감을 〈그림 5〉에, 리플레이 수 상위 10개 구간을 〈표 4〉에 각각 나타냈다. 〈그림 5〉의 위쪽(진한 부분)은 리플레이 수를, 아래쪽(옅은 부분)은 시청자 수를 나타낸다.

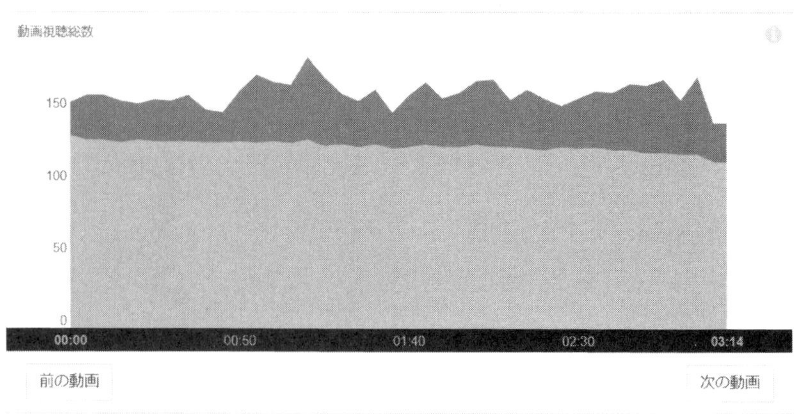

〈그림 5〉 제4회 '들어봅시다'의 리플레이 수의 증감

〈표 4〉 제4회 '들어봅시다'의 리플레이 수 상위 10개 구간

제4회 본편강의 – 들어봅시다			
동영상 시작 시의 시청자 수: 133명 / 동영상 종료 시의 시청자 수: 120명 시청 완료율: 90.2%			
시간	리플레이 (횟수)	내용	음성
1:10	57	청해 연습	「飲まなければ」(원형(原形)해답표시)
3:05	54	청해 연습	「買ってあげる」(원형해답표시)
2:55	51	청해 연습	「買ったげる」(음성)
0:55	47	청해 연습	「飲まなきゃ」(음성)
1:15	47	청해 연습	「買っとく」(음성)
2:05	47	청해 연습	「持ってって」(음성해답표시)
2:50	47	청해 연습	(휴식 구간)
2:45	46	청해 연습	「食べてしまおう」(원형해답표시)
2:00	44	청해 연습	「持ってって」(음성)
1:45	43	청해 연습	「持ってて」(음성)

제4회는 '구어체의 발음'을 테마로 하여 구어체의 음변화에 대해 학습하는 회차이다. 그중에서도 '들어봅시다'는 '인트로덕션' 다음의 영상이며, 구어체의 발음을 구별하는 연습이 목적인 영상으로 90%를 넘는 상당히 높은 시청 완료율 기록을 보유하고 있다. 이 영상에서는 수강자의 주체적인 학습을 촉진하고자 청해 연습에 더불어 구어체의 음성으로부터 원래의 형태를 생각하는 연습문제가 마련되어 있다. 재생 수의 상위에는 문제를 소리내어 읽어주는 부분과 그 문제의 표기의 표시, 원형의 해답 표시 등, 연습문제에 해당하는 부분이 나열되며 수강자가 문제나 해답을 몇 번이고 확인했다는 것이 엿보인다. 또한, 문제 중에서도 '飲まなきゃ→飲まなければ', '買ったげる→買ってあげる'와 같이 복잡한 음변화의 경우, '持ってて→持っていて'와 같이 단순한 'い'의 탈락보다 많은 리플레이 수를 보였다. 이러한 결과로부터 수강자에게 있어서 보다 어려운 항목이 자주 리플레이 되었다는 것이 시사되었다.

위의 분석으로부터 수강자는 연습문제의 문제・해답이나 보다 어려운 항목 등을 리플레이한다는 것을 알 수 있다. 따라서, 수강자는 능동적으로 영상을 시청하고 있다고 할 수 있다.

5.3. 회화로 배우는 일본어 발음과 컬쳐의 분석

5건의 동영상 모두에서 '1. 본편강의'와 마찬가지로 수강자가 리플레이를 하고 있다는 것을 알 수 있다. 그 예로, 높은 시청 완료율을 기록한 '제4회'(82.4%)의 리플레이 수의 증감을 〈그림 6〉으로, 리플레이 수 상위 10개 구간을 〈표 5〉로 각각 나타냈다.

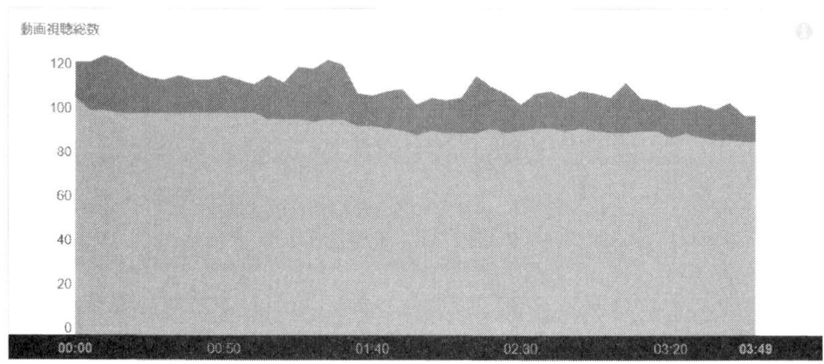

〈그림 6〉 제4회 '회화로 배우는 일본어 발음과 컬쳐'의 리플레이 수의 증감

〈표 5〉 제4회 '회화로 배우는 일본어 발음과 컬쳐'의 리플레이 수 상위 10개 구간

제4회 회화로 배우는 일본어 발음과 컬쳐			
동영상 시작 시의 시청자 수: 108명 동영상 종료 시의 시청자 수: 89명 시청 완료율: 82.4%			
시간	리플레이 (횟수)	내용	음성
1:25	27	강사 팝업	「なければ」가 「なきゃ」로 되었습니다.
2:15	26	강사 팝업	인명도 마찬가지로 「木村拓哉」가 「キムタク」로 됩니다.
0:10	25	회화	「えっ、新幹線乗り遅れちゃうよ。」(앗, 신칸센 놓쳐버릴거야.)
1:30	25	회화(2회차)	「えっ、新幹線乗り遅れちゃうよ。」(앗, 신칸센 놓쳐버릴거야.)
0:15	24	회화	「新幹線の中で買おうよ。」(신칸센 안에서 사자.)
1:15	24	강사 팝업	「買っとかなきゃ」에는 두 가지의 발음의 변화가 포함되어 있습니다.
1:20	24	강사 팝업	「買っておく」가 「買っとく」로,
3:05	23	화면 표시	(牛タン弁当; 우설 도시락)
0:05	22	회화	「なんか食べるもん、買っとかなきゃ。」(뭔가 먹을 거 사 둬야 하는 데)
1:05	20	타이틀 표시	(포인트 해설)

제4회는 '출장'을 테마로 신칸센의 역사에서 회사 동료가 '구어체의 발음'의 축약형이나 '駅弁(에키벤)' 등의 단축어를 사용하는 회화 장면을 설정했다. 이 영상은 80%를 넘는 높은 시청 완료율을 기록했다. 회화 장면은 2회 재생되며, 2회차에는 화면 아래에 회화표현의 해설이 '강사 팝업'과 함께 표시된다. 재생 수의 상위에는 구어체의 발음이 등장한 회화 장면이나 강사 팝업에 의한 설명이 있다. 또한, 컬쳐 소개로서 표시된 그림 중에 '牛たん弁当(우설도시락)'이 표시된 부분에서 재생 수가 높아진 점도 독특하다고 할 수 있다. 이러한 컬쳐 소개를 위한 그림도 리플레이되어, 수강자의 관심을 불러일으키고 있다는 점이 시사되었다.

대면수업에서 일어나는 교사의 개입이 없는 온라인 강좌에 있어서는 수강자 스스로 학습을 관리하고 계속하는 것이 과제라고 할 수 있다. 이 문제를 바탕으로 하여, JPC는 강사의 일방향적인 강의에 그치지 않고 수강자의 주체적인 배움을 촉진시키고자 고안된 실제 회화 장면에 가까운 회화 영상이나 컬쳐 소개 등을 다수 담고있다. 본 연구의 분석을 통하여 밝혀진 특정 구간의 반복이나 높은 시청 완료율은 위와 같은 고안점이 유효하게 기능했다는 것을 뒷받침하고 있다고 할 수 있다.

또한, 리플레이 수의 상위에는 수강자에게 있어서 어렵다고 여겨지는 학습 항목이 다수 포함되어 있었다는 점도 매우 흥미로운 결과이다. 이러한 빅데이터의 분석을 통해, 수강자의 학습 행동을 파악함으로써 수강자가 무엇을 어려워하는 지가 들어난 점으로 보아, 교육의 개선을 위한 시사를 부여한다는 점에서 그 교육적 의의가 있다고 할 수 있다.

6. 맺음말

본 논고에서는 우선 한국의 온라인 교육에 대하여 언급한 후에, 글로벌 MOOCs의 세계 최초의 일본어 강좌인 JPC를 개관했다. 다음으로, JPC의 상호평가와 동영상 재생 로그를 예로 빅데이터의 분석결과의 일부를 소개하여 정보화시대의 일본어교육 연구의 새로운 가능성에 대해 논했다. 상호평가에 있어서 다양한 시도를 한 결과, 온라인에서도 '타인과의 대화를 형성하여 학습자의 배움을 활성화한다'는 것이 가능하다는 것을 알 수 있었다. 또한, 동영상 재생 로그의 분석으로 인해 밝혀진 특정 구간의 반복으로부터, 수강자가 무엇을 어려워하는지가 부각되었다. 이렇게 빅데이터의 분석으로부터 학습 행동을 파악하는 것으로 인해, 교육의 개선에 대한 시사를 얻을 수 있었다.

근래의 교육관·학습관의 변화로 인하여 교사는 학습자에게 지식을 전하고 평가하는 역할에서, 학습자의 자유로운 배움과 성장을 서포트함과 동시에 스스로도 계속해서 성장하는 존재로 변화하는 존재라는, 누구나가 배우는 사람·가르치는 사람이 될 수 있다는 인식이 확산되고 있다. 서포트의 방식도 대면 뿐만 아니라 온라인상의 서포트와 같이 다양한 방법이 존재한다. 본 연구가 앞으로 더더욱 가속해 나갈 교육의 글로벌화와 정보화시대의 일본어교육 연구에 일조할 수 있기를 바란다.

이 글은 「グローバルMOOCsにおける日本語発音オンライン講座の運用に関する実証的研究」 JSPS科研費J17H02355基盤研究(B)(代表者: 戸田貴子)의 지원을 받고 있다.

CEFR Companion Volume에 대응한 일본어 예문 자동 분류 기법

미야자키 요시노리 · 폰 홍 두쿠 · 다니 세이지 · 안지영 · 원유경

1. 머리말

1.1. CEFR이란

최근 학습중인 언어를 사용하여 구체적으로 무엇을 할 수 있는지를 나타내는 범용체계가 주목 받고 있다. 그 중에서도 유럽위원회가 개발한 언어 능력의 국제 기준인 CEFR(Common European Framework of Reference for Languages 유럽 공통 언어 참조틀)(Council of Europe(2001))에 큰 관심이 모아졌다. 영어와 프랑스어로 작성된 CEFR는 현재 일본어를 포함한 40개 언어의 참조틀로 제공되고 있다. CEFR은 학습자, 교수 및 평가자가 외국어 숙달도를 획일적으로 학습하며 가르치고 평가할 수 있도록 개발되었기 때문에, 언어와 국경을 넘어 외국어 운용능력을 동일한 기준으로 기술할 수 있는 국제 표준이다. CEFR은 「읽기, 쓰기, 말하기, 듣기」 등의 기능 항목에 대해 각각의 언어 능력을 기초 단계인 A1, A2 레벨, 자립 단계인 B1, B2 레벨, 숙련 단계인

C1, C2 수준의 6단계 레벨(이하, 이것을 "CEFR레벨"이라고 한다)로 설정하고 있다. 〈표 1〉은 6단계인 CEFR 레벨에 대한 설명이다.

〈표 1〉 CEFR의 공통적인 참조 레벨

	레벨	공통참조 레벨에 대한 설명
숙련된 언어사용자	C2	듣거나 읽는 등 거의 모든 것을 쉽게 이해할 수있다. 다양한 음성언어 및 문장언어에서 얻은 정보를 정리, 근거도 논점도 일관된 방식으로 재구성할 수 있다. 자연스럽고 유창하게, 정확하게 자기 표현을 할 수 있다.
	C1	다양한 종류의 난이도가 있는 꽤 긴 문장을 이해하고 함의를 파악할 수 있다. 단어를 찾는다는 인상을 주지 않고 유창하게, 또는 자연스럽게 자기 표현을 할 수 있다. 사회 생활을 영위하기 위해, 또한 학업이나 직업상의 목적으로 단어를 유연하고 효과적으로 사용할 수 있다. 폭넓은 주제에 대해 명확하고 상세한 문장을 만들 수 있다.
자립한 언어사용자	B2	본인 전문 분야의 기술적인 논의를 포함하여 추상적인 주제든 구체적인 주제든 복잡한 문장의 주요한 내용을 이해할 수 있다. 모어화자와 서로 긴장하지 않고 평범하게 의견을 교환할 수 있을 정도로 유창하고 자연스럽다. 폭넓은 주제에 대하여 명확하고 상세한 문장을 만들 수 있다.
	B1	업무, 학교, 오락 등 평소 접할 수 있는 익숙한 주제에 대해 표준적인 화법이라면 중요한 점을 이해할 수 있다. 그 말이 사용되는 지역에 있을 때 발생할 수 있는 대부분의 상황에 대처할 수 있다. 익숙한 주제나 개인적으로 관심 있는 주제에 대하여 논리적이고 간단한 문장을 만들 수있다.
기초단계의 언어사용자	A2	극히 기본적인 개인 정보와 가족 정보, 쇼핑, 지역의 지리, 업무 등 직접적인 관계가 있는 영역에 관해서는 문장이나 자주 사용되는 표현을 이해할 수 있다. 간단하고 일상적인 범위라면 친숙하고 일상적인 사항에 대해 간단하고 직접적인 정보 교환에 응할 수 있다.
	A1	구체적인 욕구를 만족시키기 위해 자주 사용되는 일상적인 표현과 기본표현을 이해하고 사용할 수 있다. 자신과 다른 사람을 소개할 수 있으며, 사는 곳이나 누구와 알고 있는지, 소지품 등의 개인 정보에 대해 질문을 하거나 답변할 수 있다. 만약 상대방이 천천히 명확하게 이야기하고 도움을 얻을 수 있다면 간단한 상호 작용을 할 수 있다.

출전: 吉島 茂·大橋理枝訳編(2004),「外国語教育II-外国語の学習, 教授, 評価のためのヨーロッパ共通参照枠」, 朝日出版社.

그 후 2017년 CEFR Companion Volume with New Descriptors (Council of Europe(2017))가 새롭게 공표되었고, 언어 학습을 시작한 지 얼마 되지 않은 학습자를 위해 A1 레벨보다 더 초급 레벨인 Pre-A1 레벨이 마련됐다.

이번 연구의 대상은 기능 항목 중에서 「읽기」 기능이며, 독해 지표 CDS(능력기술문, Can-Do Statements)의 일람을 〈표 2〉에 제시한다. CDS는 A1~C2레벨에서 31개, Pre-A1레벨에서 7개, 총 38개로 정의된다. 표의 「CDS번호」(1~38)는 독자적으로 부여한 식별 번호이다. 원래 28~31번에는 C1, C2와 일부 B2 레벨의 CDS가 대응되지만, CDS 상위 레벨에서 예문과의 대응이 곤란하거나 어휘력이 요구되는 성격이 강하기 때문에 이번 연구 대상에서 제외하고, 표에서도 게재를 할애하였다. 또한 본 연구에서는 B2에서 A1레벨의 CDS는 根岸(2006)를 따라 작성되어 보다 개별・구체적으로 기술되어 있는 DIALANG Self-assessment statements를 사용하였다. 이는 Council of Europe(2001)의 부록 B에 게재되어 있지만, 吉島茂・大橋里枝 번역편(2004)에서는 저작권 관계로 일본어로 번역되어 있지 않아 CDS의 일부가 일본어로 번역된 根岸(2006)와 원래 CEFR의 CDS를 번역한 번역편을 참고하여 본 연구팀에서 일본어로 번역하였다. Pre-A1 CDS에 대해서는 Council of Europe(2017)의 CDS를 본 연구팀에서 번역하였다. 그 결과는 〈표 2〉와 같다.

CDS는 대체로 추상적으로 기술되어 있어 구체성과 실용성이 부족한 측면도 있다. 그 때문에 교육 현장에서의 실사용을 고려하고 학습자의 언어 능력을 판별하기 위해 CDS에 대응하는 구체적인 예문을 이용하는 경우가 많다. 그 예로 〈표 3〉에 CDS와 그에 대응하는 예문 (본 연구 실험에 앞서 실험협력자인 일본어 교원에게 해당 용례 작성을 부탁하였다)을 2개 정도 소개하고자 한다.

〈표 2〉 CDS 일람

CDS 번호	레벨	CDS
필요한 정보를 찾아내기(1~6)		
1	B2	더 자세하게 읽을 필요가 있는지를 결정하기 위해 광범위한 전문적인 주제에 대한 뉴스, 기사, 보고서의 내용과 관련성을 빠르게 확인할 수 있다.
2	B1	긴 텍스트나 여러 개의 짧은 텍스트를 대충 훑어보고 과제를 수행하기 위해 필요한 정보를 찾을 수 있다.
3		편지, 소책자, 짧은 공문서 등 일상적인 문장에서 필요로 하는 일반적인 정보를 찾아 이해할 수 있다.
4	A2	거리, 레스토랑, 역 등 공공장소나 직장에 있는 표지판과 게시물을 이해할 수 있다.
5		광고, 소책자, 메뉴, 시간표 등의 간단한 언어 자료에서 특정 정보를 찾을 수 있다.
6	A1	가장 일반적이고 일상적인 상황에서 자주 볼 수 있는 간단한 게시에 나오는 익숙한 이름, 단어, 또는 매우 간단한 어구를 인식할 수 있다.
정보나 요점을 이해하기(7~13)		
7	B2	특별한 입장과 관점에서 다룬 현대의 문제에 대한 기사나 보고서를 이해할 수 있다.
8		전문용어를 확인하기 위해 사전을 사용할 수 있다면 자신의 전공 이외의 전문적인 기사를 이해할 수 있다.
9	B1	문장에서 토론의 큰 흐름을 인식하는 것이 가능하지만, 반드시 상세하게 인식할 수 있는 것은 아니다.
10		주장이 확실히 드러난 텍스트의 주요 결론을 파악할 수 있다.
11		익숙한 주제에 대한 간단한 신문 기사의 중요점을 인식할 수 있다
12	A2	편지, 소책자, 신문의 짧은 사건 기사처럼 간결하게 작성된 텍스트에서 특정 정보를 추려낼 수 있다.
13	A1	간단한 정보가 포함된 텍스트나 간결히 묘사된 텍스트의 대략적인 개요를 파악할 수 있다. 특히 텍스트의 내용을 이해하는 데 도움이 되는 그림이 포함되어 있으면 더 쉽게 개요 파악이 가능하다.

편지나 메일 읽기(14~18)		
14	B2	자신의 전공 분야와 관련된 서신(편지・이메일 등)을 읽고 필요한 의미를 쉽게 파악할 수 있다.
15	B1	개인의 편지를 읽고, 사건, 감정, 희망의 표현을 이해할 수 있으며, 친구나 지인과 편지 왕래가 가능하다.
16	A2	익숙한 주제에 대해 일상적 형식의 편지나 팩스를 이해할 수 있다.
17		짧고 간단한 개인적인 편지를 이해할 수 있다.
18	A1	엽서 등에 쓰여진 짧고 간단한 메시지를 이해할 수 있다.
설명 읽기(19~21)		
19	B1	기기에 관하여 명료하게 작성된 간단한 사용 설명을 이해할 수 있다.
20	A2	공중전화 같은 일상생활에서 접하는 기기에 대하여 간단한 사용법 설명을 이해할 수 있다.
21	A1	짧고 쉽게 쓰여진 지시(특히 그림 포함)에 따를 수 있다.
읽기 전반(22~27)		
22	B2	읽기 목적과 텍스트 종류에 따라 읽는 속도나 읽는 방법을 변형해가면서 다양한 종류의 텍스트를 상당히 쉽게 읽을 수 있다.
23	B1	자신의 전공 분야나 관심 주제에 대해 간결하게 작성된 텍스트를 이해 할 수 있다.
24	A2	자신의 업무와 관련된 짧고 간단한 텍스트를 이해할 수 있다.
25		일상적인 말로 쓰여진 짧고 간단한 텍스트를 이해할 수 있다.
26		가장 빈도가 높은 단어로 작성되어 있거나 세계 공통으로 사용되는 단어를 포함하는 짧고 간단한 텍스트를 이해할 수 있다.
27	A1	익숙한 이름, 단어, 기본적인 표현으로 작성된 매우 짧고 간단한 텍스트, 예를 들어 텍스트가 있는 부분을 다시 읽을 수 있다면 이해할 수 있다.
새롭게 추가된 Pre-A1레벨(32~38)		
32	Pre-A1	「주차장」, 「역」, 「식당」, 「금연」 등 간단하고 일상적인 표시를 이해할 수 있다.
33		포스터, 전단지, 게시에 쓰여진 장소, 시간, 요금에 대한 정보를 찾을 수 있다.

34		잘 알고 있는 단어와 사진으로 구성되어 있는 가장 간단한 정보를 포함한 텍스트를 이해할 수 있다. 예를 들어, 사진이 첨부된 패스트푸드 레스토랑의 메뉴나 매우 간단하고 일상적인 단어로 만든 그림책.
35		편지, 카드 또는 전자 우편으로 초대된 이벤트, 일, 시간, 장소에 대한 정보를 이해할 수 있다.
36		친구나 동료로부터 매우 간단한 메모나 문자 메시지에서 시간과 장소를 인식할 수 있다. 예를 들어, 「4시에 돌아갈 거야」, 「회의실에서」 등처럼 생략된 의미가 없는 내용이다.
37		특히 그림 등을 포함한 친숙한 일상적인 상황에서 사용되는 매우 짧고 간단한 지시를 이해할 수 있다. 예를 들어, 「주차 금지」, 「음식 금지」등.
38		사진이 첨부된 패스트푸드 레스토랑의 메뉴나 잘 알고 있는 어휘를 사용한 그림책 등 삽화가 첨부된 단어를 인식할 수 있다.

〈표 3〉 CDS와 그에 대응하는 예문 예시

CDS 번호	예문
6	病院内でのデジタルカメラ、スマートフォンなどでの撮影はご遠慮ください。
10	格差社会で起きる問題はたくさんあると考えられる。その中でも、現在の日本の格差社会は、出世しにくい社会である。一度、失敗すると、正規雇用の仕事をすることが難しく、ネットカフェ難民や、ホームレスから抜け出すことが難しくなる。しかし、人はたくさんの失敗をして成長するものだ。まず自分の価値観を変えて、いま、できること一生懸命に努力していくことが賢明である。

1.2. CEFR에 관한 선행연구

해외에서는 CEFR 레벨 지표부 코퍼스를 이용하여 CEFR의 레벨을 판별할 때의 기준 특성을 추출하는 연구가 특히 영어 교육에 대해 이루어지고 있다. 이 중 CEFR 기준 특성의 하나로 문법 항목을 이용한 연구에 Brian 외(2010)의 연구와 投野 외(2015)가 있다. 投野 외(2015)는 CEFR를 이용할 때 교육 배경을 고려한 현지화, 지역화의 필요성을 언급하였다. 이에 대해 저자들은 「CEFR-J」라는 CEFR을 기반으로 한 일본에서의 영어 교육에 특화한 영어 능력의 도달 지표에 관한 프로젝트를 추진하고 있다.

이하, 동 프로젝트에서 실시된 본고와 관련된 연구를 소개한다. 内田(2015)는 예문 중에 출현한 단어의 공기성(共起性) 난이도를 측정하여 공기하는 명사의 구체성을 제시함으로써 레벨 측정 기준이 될 수 있다고 하였다. 水嶋 외(2016)는 CEFR 준거 교재를 이용, 어휘, 구문의 특징을 분석하여 예문을 레벨별로 분류했다. 이 실험으로 문서 전체 분류에 크게 기여하는 특징량이 단어의 난이도와 문장의 길이임을 제시하고 있다.

영어 이외의 외국어에서도 CEFR 레벨 지표부 텍스트 코퍼스를 이용하여 CEFR 레벨을 구별하는 기준 특성을 특정하거나 텍스트를 CEFR 레벨별로 자동 분류하는 연구가 활발히 진행되고 있다. 그 중에서도 에스토니아어를 대상으로 한 Vajjala(2014)의 연구와 스웨덴어를 대상으로 한 Volodina 외(2016)의 연구, 독일어를 대상으로 한 연구로 Hancke 외(2013) 등을 들 수 있다. 또한 이탈리아어, 체코어, 독일어를 대상으로 학습자의 산출 데이터를 CEFR 레벨로 판정한 「MERLIN」 프로젝트 및 이와 유사한 영어를 대상으로 한 「English Profile」 프로젝트도 있다. 그 밖에도 유럽 14개 언어를 대상으로 학습자의 언어 운용 능력을 CEFR 레벨에 기초하여 진단하는 무료 온라인 시스템 「DIALANG」도 예로 들 수 있다. 마찬가지로 웹 상에서 CEFR에 대한 심화 이해와 CEFR에 기초한 「Reading」 「Listening」 시험 항목을 분석할 수 있는 「Grid」시스템도 한 예이다. 이와 같이 웹 어플리케이션을 사용하여 텍스트 CEFR 레벨 추측과 학습자의 언어 능력을 측정하는 온라인 시스템 개발이 실용 단계로 진행되고 있다.

CEFR 개념에 근거하여 일본어를 대상으로 한 연구로는 「JF 일본어 교육 스탠다드」가 있다. 또한 熊野 외(2013)는 JF 일본어교육 스탠다드에 준하는 A1 레벨 테스트를 개발하고 있다. 기타에도 坂野 외(2012)는 스위스 버전의 CEFR을 이용하여 학생 자가 평가 변화 조사를 실시하고 있다.

이상과 같이, 일본어 학습의 CEFR 연구는 독자적인 CEFR 지표 개발과 CEFR 지표에 의거한 테스트 개발, CEFR 지표 자체의 일본어교육에 대한 타당성 검증 등 운용 방면에 대한 연구가 주축으로, 영어교육의 CEFR 연구와 같이 각 CEFR 수준의 특징량을 추출하는 등의 단계까지는 이르지 않았다. 이것은 일본어교육 분야에서 CEFR가 확장되어 있지 않고, CEFR에 준거한 교재도 적기 때문에 CEFR 레벨 지표부 코퍼스 작성조차 쉽지 않은 것이 요인 중 하나로 사료된다.

마지막으로, 그 수가 많지 않지만 CEFR의 Pre-A1 레벨에 관한 연구에 대하여 소개하고자 한다. Bethan(2013)는 유럽 14개국에서 중학생의 외국어 능력을 비교하는 연구를 실시하였다. 주로 현장의 교사와 정책 제안자에게 분석 결과를 제공할 목적으로, 유럽에서 학습되는 대표적인 언어인 영어, 프랑스어, 독일어, 이탈리아어, 스페인어 5개어에 대한 읽기, 듣기, 작문의 3가지 언어 능력 테스트를 CEFR 기반으로 구축하였다. 시험을 실시한 각 관할 지역에서 5개 중 2 언어(예: 영국에서는 프랑스어와 독일어)를 선택한 후 테스트를 실시하여 그 결과를 Pre-A1 레벨을 포함한 척도로 공개하였다. 일본에서는 Negishi(2012)의 조사를 통해 CEFR-J에 대하여 일본의 영어 교육에 CEFR의 기술자를 이용하기 위해서는 몇 가지 개선이 필요하다고 하였다. 또한 일본인 영어 학습자는 80%이상이 A1, A2 수준에 해당하는 것으로 나타나 CEFR의 CDS는 언어 능력을 충분히 분류하기 어렵다고 하였다. 이에 CEFR의 4개 레벨인 A1, A2, B1, B2를 A1.1, A1.2, A1.3, A2.1, A2.2, B1.1, B1.2, B2.1, B2.2로 9분할하고, C1, C2 레벨은 유지, Pre-A1을 추가하여 총 12레벨로 CEFR-J를 구축하였다.

1.3. 본 연구의 목적

상기와 같이 일본어교육에 대한 CEFR 활용은 일본어 CEFR 준거 텍스트 코퍼스가 작성되어 있지 않은 연유도 있겠지만, 현 시점에서 포괄적으로 연구되고 있는 예는 좀처럼 찾아볼 수가 없다. 또한 CEFR 레벨을 추정하는 연구는 일본어 이외에는 여럿 존재하지만, CDS를 더 세밀하게 추정하는 연구는 이루어지지 않는 듯 하다. 따라서 본 연구 그룹에서는 일본어 CEFR 준거 텍스트 코퍼스의 작성을 최종 목표로 하여 주어진 예문에 대응하는 CEFR 레벨이 아닌, 보다 세분화된 CDS를 자동 부여하는 연구를 추진해왔으며 또한 웹 어플리케이션 개발도 진행중에 있다. 이와 같이 일본어교육에 대한 CEFR 활용을 염두에 둔 CDS 자동 추정 프로그램 및 웹 어플리케이션 개발은 상기 선행 연구 목록을 보더라도 유례없는 독창적인 연구라고 사료된다.

이 일련의 연구는 한국 일본학회 국제학술대회에서 지속적으로 발표하였다(高田 외(2017), (宮崎 외(2018), (谷 외(2019), (宮崎 외(2020), (高田 외(2017))에서는 일본어의 CEFR 준거 텍스트 코퍼스 작성을 목적으로 예문에 CDS를 부여하는 노력을 경감하기 위한 일본어 예문 분류 연구에 매진하여 일부 공정을 제외한 분류 자동화에 성공하였다. 이를 기초로 宮崎(2018)는 완전 자동화를 실현하여, 웹 어플리케이션의 프로토 타입 구축도 완료하였다. My 외(2018)는 자동 분류를 Pre-A1 레벨을 포함한 범위로 확장하고, 분류 정확도는 CDS 수, 즉 분류수가

27에서 34로 증가했음에도 불구하고 宮崎 외(2018)의 정확도에 못지 않은 결과를 도출하였다.

이러한 선행연구에 대해 본 연구에서는 My 외(2018)를 기반으로 새로운 개량을 시도했다. 구체적으로는 Council of Europe(2017)에서 새로 추가된 Pre-A1 레벨은 종전 레벨군과 난이도 및 기타 특징에 큰 차이가 있다고 간주하고, 예문을 모든 CDS에 한꺼번에 분류하는 My 외(2018)에 대해 우선 Pre-A1 레벨과 종전 레벨군 중 하나를 판정(2진 분류)한 후, CDS로 분류하는 계층적 CDS 분류를 구현함으로써 한층 더 높은 정밀도 향상을 목표로 하였다.

2. 高田 외(2017), 宮崎 외(2018), My 외(2018)의 방법

본 연구에서 일본어 예문의 CDS 분류에 관한 선행연구인 高田 외(2017), 宮崎 외(2018), My 외(2018)는 알고리즘을 바탕으로 하고 있으므로 간단히 소개하고자 한다. 모든 연구는 기계 학습이 기반이 되며, 주어진 예문에 대해 CDS를 분류하기 위해 유효한 특징량을 계산하고 이를 2진 분류기인 서포트 벡터 머신(SVM)을 수차례 이용하여 실현하였다. 宮崎 외(2018), My 외(2018)에서는 전자동으로 특징량을 계산하였으며, 高田 외(2017)에서는 일부는 수동으로, 일부는 자동으로 계산하였다. 宮崎 외(2018)와 My 외(2018)의 차이점은 사용된 특징량과 대상 CDS의 개수이다. 이하, 2.1절에서 각 특징량에 대해, 2.2절에서 CDS 분류 전체에 대해 설명하기로 한다.

2.1. 특징량

2.1.1. 문서 타입

문서 타입이란 「신문 기사」, 「공적 문서」, 「게시」와 같은 문서의 종류를 나타내는 것이다. 〈표 4〉는 각 선행연구에서 다룬 문서 타입의 조합이다. 문서 종류는 CDS의 기재 내용으로부터 종류를 분류할 수 있는 것으로 구성하고, 1문장에 하나의 문서 타입을 배정하였다. 「기사+레포트」처럼 「+」를 사용한 문서 타입은 두 가지가 유사한 것으로 차이가 명확치 않은 문서 종류는 하나로 정리하였다.

〈표 4〉 선행연구의 문서 타입 조합

<table>
<tr><th>선행연구</th><th colspan="10">문서 타입</th></tr>
<tr><td>高田 외 (2017)</td><td>기사</td><td>뉴스</td><td>공적 문서</td><td>표식</td><td>게시</td><td>편지</td><td>메일</td><td>사용 설명</td><td>기타</td><td>소책자</td></tr>
<tr><td>高田 외 (2018)</td><td>기사+ 레포트</td><td>신문 기사</td><td>공적 문서</td><td colspan="2">표식+게시</td><td colspan="2">통신문</td><td>사용 설명</td><td>기타</td><td>–</td></tr>
<tr><td>My 외 (2018)</td><td>기사+ 레포트</td><td>신문 기사</td><td>공적 문서</td><td>표식</td><td>게시</td><td colspan="2">통신문</td><td>사용 설명</td><td>기타</td><td>–</td></tr>
</table>

문서 타입의 자동 추정으로는 宮崎 외(2018), My 외(2018)는 fastText를 이용하고 있다(高田 외는 수동 판별). 「fastText」는 Facebook AI Research가 2016년에 개발한 자연 언어 처리용 알고리즘으로, 단어의 벡터화 및 텍스트 분류를 지원한 기계 학습 라이브러리이다. 각 단어는 문자 n-gram으로 구성되어 있다고 보고, 문자 n-gram의 합계로 단어 벡터를 구성한다. 분류 시에는 예문을 단어별로 띄어 쓸 필요가 있기 때문에 형태소 분석 소프트웨어 「MeCab」를 이용하였다. 교차 검정을 실시한 결과, 宮崎 외(2018)의 정확도는 78.07%, My 외(2018)

의 결과는 74.62%였다. 宮崎 외(2018)가 7가지로, My 외(2018)는 8가지로 분류하여 정확하게 분류한다는 난이도 관점에서는 My 외(2018)가 높지만, 결과는 큰 차이가 없다는 것을 알 수 있다. 또한, 高田 외(2017)는 인간이 판단해서 정답으로 삼기 때문에 정답률은 자연히 100%가 된다.

2.1.2. 전문성

전문성 추정에는 문서 타입 추정에 활용한 fastText을 이용한다. 해당 문서는 宮崎 외(2018), My 외(2018)에서 모두 활용된 문서로, 전문적인 것으로 기술된 CDS에 대응되는 예문 108개와 그렇지 않은 예문 93개, 총 201개를 사용하였다. 이 예문은 전문적/일상적이라는 분류에 따라 두 종류의 값을 취하며, 평가로는 5분할 교차 검정을 이용한 결과 77.61%의 정확도를 얻을 수 있었다. 전문성 추정 방법에 대한 자세한 내용은 宮崎 외(2018)를 참조하기 바란다.

2.1.3. 문장 길이

여기서 문장 길이는「단어 수」「문자 수」「문장 수」「행 수」매개변수의 총칭을 가리킨다.「단어 수」를 추출할 때에는 Wikipedia 표제어를 학습시킨 상술한 형태소 분석 프로그램 MeCab을 사용하여 단어로 구분된 수로 계산하였다.「문자 수」는 문장을 한 문자 단락으로 한 것의 수,「문장 수」는「.」,「,」등 문말 기호로 문장이 구분된 수,「행 수」는 문장의 행간을 센 것이며, 宮崎 외(2018), My 외(2018)도 高田 외(2017)에서 작성한 프로그램을 이용하여 추출하였다.

2.1.4. 한자율

한자율은 My 외(2018)에서 새롭게 도입된 특징량이다. 이 매개 변수는 문장 내 한자의 비율과 그것을 더욱 세분화하여 문장 내 구JLPT(일본어능력시험) 레벨 1에서 레벨 4로 정의된 한자 출현수, 나아가 출현율을 문서 내에서 계산한다. 레벨 1이 이전 JLPT 1급에 해당하는 난이도가 높은 한자 목록, 레벨 4(구 JLPT 4급에 해당) 용의 쉬운 한자로 구성되어있다. 어느 수준에도 속하지 않는 한자는「기타」로 분류하였는데 My 외(2018)에서 출현수와 출현율도 포함하는 것이 정확성을 높인다고 하여 한자율에 포함시켰다. 한자율을 계산할 때 각 예문의 모든 한자를 추출하기 위해 정규표현을 사용하여 프로그램을 작성하였다.

2.2. CDS 분류

2.1에서 계산한 특징량은 모두 숫자로 변환하여 기계 학습에 적용시키는데 그 예를 〈표 5〉에 제시한다. 특징량은 宮崎 외(2018)의 특징량이다.

〈표 5〉 특징량 수치변환 후의 예

CDS 번호	전문성	단어 수	문자 수	문장 수	행 수	기사 + 레포트	신문 기사	공적 문서	표식 + 제시	통신문	사용 설명	기타
2	1	88	139	3	3	1	0	0	0	0	0	0
18	−1	29	50	3	2	0	0	0	0	1	0	0

CDS 분류 시에는 다중 라벨 분류를 기본으로 한다. 〈표 2〉를 보면 알 수 있듯이, 개별 CDS는 그 능력기술문이 실은 독립이 아니라 공통

의 요소를 많이 내포하고 있다는 것을 감안하여 高田 외(2017) 연구 이후, 하나의 예문에 복수의 CDS가 대응하는 것을 인정, 그 분류를 다중 라벨 분류라고 칭하였다. 이번에도 이 다중 라벨로 분류하는 것이 보다 현실과 괴리되지 않기 때문에 채용하기로 한다. 한편, 다중 라벨 분류는 한 용례에 복수의 CDS가 정답이 되기 때문에 분류의 정확도 평가는 복잡해진다. 그 지표로서 정(正) 적합율(정(正)으로 예측한 데이터 중 실제로 정(正)의 비율), 정(正) 재현율(실제로 정(正) 중에서 정(正)으로 예측되었던 것의 비율), 정보 검색 분야에서 자주 이용되는 적합률과 재현율의 조화 평균인 F값을 이용하기로 한다. 또한 부(負)의 적합률, 재현율, F값도 마찬가지로 정의한다(즉, 부(負)의 적합률은 부(負)로 예측된 데이터 중 실제로 부(負)인 것의 비율이며, 부(負)의 재현율은 실제로 부(負)인 것 중, 부(負)라고 예측된 것의 비율). 계산 예로서 정(正) 라벨이 3개(1,2,3)(즉, 어떤 문장의 정답 CDS가 1,2,3번, 즉 부(負) 라벨이 Pre-A1 레벨을 포함하지 않는 경우는 24개(4~27번))의 예문에 대해 예측 라벨(정(正)) 5개(1,2,8,21,22)의 경우를 다룬다. 이 때 정(正) 재현율은 정(正) 라벨 3개 중 2개 (즉 1과 2)를 예측했기 때문에 2/3=약 66.67%이다. 한편, 예측 라벨 5개 중 3개(8,21,22)는 부(負)이지만 정(正)으로 잘못 예측되었다. 그러나 나머지 2개(1,2)인 정(正) 라벨을 정(正)으로 바르게 예측했기 때문에 정(正)의 적합률은 2/5=40.00%가 된다.

다중 라벨 분류 방법은 여러 2진 분류기(상술한 SVM)을 이용하여 하나의 예문에 복수의 CDS가 대응되도록 분류한다.

宮崎 외(2018)의 CDS 분류에 이용한 예문은 CEFR에 대한 지식이 있고 한국에서 현재 가르치고 있는/과거 가르친 적이 있는 일본어교육 경험자 10명이 수집한 406개의 다중 라벨 정보용 문서를 이용하였다. 하나의 예문에는 평균 약 2.58개의 CDS가 대응된다. 1.1절에

서 언급한 바와 같이 대상으로 한 CDS는 27개이다. CDS 분류에 있어 일 대 타 분류법을 이용하나 정(正)의 예문 데이터보다 부(負)의 예문 데이터가 많기 때문에 이대로 2진 분류기를 검정하면 그 결과가 부(負)의 결과로 치우치게 되어 정(正)의 용례와 부(負)의 용례 비율이 3배 이하가 되도록 조정하였다. 또한 사용되는 특징량은 7종류의 문서 타입, 전문성, 문장의 길이이다. 宮崎 외(2018)의 CDS 분류 결과를 〈표 6〉에 제시하면 다음과 같다.

〈표 6〉 宮崎 외(2018)의 CDS 분류 결과

	적합률	재현율	F값
정(正)	38.39%	70.29%	49.66%
부(負)	96.79%	87.76%	92.05%

My 외(2018)는 Pre-A1 레벨을 포함한 CDS 분류로, 대상CDS는 27개에 7개를 추가한 총 34개이다. 宮崎 외(2018)에서 사용된 406문장 중 370개 문장에, 베트남인과 일본인 일본어 교사 10명이 수집한 149개 문장을 모아 총 519문장으로 CDS를 분류하였다. My 외(2018)는 특징량은 8종류의 문서 타입, 전문성, 문장 길이, 한자율을 사용한다. 그 결과는 〈표 7〉과 같다.

〈표 7〉 My 외(2018)의 CDS 분류 결과

	적합률	재현율	F값
정(正)	38.39%	70.29%	49.66%
부(負)	97.10%	89.82%	93.32

宮崎 외(2018)와 My 외(2018)를 비교하면 My 외(2018)는 특징량을 개량한 결과 Pre-A1 레벨을 포함하여 예문의 수도 증가했을 뿐만 아니라, 정확도가 宮崎 외(2018)에 못지 않은 결과가 도출되었다.

3. 본 연구의 제안 방법(2단계에 의한 CDS 분류)

본 연구에서는 My 외(2018)에 대하여, 보다 정밀도 향상을 기대할 수 Pre-A1 레벨을 포함한 CDS 분류의 새로운 분류 방법을 제안하고자 한다.

먼저 Pre-A1 레벨의 예문 예를 〈표 8〉에 제시한다. 〈표 3〉에서 언급한 A1 레벨 문장과 비교해도 짧고 평이한 문장으로, 예를 들어 32번 예문은 문장으로도 성립되지 않아 그 난이도 차이가 분명하다. 또한 표 안의 예문은 본 연구에서 실시한 실험에 앞서 실험 협력자인 일본어 교원에게 부탁한 작문 용례이다.

〈표 8〉 Pre-A1레벨의 예문 예

CDS 번호	전문성	예문
32	「주차장」, 「역」, 「식당」, 「금연」 등의 간단하고 일상적인 표시를 이해할 수 있다.	入口・出口
35	편지, 카드 또는 전자 우편으로 초대된 이벤트, 일, 시간, 장소에 대한 정보를 이해할 수 있다.	7時にレストランで会おう
37	특히 그림 등을 포함한 친숙한 일상적인 상황에서 사용되는 매우 짧고 간단한 지시를 이해할 수 있다. 예를 들어, 「주차 금지」, 「음식 금지」 등.	ごみは分別しましょう！

본 연구에서는 종전의 레벨군과 Pre-A1 레벨 사이에서 난이도와 언어 정보 레벨의 차이가 큰 것에 주목하여 예문을 모든 CDS로 한 번에 분류한 My 외(2018)에 대해, 사전처리로서 Pre-A1 레벨과 종전 레벨군 중 하나를 판정(2진 분류)하고 Pre-A1 내, 또는 A1~B2의 CEFR 레벨 내의 CDS로 분류한 계층적 CDS 분류를 시도하였다. 또한 이번 다중 라벨 분류 방법으로 SVM뿐만 아니라 랜덤 포레스트(RF) 분류법도 사용하였다. RF는 2001년에 제창된 분류·회귀 목적의 트리 기반 예측 알고리즘으로, 의사결정수의 다수결을 취하는 것으로 일반화 능력을 향상시키는 방법이다(Breiman, 2001). 또한 RF는 특징량 간의 중요도를 산출할 수 있기 때문에 금후 특징량 선정에 도움이 될 것으로 기대된다. 이를 기반으로 선행연구와의 비교, SVM 및 RF 비교, 특징량 중요도를 산출한다. 두 연구의 CDS 분류 방법 비교를 〈그림 1〉에 제시하면 다음과 같다.

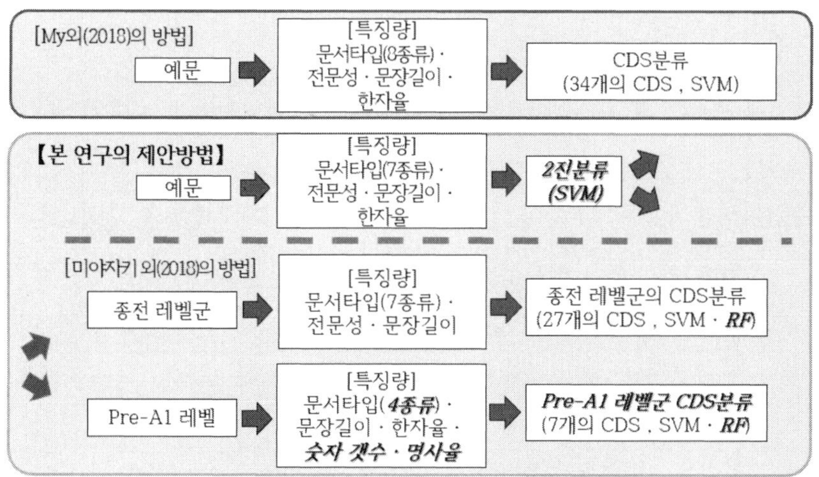

〈그림 1〉 My 외(2018)와 본 연구의 CDS 분류방법 비교도

Pre-A1 레벨과 종전 레벨군의 2진 분류에는 다중 라벨 정보에 의해 좌우되는 것을 차단하기 위해 단일 라벨(즉 예문 당 CDS 수는 1개)에서 1개의 SVM을 이용하여 분류한다. 사용한 특징량은 My 외(2018)의 특징량 문서 타입을 宮崎 외(2018)의 7종류로 하였다. 또한 종전 레벨군의 CDS 분류는 宮崎 외(2018)의 방법을 그대로 이용하여 Pre-A1 레벨은 새롭게 굵은 글씨체와 이탤릭체로 특징량을 작성하였다.

3.1. Pre-A1 레벨의 특징량 계산법

Pre-A1 레벨의 CDS 분류에 사용되는 특징량으로는 문서 타입의 개정과 숫자의 개수, 명사율을 채택하기로 하였다. 이에 관해서는 이하에서 설명하고자 한다.

3.1.1. 문서 타입

문서 타입은 필자가 Pre-A1 레벨의 CDS에 기재되어있는 내용에서 4개(「표식+메뉴」, 「게시」, 「그림책+통신문」, 「기타」)를 추출했다. 「표식」은 CDS번호 32번 「일상적인 표시」, CDS번호 37번 「지시」에서 작성하였다. 「통신문」은 CDS번호 35번 「편지」, CDS번호 36번 「메시지」, CDS번호 34, 35, 36번 「회화문」에 의거한다. 문서 타입의 「메뉴」는 CDS번호 34, 38번 「패스트푸드 레스토랑 사진이 있는 메뉴」라는 표현에서 그 의미에 해당하는 단어(주로 상품명)와 문장을 선택하였다. 문서 타입 「그림책」은 CDS번호 34번 「일상적인 단어로 만들어진 그림책」과 38번 「잘 알고 있는 어휘를 사용한 그림책」이라는 표현에서 그 의미에 해당하는 문장을 선택했다. 추정 방법은 宮崎 외(2018), My 외(2018)와 마찬가지로 fastText를 이용하였으며, 평가는 3분할 교차 검정을 하였다. 학습 데이터는 My 외(2018)의 문서 타입 추정 시 사용한 문서에서, 문서 타입이 표식, 게시, 통신문인 664개와 웹 상의 그림책 공개 사이트 「그림책 광장」과 패스트푸드 레스토랑 「Denny's」, 「Café 레스토랑 가스트」, 「사이제리야」, 「일식 사토」의 웹 상에 공개되어 있는 메뉴에서 수집된 216개, 총 880개 문서 데이터를 사용하였다. 실험 결과 문서 타입의 자동 추정은 89.86%의 정확도를 얻을 수 있었다.

3.1.2. 숫자의 개수

CDS에서 일시, 요금을 알리기 위한 게시 및 메시지가 기술된 CDS가 여러 개 존재하였기 때문에 숫자의 개수에 따라 분류할 필요가 있다고 생각하였다. 구체적으로 계산할 것은 「1, 2 …」, 「하나, 둘, …」, 「0.1」, 「1/3」 등의 숫자 개수이다. 또한 한자 숫자는 관용구의 일부에 사용되는 경우 등을 포함하여 이번에는 구별하지 않고 모두 계산하였다. 또한 「3분의 1」과 「3월 1일」이 「1/3」는 같은 표기로 사용될 수 있지만, 잠정적으로 모두 1개의 숫자로 계산하기로 하였다.

3.1.3. 명사율

「간단하고 일상적인 표시」와 「간단한 지침」과 같은 기술을 포함한 몇몇 CDS의 예문은 단어가 많았으며, 그에 대한 기타 CDS 예문은 대부분 단어가 아닌 관계로 명사의 비율에 따라 분류하고자 하였다. 단어의 경우 대부분이 명사로 구성되어있어 단어가 아닌 것과 분류할 수 있다고 생각하였다. 총 단어 수에 대한 명사 단어 비율을 MeCab을 이용하여 계산하였다.

3.2. CDS 분류

이번 CDS분류에서는 2절에서 언급한 555문장(=A1~B2 레벨 406문장 +Pre-A1 레벨 149문장)을 이용한 CDS 분류를 실시하여 본 연구의 CDS 분류 방법의 범용성을 확인하고자 한다. 또한, 처음 2진 분류 과정에서는 CEFR에 대한 지식이 있는 일본어교육 경험자 2명이 이번에 새롭게 수집한 140개의 Pre-A1 예문을 함께 고찰한다. 또한 CDS 분류는 전술하였듯이 정(正)와 부(負)의 용례 비율이 3배 이하가 되도록 조정하였다.

3.2.1. 종전 레벨군과 Pre-A1 레벨의 2진 분류

종전 레벨군과 Pre-A1 레벨의 2진 분류는 단일 라벨로 한다. 분류 방법은 기존 사용하던 SVM을 1회만 사용하는 방법을 재적용했다. 학습 데이터는 지금까지 다룬 A1~B2 수준의 406문장 및 Pre-A1 레벨의 289문장(=149 문장+새로 모은 140문장)을 사용하였다. 특징량은 지금까지 다룬 특징량의 조합을 시도한 결과, 문서 타입(7가지 범주), 전문성, 문장 길이, 한자율의 조합이 가장 양호한 결과로 나타나 그 4종류를 이용하였다. 결과는 〈표 9〉와 같다. 가장 왼쪽 열이 정답 정보, 가장 위쪽 열이 추정치를 나타낸다. 예를 들어 표에서 「29」는 「A1~B2」의 레벨에 있던 예문이 「Pre-A1」으로 잘못 추측된 수가 (406개 중) 29개 있었다는 것을 의미한다. 전체 정확도는(277+127)/555=90.81%와 90%를 초과하여 그 후의 분류에 미친 영향으로서는 최소한의 정밀도를 얻을 수 있었다고 생각된다.

〈표 9〉 종전 레벨군과 Pre-A1 레벨의 2진 분류 결과

		A1~B2	Pre-A1	계	정밀도	전체 정밀도
555 문장	A1~B2	377	29	406	92.86%	90.81%
	Pre-A1	22	127	149	85.23%	

3.2.2. 종전 레벨군의 CDS 분류

종전 레벨군 그룹으로 분류된 399문장의 CDS를 분류한다. 사용한 특징량은 宮崎 외(2018)와 동일하다. SVM과 RF를 이용한 분류 결과는 〈표 10〉과 같다. 1단계의 2진 분류에 의해 오분류가 발생해 버렸기 때문에, 〈표 6〉의 결과보다 약간 낮은 정밀도를 보인다.

〈표 10〉 2진 분류 후의 종전 레벨군 CDS 분류 결과

	SVM			RF		
	적합률	재현율	F값	적합률	재현율	F값
정(正)	34.15%	77.28%	47.36%	52.10%	47.84%	49.88%
부(負)	97.86%	87.47%	92.38%	89.50%	91.00%	90.24%

3.2.3. Pre-A1 레벨의 CDS 분류

Pre-A1 레벨로 분류된 156문장의 CDS를 분류한다. 사용한 특징량은「문장 길이」,「한자율」과 본 연구에서 설정한 4개의 문서 타입, 숫자의 개수, 명사율을 사용하였다. SVM 및 RF에 의한 분류 결과는 〈표 11〉과 같다. 3.2.2와 마찬가지로 1단계의 2진 분류에 의해 오분류(29/156=18.6%정도)가 발생하여 실제 정확도에 비해 20%정도 높은 것으로 추정하는 것이 타당할 것이다.

〈표 11〉 2진 분류 후의 Pre-A1 레벨군 CDS 분류 결과

	SVM			RF		
	적합률	재현율	F값	적합률	재현율	F값
정(正)	51.58%	77.96%	62.09%	56.55%	58.87%	57.69%
부(負)	97.68%	92.71%	95.13%	92.28%	91.57%	91.92%

3.2.4. 2개를 합한 종합 결과

2진 분류, 이후 종전 레벨 내의 분류, Pre-A1 레벨 내의 분류를 모두 종합한 실험 결과를 비교하기 위해 My 외(2018)의 F값과 함께 〈표 12〉에 병기하였다. My 외(2018)의 SVM 결과와 본 연구의 제안 방법을 채용한 SVM 결과를 비교하면, 정(正)의 F값이 4%가량 향상되었음을 알 수 있다. 또한 SVM과 RF를 비교하면 RF 쪽 F값이 1.5%정도 높은 결과로 나타났다. 이는 작성된 학습 모델 정밀도에 차이가 있는 것이 앙상블 학습에서 긍정적인 기능을 한 것으로 생각할 수 있다. 부(負)의 F값은 실제로는 저하되고 있지만, 연구 목적을 감안하면 정(正)인 F값 향상을 중시해야 하며 그런 의미에서 결과는 개선되고 있다고 인정된다. 정(正)의 적합률이 모두 낮은 것은 정답 CDS(정(正)의 CDS)의 평균 개수에 대해 약 2배수의 CDS를 예상하고 있었던 것이 원인으로, 그 시점에서 적합률의 최대값이 50%정도가 된 것이 크다(구체적으로는 SVM에서 555문장은 CDS의 평균 개수가 2.76개임에 반해 평균 예측 개수가 5.43개였다). 이상의 사항을 염두에 두면서 금후 예측수에 대한 조정을 검토할 필요가 있다. 또한 개선점으로는 더 자세한 특징량을 측정하는 방법을 들 수 있다. 예를 들어 전문성이라면 현재 2진 분류가 아니라 확률과 같은 연속값을 구할 수 있을 것으로 생각된다.

〈표 12〉 2개를 합한 결과와 My 외(2018)와의 비교

	My 외(2018) (SVM)	SVM			RF		
	F값	적합률	재현율	F값	적합률	재현율	F값
정(正)	46.62%	34.15%	77.28%	47.36%	52.10%	47.84%	49.88%
부(負)	94.19%	97.86%	87.47%	92.38%	89.50%	91.00%	90.24%

또한 Pre-A1 레벨의 CDS 분류에서 RF 특징량 중요도의 산출 결과를 〈표 13〉에 제시한다. 「기타」, 「그림책+통신문」, 「표식+메뉴」, 「게시」는 문서 타입을 가리킨다. 표에서 굵은 글씨와 밑줄을 첨가한 것은 이번 Pre-A1 레벨의 CDS 분류의 정밀도를 향상시키기 위해 새로 만든 특징량이다. 결과를 보면, 순위가 높은 특징량으로 「기타」와 「숫자 개수」를 꼽을 수 있다. 한편 순위가 낮은 특징량으로 「명사율」을 들 수 있다. 이 결과로부터 명사율에 대해서는 개정해야 할 필요가 있다고 사료된다. 또한 My 외(2018)에서 작성된 특징량인 한자율에서 레벨 1과 레벨 2가 상위로, 레벨 3과 레벨 4가 하위로 되어있기 때문에 한자율이 제대로 기능하고 있음을 알 수 있다. 또한 문장 길이에 관한 특징량은 종전 레벨군의 특징량 중요도에서는 항상 상위에 위치되어 있지만, Pre-A1 레벨의 CDS 분류에서는 문장 길이의 중요도가 반드시 상위는 아니라는 것을 알 수 있었다. 이는 종전 레벨군의 CDS 분류와 Pre-A1 레벨의 CDS 분류는 분별하여 진행하는 것이 좋을 것으로 판단된다.

〈표 13〉 RF의 특징량 중요도 산출 결과

순위	특징량	중요도	순위	특징량	중요도
1	단어 수	19.33%	10	한자율(레벨4)	2.18%
2	숫자 개별수	16.29%	11	한자율(레벨3)	2.11%
3	**기타**	15.13%	12	**동화책+통신문**	1.43%
4	CDS번호	10.55%	13	제시	1.24%
5	한자율(전체)	8.08%	14	기호수	0.80%
6	한자율(레벨2)	8.02%	15	문자수	0.75%
7	한자율(레벨1)	5.74%	16	문수	0.20%
8	행수	4.87%	17	**명사율**	0.13%
9	**표식+메뉴**	3.15%			

4. 웹 어플리케이션 개발

1절에서도 언급한 바와 같이, 일본어교육을 위한 CEFR 연구는 적으며, 일본어 CEFR 준거 텍스트 코퍼스가 없는 것이 그 원인 중 하나라고 저자들은 생각한다. 이러한 상황에서 본 연구는 도움이 될 수 있는 「예문-해당 CDS」의 대응을 자동으로 추정할 수 있는 연구를 시도하여, 보다 접근성을 높이기 위해 웹 어플리케이션 제작을 통해 이를 실현하고자 한다. 구체적으로는 宮崎 외(2018)에서 구현된 웹 어플리케이션에 대해 제안 알고리즘을 이식하여 A1~B2뿐만 아니라 Pre-A1 레벨도 동시에 대응할 수 있는 웹 어플리케이션을 개발하였다(〈그림 2〉).

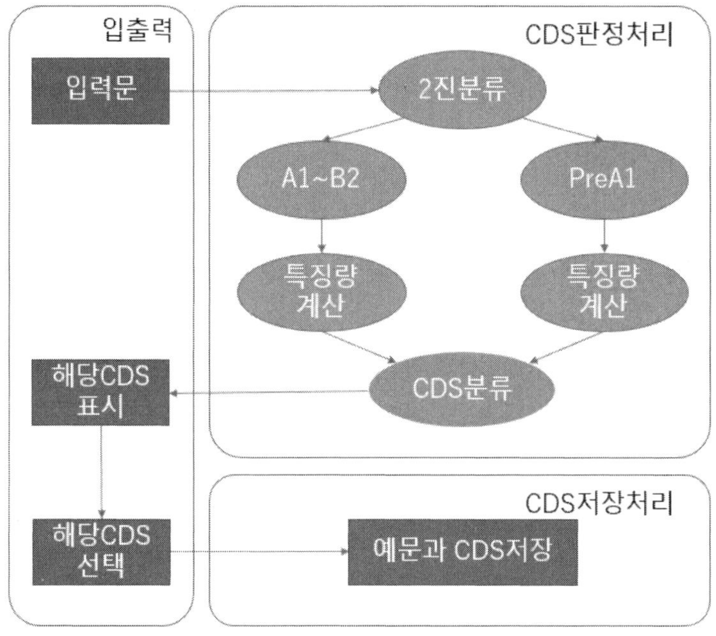

〈그림 2〉 웹 어플리케이션 내부의 CDS 추정·저장 처리

〈그림 3〉은 웹 어플리케이션의 초기 화면이다. 본 웹 어플리케이션에는 예문과 대응하는 CDS를 저장하는 기능이 탑재되어 예문과 CDS 대응쌍의 저장이나 연구 활용에 양해를 구하는 등의 동의사항도 이용약관에 기재되어 있다. 물론 CDS 저장 기능을 사용하지 않아도 본 웹 어플리케이션을 이용할 수 있다. 「동의 후 시스템 이용하기」 버튼을 누르면 CDS 추정 화면으로 이동한다.

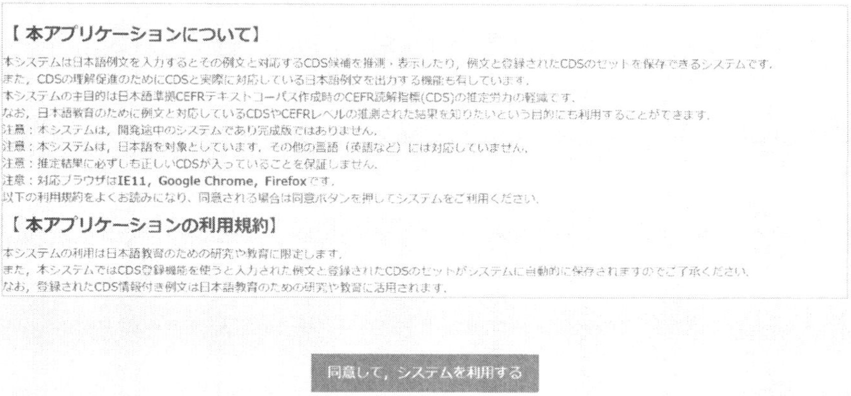

【 本アプリケーションについて】

本システムは日本語例文を入力するとその例文と対応するCDS候補を推測・表示したり，例文と登録されたCDSのセットを保存できるシステムです．
また，CDSの理解促進のためにCDSと実際に対応している日本語例文を出力する機能も有しています．
本システムの主目的は日本語準拠CEFRテキストコーパス作成時のCEFR読解指標(CDS)の推定労力の軽減です．
なお，日本語教育のために例文と対応しているCDSやCEFRレベルの推測された結果を知りたいという目的にも利用することができます．
注意：本システムは，開発途中のシステムであり完成版ではありません．
注意：本システムは，日本語を対象としています，その他の言語（英語など）には対応していません．
注意：推定結果に必ずしも正しいCDSが入っていることを保証しません．
注意：対応ブラウザは**IE11，Google Chrome，Firefox**です．
以下の利用規約をよくお読みになり、同意される場合は同意ボタンを押してシステムをご利用ください．

【 本アプリケーションの利用規約】

本システムの利用は日本語教育のための研究や教育に限定します．
また，本システムではCDS登録機能を使うと入力された例文と登録されたCDSのセットがシステムに自動的に保存されますのでご了承ください．
なお，登録されたCDS情報付き例文は日本語教育のための研究や教育に活用されます．

同意して，システムを利用する

〈그림 3〉 웹 어플리케이션 '초기 화면' 페이지

추정 화면에서 입력 상자에 일본어 문장을 입력하고 「CDS 추측 버튼」을 누르면 자동 추정 시스템이 실행되고, 추정 결과 화면으로 이동한다(〈그림 4〉). 추정 결과는 표 형식으로 나타나며, 해당된다고 생각되는 CDS에는 「CDS번호」 부분에 체크 박스가 표시되어 있다(그림에서는 CDS번호 1,7,11에 체크되어 있다). 또한 추정되지 않은 CDS도 사용자 본인에 의한 추가 등록이 가능하도록 체크 박스를 준비하였다. 추정 결과의 이해를 돕기 위해 CEFR 레벨, CDS의 내용도 기입되어 있다. 「예문」 링크를 클릭하면 다른 창에서 그 CDS와 대응되는 신뢰성이 높은 상위 용례가 표시된다. 이용자는 해당 CDS에 체크를 한 후 「CDS 등록」 버튼을 누르면 시스템에 저장된다.

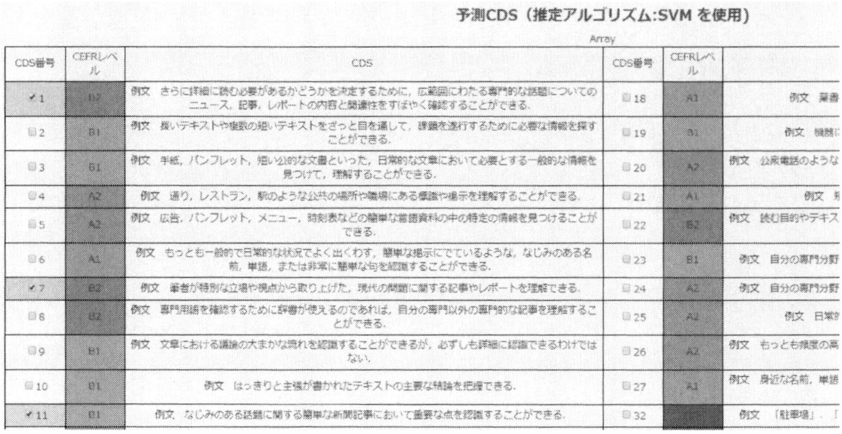

予測CDS（推定アルゴリズム:SVM を使用）

Array

CDS番号	CEFRレベル	CDS	CDS番号	CEFRレベル	
✓1	B2	例文　さらに詳細に読む必要があるかどうかを決定するために，広範囲にわたる専門的な話題についてのニュース，記事，レポートの内容と関連性をすばやく確認することができる．	18	A1	例文　葉書
2	B1	例文　長いテキストや複数の短いテキストをざっと目を通して，課題を遂行するために必要な情報を探すことができる．	19	B1	例文　機器に
3	B1	例文　手紙，パンフレット，短い公的な文書といった，日常的な文章において必要とする一般的な情報を見つけて，理解することができる．	20	A2	例文　公衆電話のような
4	A2	例文　通り，レストラン，駅のような公共の場所や職場にある標識や掲示を理解することができる．	21	A1	例文
5	A2	例文　広告，パンフレット，メニュー，時刻表などの簡単な言語資料の中の特定の情報を見つけることができる．	22	B2	例文　読む目的やテキス
6	A1	例文　もっとも一般的で日常的な状況でよく出くわす，簡単な掲示にでているような，なじみのある名前，単語，または非常に簡単な句を認識することができる．	23	B1	例文　自分の専門分野
✓7	B2	例文　筆者が特別な立場や視点から取り上げた，現代の問題に関する記事やレポートを理解できる．	24	A2	例文　自分の専門分野
8	B2	例文　専門用語を確認するために辞書が使えるのであれば，自分の専門以外の専門的な記事を理解することができる．	25	A2	例文　日常的
9	B1	例文　文章における議論の大まかな流れを認識することができるが，必ずしも詳細に認識できるわけではない．	26	A2	例文　もっとも頻度の高
10	B1	例文　はっきりと主張が書かれたテキストの主要な結論を把握できる．	27	A1	例文　身近な名前，単語
✓11	B1	例文　なじみのある話題に関する簡単な新聞記事において重要な点を認識することができる．	32	[illegible]	例文　「駐車場」，「

〈그림 4〉 웹 어플리케이션의 '추정 결과' 페이지(부분적으로 확대 표시)

「CDS 등록」 버튼을 눌러 저장된 예문과 CDS 세트는 〈그림 5〉와 같이 '마이 페이지'에서 참조할 수 있다.

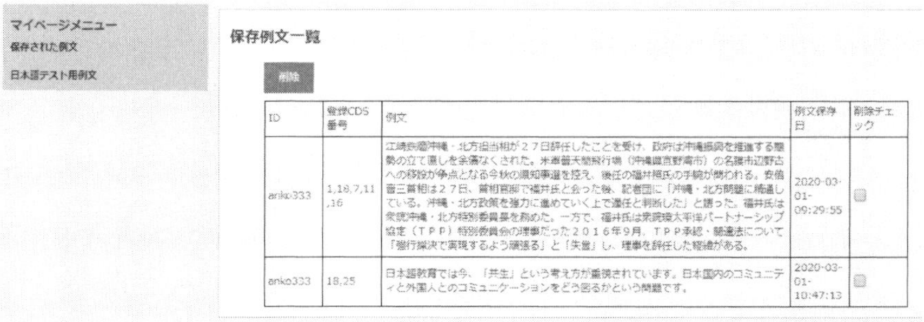

マイページメニュー

保存された例文

日本語テスト用例文

保存例文一覧

削除

ID	登録CDS番号	例文	例文保存日	削除チェック
anko333	1,18,7,11,16	江崎鉄磨沖縄・北方担当相が２７日辞任したことを受け、政府は沖縄振興を推進する態勢の立て直しを余儀なくされた。米軍普天間飛行場（沖縄県宜野湾市）の名護市辺野古への移設が争点となる今秋の県知事選を控え、後任の福井照氏の手腕が問われる。安倍晋三首相は２７日、首相官邸で福井氏と会った後、記者団に「沖縄・北方問題に精通している。沖縄・北方政策を強力に進めていく上で適任と判断した」と語った。福井氏は衆院沖縄・北方特別委員長を務めた。一方で、福井氏は衆院環太平洋パートナーシップ協定（ＴＰＰ）特別委員会の理事だった２０１６年９月、ＴＰＰ承認・関連法について「強行採決で実現するよう頑張る」と「失言」し、理事を辞任した経緯がある。	2020-03-01-09:29:55	
anko333	18,25	日本語教育では今、「共生」という考え方が重視されています。日本国内のコミュニティと外国人とのコミュニケーションをどう図るかという問題です。	2020-03-01-10:47:13	

〈그림 5〉 웹 어플리케이션의 '마이 페이지'

〈그림 6〉은 지정된 CDS에 대응하는 예문 후보를 목록으로 표시하는 페이지를 나타낸 것이다. 이 예문들은 CDS와 대응 신뢰성이 높은 상위 예문부터 표시된다. 신뢰성 도출은 수집된 다중 라벨 정보의 예

문을 이용한다. 해당 예문에서 CDS 분류 시의 평가 지표인 재현율, 적합률, F값을 산출하고, F값이 높을수록 그 예문은 신뢰성이 높다고 판단한다. 또한 CDS 목록 화면에서 추정 화면(〈그림 4〉)으로 전환도 가능하다.

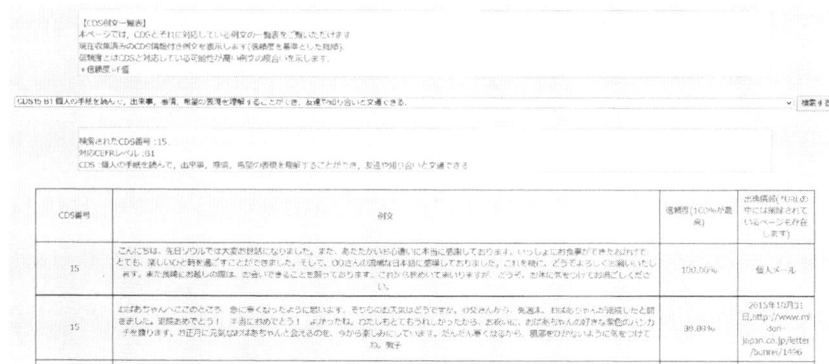

〈그림 6〉 웹 어플리케이션 ‘CDS예문 일람표’ 페이지
(CDS번호 15예문을 선택했을 시의 표시 내용을 일부 발췌)

5. 맺음말

본 연구에서는 모든 레벨의 CDS 분류를 한 번에 실시한 직접선행연구인 My 외(2018)에 대해, 사전처리로서 종전 레벨군과 난이도에 큰 차이가 있다고 생각된 Pre-A1 레벨을 2진 분류한 후, 각각을 CDS 분류한 2단계의 분류 방법을 시도하였다. 정(正)의 F값은 선행연구의 결과보다 향상되어 양호한 결과를 얻을 수 있었다. 또한 RF의 특징량 중요도에 따라 기능하는 특징량이 명확해져 향후 보다 효과적인 특징량 작성을 위한 새로운 개량을 시도하였다는 점에서 의

의가 있다. 나아가 이번 宮崎 외(2018)에서 작성된 웹 어플리케이션의 개량을 실시하였다. 금후 실용화·공개를 목표로 실제 웹 응용 프로그램을 이용하여 이용자의 CDS 추정 부담을 줄이며, 예문 수집을 실시하여 코퍼스 작성을 최종 목표로 하고자 한다.

이 글은 『일본학보』 125집(한국일본학회, 2020.11.)에 게재된 「CEFR Companion Volume に対応した日本語例文自動分類手法」를 한국어로 옮긴 것이다.

AI 기술에서 본 일본어학과 일본어교육 연구의 전망과 과제

일본어교육의 연계와 협력의 새 영역을 향해

오치아이 유지

1. 머리말

2010년대 들어 심층 학습 등 프로그램의 자립적 학습 진행 기술이 발전한 결과, 물리적 데이터와 수량화 데이터 처리에서 비약적인 성능 향상을 보이며 3차 AI 기술의 사회적 응용이 확대됐다.[1] 교육면에서도, 일본, 대만, 한국에서 AI 기술을 초중등 교육에서부터 적용하는 계획이 진행되어, 향후 대학 진학자의 학과 선택에 큰 영향을 미칠 것으로 예상된다.[2]

---

1) 현재 AI기술의 비즈니스 응용은 野村直之(2016), 『人工知能が変える仕事の未来』 日本経済新聞出版社, 사회와의 관계는 総務省, 『情報通信白書』를 참조. 일례로 AI의 발달과 앞으로의 사회에 대해서는 『平成27年版情報通信白書 特集テーマ「ICTの過去・現在・未来」』, http://www.soumu.go.jp/johotsusintokei/whitepaper/ja/h27/pdf/index.html 참조. 링크 확인은 2019년 12월 21일 현재. 이하 동일.

2) 일본의 방침은 文部科学省(2019), 「Society 5.0 に向けた人材育成—社会が変わる、学びが変わる」, https://www.mext.go.jp/component/a_menu/other/detail/__icsFiles/afieldfile/2018/06/06/1405844_002.pdf 참조. 대만에서는 教育部(2019),

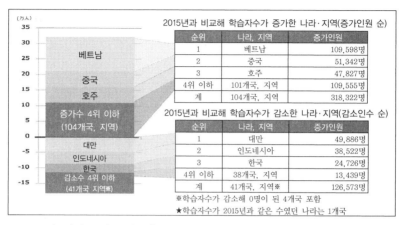

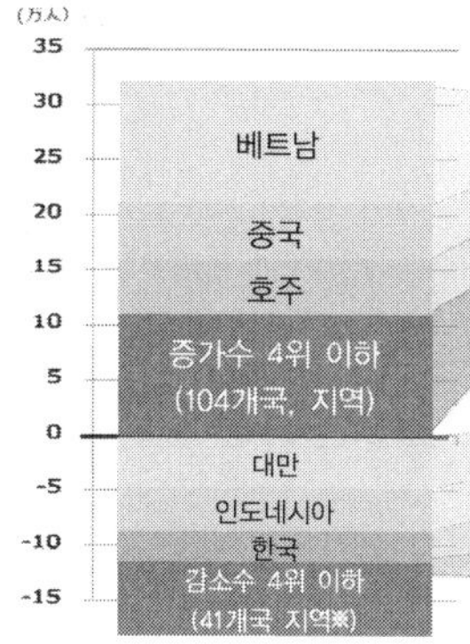

2015년과 비교해 학습자수가 증가한 나라·지역(증가인원 순)

순위	나라, 지역	증가인원
1	베트남	109,598명
2	중국	51,342명
3	호주	47,827명
4위 이하	101개국, 지역	109,555명
계	104개국, 지역	318,322명

2015년과 비교해 학습자수가 감소한 나라·지역(감소인수 순)

순위	나라, 지역	증가인원
1	대만	49,886명
2	인도네시아	38,522명
3	한국	24,726명
4위 이하	38개국, 지역	13,439명
계	41개국, 지역※	126,573명

※학습자수가 감소해 0명이 된 4개국 포함
★학습자수가 2015년과 같은 수였던 나라는 1개국

〈그림 1〉 국제교류기금「2018년도 해외 일본어교육 기관 조사 결과」[3)]

또한 2018년 국제교류기금의「2018년도 해외 일본어교육 기관 조사 결과」에 따르면 대만에서는 2015년 조사에 비해 49,886명의 학습자가 줄어들었는데 그 이유는 중등 교육에서 일본어 등의 외국어가 아닌 이과계 및 프로그램 관련 선택과목을 학부모가 학생에게 선택하도록 한 것이 감소 원인으로 생각된다. 학습자가 새로 등장하거나 이전보다 증가한 나라도 있지만 41개국에서 126,573명이 감소했으며 이전같이 일본어 학습자가 순조롭게 늘어가는 상황이 아닌 것을 알 수 있다. 일본어 학습을 둘러싼 환경 변화는 급격하며 특히 동아시아 지역에서는 시대의 변화에 따른 대응이 요구된다 하겠다. 그 큰 요인 중 하나는

「AI教育X教育AI－人工智慧教育及数位先進個人化、適性化学習時代来臨!」, https://www.edu.tw/News_Content.aspx?n=9E7AC85F1954DDA8&s=D4C4CD32CAE3FF5D 참조. 세계각국의 AI관계 교육은 Politcs+AI(2018),「An Overview of National AI Strategies」, https://medium.com/politics-ai/an-overview-of-national-ai-strategies-2a70ec6edfd 참조.

3) 国際交流基金(2019),「2018年度海外日本語教育機関調査結果」, 速報値, https://www.jpf.go.jp/j/about/press/2019/dl/2019-029-02.pdf

역시 AI 기술의 발전에 따른 산업 구조의 급격한 변화를 들 수 있다.[4)]

현재 AI기술 발전의 중심에는 빅데이터 등 수치적 데이터 처리가 자리잡고 있는 것은 말할 것도 없지만 인간의 언어처리기술의 큰 발전이자 언어정보처리의 큰 진보로 현재의 생활에 AI가 스며들게 되어 사회 전체에 큰 영향을 끼치고 있다고 할 수 있다. 인간의 언어를 처리하는 자연언어처리는 1980-90년대 제2차 AI기술 시대부터 본격적으로 시작되었지만 제3차 AI기술의 중심 중 하나가 자연언어처리인데 인간의 언어(자연언어)를 프로그램이 처리하는 다양한 방법이 시행착오를 거쳐 시도 중이다.[5)] 그 중에서도 인문사회계 연구와 교육에 직접 응용 가능한 것이 텍스트 마이닝 기술로 그 이용이 확산되고 있다. 이는 언어 데이터의 양적 처리에 의해 원하는 특징을 발견하는 방법이다.[6)]

본고에서는 AI기술에서 본 일본어학과 일본어교육 연구의 전망과 과제를 살펴보며 특히 현재 이미 연계되어 있으며 발전이 기대되는 텍스트 마이닝 기술과의 관계를 중심으로 고찰하겠다. 이와 함께 현재 각국에서 제창된 AI기술 교육 및 일본어학과 일본어교육 연구와의 관계도 살펴보고자 한다. 덧붙여 표 및 자료는 모두 필자에 의한 것이다.

---

4) 사회변동 직업변동 예상의 일례로 総務省(2018), 『平成30年版情報通信白書: 特集 人口減少時代のICTによる持続的成長』, https://www.soumu.go.jp/johotsusintokei/whitepaper/ja/h30/pdf/index.html 참조.

5) 자연언어처리의 기본적 처리는 奥村学(2010), 『自然言語処理の基礎』 コロナ社. 최근의 처리 전체상은 グラム・ニュービッグ, 萩原正人, 奥野陽編, 小町守監修(2016), 『自然言語処理の基本と技術』翔泳社、坪井祐太, 海野裕也, 鈴木潤(2017), 『深層学習による自然言語処理』, 講談社 참조.

6) 계량언어학적수법으로 발전한 텍스트 마이닝 기법은 金明哲(2007), 『Rによるデータサイエンス――データ解析の基礎から最新手法まで』, 森北出版, 구체적인 응용방법은 樋口耕一(2014), 『社会調査のための計量テキスト分析――内容分析の継承と発展をめざして』, ナカニシヤ出版、李在鎬(2017), 『文章を科学する』ひつじ書房 참조.

2. 일본어학, 일본어교육 연구에 대한 AI기술 응용

우선 AI의 발전에 대해 소개하겠다. 현재 AI는 특정 목적의 처리에 특화된 '약한 AI'로 지금까지 AI는 모두 이러한 특화형 AI의 개발형이다. 현재까지 AI의 발전의 역사를 그림으로 나타내면 아래와 같다. 현상태에서는 아직 미디어에서 광고하는 것 같은 범용형AI '강한 AI'의 개발이나 인간을 넘어선 능력으로 인간을 지배하는 싱귤래리티를 실현하는 방법은 없다.[7)]

	인공지능 단계	주요 기술 등	인공지능에 관한 사건
1950年代			튜링 테스트 제창(1950년)
1960年代	제1차 인공지능 붐 (탐색과 추론)	·탐색, 추론 ·자연언어처리 ·뉴럴 네트워크 ·유전적 알고리즘	다트머스 회의에서 '인공지능'이라는 단어 등장(1956년) 뉴럴 네트워크의 퍼셉트론 개발(1958년) 인공대화 시스템 ELIZA개발(1964년)
1970年代	빙하기	·엑스퍼트 시스템	첫 엑스퍼트 시스템 MYCIN개발(1972년)
1980年代	제2차 인공지능 붐 (지식 표현)	·지식기반 ·음성인식	MYCIN의 지식 표현과 추론을 일반화한 EMYCIN 개발(1979년)
1990年代		·데이터 마이닝 ·온톨로지	5세대 컴퓨터 프로젝트(1982-92년) 지식기술 Cyc프로젝트 개시(1984년) 오차역전파법 개발(1986년)
2000年代	빙하기	·통계적 자연 언어 처리	
2010年代	제3차 인공지능 붐 (기계 학습)	·딥 러닝	딥러닝 제창(2006년) 딥러닝 기술을 화상인식 콘테스트에 적용(2012년)

(출전) 총무성, 「ICT진화가 고용과 근로에 미치는 영향에 관한 조사연구」, 2016.

〈그림 2〉 AI의 발전의 역사[8)]

---

7) 2019년 현재, 제3차 AI붐을 지지한 심층학습에 한계가 있다는 사실이 지적되고 있다. 완전히 새로운 방법이 탄생하지 않는 한 현재의 데이터 처리의한계를 넘기는 힘들다. AINOW(2019), 「ディープラーニングはすでに限界に達しているのではないか?」 https://ainow.ai/2019/02/18/161998/ 등을 참조.

8) 그림은 総務省(2016), 「第4章第2節人工知能(AI)の現状と未来」, 『情報通信白書平成28年度版』, http://www.soumu.go.jp/johotsusintokei/whitepaper/ja/h28/pdf/n4200000.pdf에 의함.

따라서 현재 AI의 사회적 이용이 확산되는 환경에서는 AI는 일반화의 방향이 아니라 고도로 기능적으로 분화해 나갈 가능성이 높고, 특정 기능을 사용하는 분야에 대해서는 지금까지 인간이 해 온 일과 작업을 쉽게 대체 할 수 있게 되었으며, 실제로 사무 및 작업 분야 등에서는 정보화가 진행되고 있다.[9] 그런 점에서 인간의 능력을 검토해야 할 필요가 있으며 자신의 일이나 지식이 AI화 사회 속에서 어디에 접속될지 생각해야 한다. 따라서 대학교육 내용도 AI로 대체되지 않는 능력을 키우거나 AI를 이용하여 새로운 직업에 연계되는 교과과정을 설계할 필요성이 대두되고 있다.[10] 아래에서는 현재의 일본어교육 및 일본어와 문학 관계 연구의 영역을 넓게 인문계 영역이라고 간주해 인문계 영역과 연결 가능한 정보과학 분야로 자연언어처리(컴퓨터 언어에 대비한 인간의 언어) 영역에서 응용 가능한 기술에 대해 설명하고자 한다.

2.1. 자연언어처리의 질적 연구에의 응용

먼저 일본어학, 일본어교육 연구에 당장이라도 적용이 가능한 AI 기술에 대해 서술하겠다. 이미 제2차 AI기술의 시대에서 계량언어학, 사회학, 심리학, 경영학 등에서는 언어 자료를 양적으로 처리하여 특징을 추출하는 연구가 진행되었으며 제3차 AI기술의 발전으로 한층

---

9) AI으로 대체되는 일에 대해서는 많은 예상이 나오고 있는데 그 일례로 週刊現代(2018), 「これから給料が「下がる仕事」「上がる仕事」全210職種を公開」, https://gendai.ismedia.jp/articles/-/55428 참조.

10) 현재 구미권에서 진행되고 있는 교육개혁 상황의 예는 EdTecZine(2019), 「日本教育にイノベーションを~AI時代に本当に必要な教育とは~」, https://edtechzine.jp/article/corner/35 참조.

향상된 질적 측면으로 연계할 수 있게 되었다. 지금까지 일본어에 관한 자연언어처리를 이용한 연구로는 계량언어학적 방법(양적 연구)이 대표적인데, 1950년대부터 전산기를 이용한 단어의 통계적 처리 연구가 시작되어 어휘(품사) 계량으로 양적인 문체의 특징을 파악해 저자를 특정하는 계량문헌학 방법이 발전돼 왔다. 그러나 원래의 자료에 대한 질적 분석은 한정적이었으며 일본어학 등 질적 연구를 중심으로 하는 학문 분야와는 거리가 멀었다. 일본어학 연구는 질적 연구가 중심이었고 인간의 해석에 따른 단어나 문장의 용례분석, 해석, 분류에 따른 표현의 기능 해명 등이 목적이므로 계량적 연구가 사용하던 데이터 마이닝 기법을 응용하기에는 한계가 있으며 인문계 연구에서 양적 연구와 질적 연구는 분리되어 있었다.[11)]

하지만 제2차 AI 기술의 발전 속에서 일본어학에 활용할 수 있는 각종 코퍼스가 정비되고 컴퓨터의 성능과 자연언어처리기술도 비약적으로 진보해 양적으로밖에 취급할 수 없었던 언어 데이터를 질적으로 파악하는 것이 점차 가능해졌다. 게다가 제3기 AI기술의 발전으로 빅데이터에서 인간의 처리를 거치지 않고 AI 스스로 자연 언어 처리를 수행하는 기계 학습이 발달해 언어의 질적인 내용을 반영한 자연언어 처리가 가능해졌다.[12)]

그 중에서 자연언어처리의 응용으로 언어데이터에서 의미 있는 정보를 추출하는 텍스트 마이닝은 응용분야의 하나로서 폭넓은 연구 분

11) 일본어학, 일본문학, 일본어교육 분야에서는 양적 연구와 질적 연구의 차이에 관한 논의는 지금까지 충분하다고는 할 수 없었다. 사회과학분야의 논의를 참조하면 문제의 본질을 알기 쉽다. 예로 大谷尚(2017), 「質的研究とは何か」, 『Yakugaku Zasshi』 137-6, pp.653-658 참조.

12) 자연언어처리 입문에는 黒橋禎夫(2015), 『自然言語処理 (放送大学教材)』放送大学教育振興会 참조.

야에 적용되고 있다. 사회적으로 가장 널리 보급된 것은 경영학 관련 분석인데 시장조사, 제품평가, 고객분석 등 소비자의 의식과 행동을 조사하는 기본적 방법으로 활용되며 전문 조사회사도 컨설팅 업무의 기본적 방법으로 활용하고 있다.[13] 사회과학계 연구에서도 텍스트 마이닝 이용은 확대되고 있으며 樋口(2017)는 사회계 분야에서 텍스트 마이닝을 질적 분석에서 응용하는 방법과 발전 가능성에 대해 서술하고 있다.[14] 지금까지 일본어학, 계량문헌학, 계량국어학 등에서는 양적 분석에서 텍스트 마이닝이 사용되어 왔지만, 자료간의 차이를 발견하거나 어휘의 계량을 실시하는 등 특정 과제에만 적용되었으며 언어 혹은 문학, 역사 등 인문계 전체를 대상으로 확대하여 응용하기는 어려웠다. 그러나 사회과학 분야에서는 양적 방법과 질적 방법의 특성을 각각 살리는 방법론적 검토가 진행되고 있으며, 그 지식은 질적 연구가 중심인 인문계 연구에도 매우 유익하다고 할 수 있다. 양적 연구와 질적 연구의 차이는 패러다임의 차이로 연구 목적과 대상의 차이로 나타났다. 久保田(1997)는 이하의 〈표 1〉과 같이 두 가지 연구의 패러다임의 차이를 정리했다.[15] 지금까지 인문계 연구에서는 양적 연구와 질적 연구는 극히 대립적으로 받아들여져 우열이나 선악의 척도에서 서로 연구를 평가하고 비판하는 경향이 강했지만 실제로는 방법적 차이라는 지극히 객관적인 문제이며 연구 목적과 대상이 바뀌면 적합한

---

13) 경영학에서의 응용동향으로는 高木修一, 竹岡志朗(2018), 「経営学におけるテキストマイニングの可能性: 仮説構築志向の利用方法 (古川勝教授退職記念号)」, 『富山大学紀要』 64-2, pp.241-260 참조.

14) 사회과학분야에서의 텍스트 마이닝 응용에 대해서는 樋口耕一(2017), 「計量テキスト分析およびKH Coderの利用状況と展望」, 『社会学評論』 68-3, pp.334-350 등을 참조.

15) 久保田賢一(1997), 「質的研究の評価基準に関する一考察: パラダイム論からみた研究評価の視点」, 『日本教育工学雑誌』 21-3, pp.163-173.

방법으로 바뀌는 순수하게 방법적인 문제이다. 사회적 존재의의가 의문시되어 대학에서의 학과 통폐합 대상이 되고 있는 인문계 연구는 이제야말로 연구방법의 문제를 의식화해 종래와 같이 오로지 자신이 받은 교육을 답습해 그것을 단지 절대화할 것이 아니라 의식적으로 방법을 선택해 나가야 할 때라고 말할 수 있다.

〈표 1〉 객관주의와 구성주의의 패러다임 비교[16)]

	양적연구=객관주의	질적연구=구성주의
존재론	'유일한 진실'이 연구자의 관심과는 독립해 존재. 자연법칙에 따라 인과적으로 작용.	사회적으로 구성된 다양한'진실'이 존재. 진실이란 비판이 적용되며 사람들이 합의를 도출하는 과정 속에 생성됨.
인식론	연구자는 연구대상에 직접 관여하지 않고 연구대상이 놓인 곳에서 떨어져 분석.	연구자 자신이 직접 연구대상과 상호 관여함. 그 때문에 연구자는 연구대상과 독립적으로 연구하는 일은 없음.
방법론	미리 가설을 세우고 실험적 환경을 주의 깊게 만들어내 실증적으로 검증.	공통의 이해를 얻기 위해 연구자는 연구대상과 끊임없는 상호작용을 통해 진실을 구성해 감

본고에서는 양적 기법을 질적 연구에 활용하는 내용분석에서 성과를 올려 온 樋口(2014)가 개발한 「KHCoder」를 우선 거론하며 응용 가능성을 살펴본다.

2.2. 질적 연구로서의 인문계 연구에 대한 텍스트 마이닝의 응용 가능성

「KHCoder」는 樋口가 개발했으며 R 등 텍스트 마이닝에서 상용되

16) 15)번 久保田賢一(1997).

는 프로그래밍 언어를 메뉴 형식으로 조작하여 결과를 시각적으로 표시할 수 있는 프로그램으로 일본어, 영어, 중국어, 한국어 등 13개 언어를 처리할 수 있다. R 등의 텍스트 마이닝에 사용되는 프로그래밍 언어는, 프로그래밍을 전부 스스로 쓸 필요가 있지만, 같은 조작을 「KHCoder」로 할 수 있고, 또 필요한 전처리(자료를 구분하고, 분석할 수 있도록 하는 처리)도 행할 수 있으므로 매우 뛰어난 텍스트 마이닝 도구다. 학습자에게 조작법을 가르치면 스스로 텍스트 마이닝을 할 수 있게 되므로 인문사회계 학생에게 AI기술 교육을 시킬 경우 자연언어처리의 응용예로서 어떤 언어 분석에 사용하는지 보여줄 수 있어 구체적 용도를 간단하게 제시할 수 있다.[17] 이하에서 응용예를 살펴보겠다. 분석사례는 최근 일본에서 화제가 된 새로운 영어입시 방식에 대한 자료로 문장량이 비슷해지도록 아사히신문(3개)과 요미우리신문(2개)의 2019년 여름 이후 기사를 다뤘다.[18]

먼저 「KHCoder」에서는 전처리를 통해서 간단하게 자료를 분석의 단위인 단어로 분할할 수 있으므로 어떤 명사, 동사, 형용사 등이 어느 정도 나와 있는지 신속하게 산출할 수 있다. 그 결과를 〈표 2〉의 빈도순 리스트로 표시했다. 빈도를 보면 기사 가운데 어떤 키워드가

---

17) KHCoder는 https://khcoder.net/에 공개된 프리 소프트웨어이다. 사이트에 사용법과 논문이 공개되어 있다.

18) 朝日新聞「(社説)大学入試英語 受験生の不安に応えよ」, 2019年7月30日05時00分, https://www.asahi.com/articles/DA3S14119080.html, 朝日新聞「(社説)大学入試英語とどまる最後の機会だ」, 2019年9月18日05時00分, https://www.asahi.com/articles/ DA3S14182405.html, 朝日新聞「(社説)英語新入試 身の丈発言が示すもの」2019年10月30日05時00分, https://www.asahi.com/articles/DA3S14236794.html, 読売新聞「英語民間試験、561校が参加…見送った大学「高校側から反対の声」, 2019/10/04 14:06 https://www.yomiuri.co.jp/kyoiku/kyoiku/news/20191004-OYT1T50227/, 読売新聞「社説英語入試新方式学校現場の懸念を受け止めよ」, 2019/08/17 05:00 https://www.yomiuri.co.jp/editorial/20190816-OYT1T50304/

중요한지를 비교해 추측할 수 있다. 공통된 어휘는 양쪽 모두에서 유사한 화제를 다루고 있다는 점을 나타내며 각각 다른 어휘는 그 기사에서만 다루고 있는 화제를 나타내고 있다. 아사히신문에서는 '불안7' '공평7' '전체5' 등이 특이하고 요미우리신문의 경우는 '시스템5' '활용5' '목소리5'가 특이한 단어가 된다. 여기서 아사히 신문은 시험의 형평성에 대한 불안에 요미우리 신문은 시험 시스템 및 활용에 각각 주요 논점을 두고 있다고 추측할 수 있다. 이러한 형태로 두 자료의 내용 차를 추측할 수 있다. 지금까지 사회과학 분야에서 응용되어 온 텍스트 마이닝은 큰 자료 안에서 특징이 되는 단어를 찾아내는 것을 주된 목적으로 했지만 인문계의 경우 비교적 한정된 개개의 자료에 대해 그 내용적 특징을 분명히 하는 것이 기본이며 그러한 분석에 텍스트 마이닝이 유효한지는 주된 검토과제가 아니었다. 하지만 이번에 예로 든 소량의 언어 자료로도 핵심 단어를 쉽게 추출할 수 있음을 알 수 있다. 또, 스스로 독해하거나 수작업으로 분석하는 것에 비해 훨씬 신속하고 용이하게 특징을 찾아낼 수 있다.

〈표 2〉 아사히신문과 요미우리신문 기사의 사용단어 빈도순 리스트
(좌: 아사히신문 / 우: 요미우리신문 이하 동일)

#	抽出語	品詞/活用	頻度
1	試験	サ変名詞	22
2	大学	名詞	16
3	民間	名詞	13
4	受験生	名詞	12
5	入試	名詞	9
6	文科	名詞	9
7	受験	サ変名詞	8
8	テスト	サ変名詞	7
9	英語	名詞	7
10	公平	形容動詞	7
11	高校	名詞	7
12	不安	形容動詞	7
13	共通	サ変名詞	6
⊞ 14	受ける	動詞	6
15	問題	ナイ形容	6
16	解消	サ変名詞	5
17	改革	サ変名詞	5
18	協会	名詞	5
19	実施	サ変名詞	5
20	制度	名詞	5
21	全体	副詞可能	5
22	対応	サ変名詞	5

#	抽出語	品詞/活用	頻度
1	試験	サ変名詞	20
2	大学	名詞	17
3	英語	名詞	12
4	民間	名詞	11
5	参加	サ変名詞	9
6	受験	サ変名詞	8
7	高校	名詞	7
8	団体	名詞	6
9	提供	サ変名詞	6
10	文科	名詞	6
11	システム	名詞	5
12	活用	サ変名詞	5
13	技能	名詞	5
14	共通	サ変名詞	5
15	実施	サ変名詞	5
16	受験生	名詞	5
17	声	名詞C	5
18	入試	名詞	5
19	テスト	サ変名詞	4
20	公表	サ変名詞	4
21	成績	名詞	4

〈표 3〉 아사히신문과 요미우리신문의 기사에서 사용된 단어의 다차원척도구성법 결과

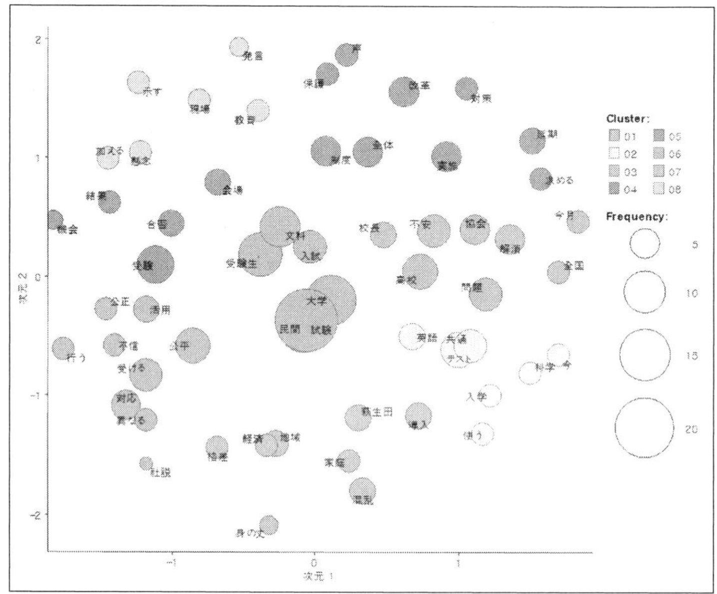

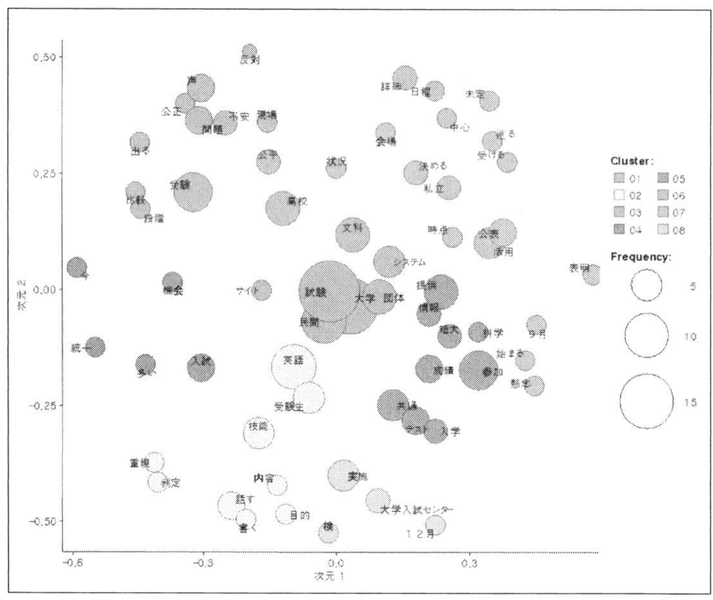

다음으로 그 외의 분석 수법을 보겠다. 〈표 3〉의 다차원 척도 구성법은 공기관계가 강한 단어를 가까운 거리에 배치하고 제로 좌표 부근에 그 자료의 상용 단어가 모이며 주변에 특이한 단어가 분포한다. 클러스터 분석을 병용하면 공기관계가 강한 단어를 클러스터로 나누어 표시할 수 있으므로 어떠한 내용이 텍스트에 많이 쓰이는지를 용이하게 읽어낼 수 있다. 과거에는 수적으로 양자를 비교하고 유사도를 검출하는 방법이 계량 언어학에서 이용됐지만 텍스트의 판독에 중점을 두면 나와 있는 단어의 클러스터 분류는 내용에 포함되는 각 테마를 나타낸다고 할 수 있다. 아사히 신문에서는 '公正, 公平, 不信, 活用', '現場, 懸念', '高校, 協会, 不安' 등 민간 영어 시험 도입에 대한 마이너스 평가를 나타내는 그룹이 눈에 띄며, 요미우리신문에서는 '公平, 公正, 不安'이라고 하는 아사히 신문과 같은 테마도 볼 수 있지만 '日程, 詳細、会場', '提供, 情報, 成績', '英語, 技能, 内容' 등 시험 실시 방법이나 내용에 관한 테마가 많이 추출되어 각각에 포함된 주된 내용의 차이가 명확하게 드러난다. 「KHCoder」에서는 각 단어를 클릭하면 자료의 용례가 표시되므로 원문으로도 쉽게 확인할 수 있으며 용례 수집도 간단하게 할 수 있다.

게다가 〈표 4〉에 드러나듯이 기사에 나와 있는 단어의 공기 네트워크를 작성해 보면, 출현 패턴이 비슷한 단어를 선으로 연결하여, 클러스터로 나누어 표시할 수 있다. 공기 네트워크의 연결이 강하고, 또, 관계도의 네트워크가 많은 것은 각각 중요한 내용을 표시하고 있다고 생각된다. 아사히신문에서는 '校長, 協会, 実施, 延期', '地域, 経済, 格差, 家庭', '合否, 判定, 結果'가 '公平, 公正, 不信'과 연계되는 형태로 나와 민간 영어시험제도에 대한 비판 포인트가 뚜렷하다. 한편 요미우리신문에서는 '問題, 公正, 公平, 不安, 現場'이라는 문제점과

'英語, 技能, 判定'이 '実用, 検定'과 결합되어 있어 'システム, 参加, 大学, 実施'와 함께 실시 내용이 큰 포인트임을 알 수 있다. 신문기사와 같은 문장의 기본적 유형(화제를 병렬시켜 초점을 만들어 내는 문장 구성)에서 텍스트 마이닝은 문장의 기본적인 화제를 적확하게 추출하는 매우 유익한 어드바이저 기능을 수행할 수 있다고 말할 수 있다.

〈표 4〉 아사히 신문 및 요미우리 신문의 기사 사용 단어의 공기 네트워크

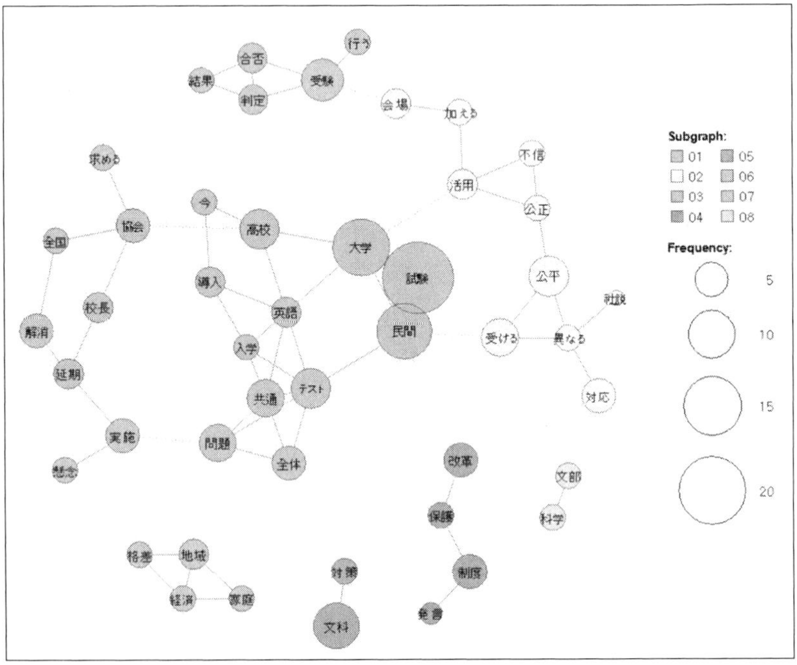

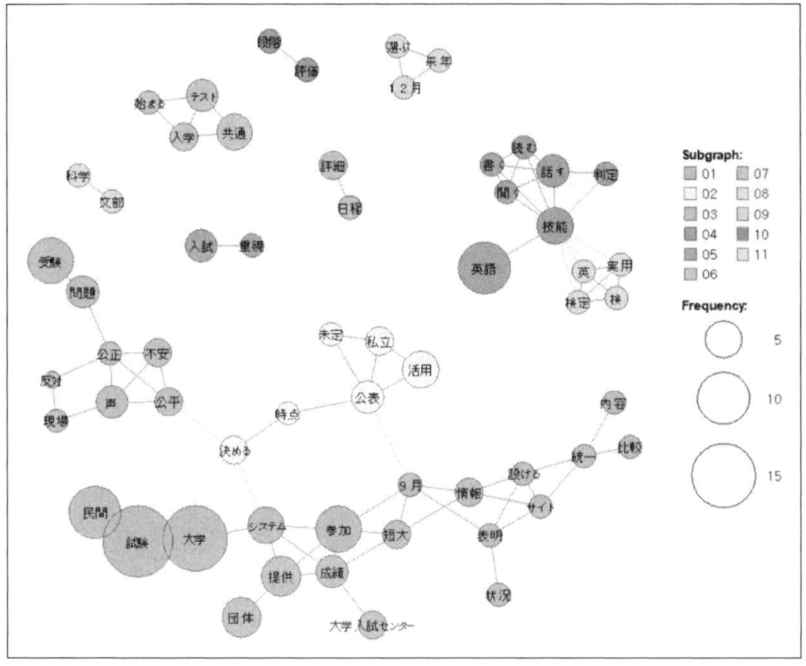

이상 R 등에 의한 텍스트 마이닝을 메뉴로 조작해 시각적으로 결과를 출력할 수 있는 「KHCoder」를 사용해 텍스트 마이닝을 실시한 결과를 제시했다. 기존의 계량적 언어연구나 사회학, 심리학 분석에서도 이런 텍스트 마이닝은 시도되었지만 그 지향하는 대상과 목적은 각각 달랐다. 이번에는 일본어학, 일본어교육 연구의 질적 연구에 활용할 목적으로 질적인 데이터 판독을 실시하는 것에 중점을 두었다. 각각의 문장이 지닌 의미 있는 표현을 텍스트 마이닝 기법으로 추출할 수 있어 연구는 물론 교육 현장에서도 독해 보조로 사용할 수 있다. 추상적인 내용이라 일반적으로 독해가 어려운 사상, 종교, 평론 등의 문장에서도 범위를 나눠 텍스트 마이닝을 실시하면 마찬가

지로 자료의 기본적인 키워드와 그 글뭉치가 말하는 요점을 추출할 수 있으므로 연구와 교육에서 자료 독해에 매우 유익한 조언을 얻을 수 있다. 인문계에 널리 응용될 가능성을 갖고 있다고 하겠다.

2.3. 텍스트 마이닝 가능성 탐구

텍스트 마이닝은 원래 중립적인 기술이며 대상과 목적에 따라 나오는 결과의 판독을 바꿈으로써 지금까지 그것을 이용한 적 없는 인문사회계의 연구나 교육에 폭넓게 응용할 수 있는 기술이 되었다고 할 수 있다. 또, 종래에는 수치로 밖에 표시할 수 없었던 결과를 시각적으로 표시하는 기술이 발달함으로써, 의미적 파악이 쉬워져, 인문계의 연구나 교육에 응용하기 쉬운 환경도 갖추어지고 있다. 아래에는 텍스트 마이닝에 관련되어 온 종래의 분야와 새롭게 응용하기 시작한 인문사회계의 분야를 비교, 정리했다.

〈표 5〉 각 분야의 텍스트 마이닝 응용

항목	사회학, 심리학 교육학, 복지, 의료	경영학	계량언어학 계량문헌학	인문사회계(어학, 문학, 역사, 사상, 일본어교육학)
대상	사회현상, 인간행동, 심리적 현상의 규칙성, 양적 질적 특징	비즈니스 관련 사회현상, 심리요인, 소비행동, 시스템	언어 단위의 양적 처리, 자료 간 차이	자료가 되는 문헌, 데이터의 질적 특징, 내용적 이해
목적	언어 데이터 분석을 통한 사회현상, 심리현상의 일반적 규칙성 혹은 개별적 특성의 해명	언어 데이터 분석을 통한 비즈니스 관계 현상의 양적 질적 특성 해명	언어 데이터의 양적 분석을 통한 언어의 일반적 특징 해명	언어 데이터의 질적 독해, 정리, 해석을 통한 자료의 개별적 특징 해명
방법	양적방법과 질적방법 대립	양적 방법과 질적 방법 병용	양적 방법	양적방법과 질적방법 대립

응용	내용분석, 인터뷰 및 설문조사 기술 내용의 질적 분석, SNS 등 언어 데이터의 질적 분석	인터뷰 및 설문 기술 내용의 질적 분석, SNS 등 언어 데이터의 질적 분석	언어 데이터의 양적 분석과 정리, 통계적 처리	언어 데이터의 양적 분석을 단서로 한 질적 분석 기법 개발
성과	질적 연구에서 널리 응용	빅데이터 분석에서 널리 응용, 상업화	데이터베이스 작성, 자료 간 차이 검증	개척 중

원래 언어 데이터의 양적 처리는 1950년대에 컴퓨터가 실용화되어 제1세대 AI의 프로그램이 나왔을 때부터 시작됐다. 코퍼스 작성이나 전자적 데이터의 해석 등을 실시하는 계량언어학 분야가 탄생했고 그 수법이 인문과학의 각 분야에 응용되어 데이터의 양적 처리가 발전했다. 그러나 1980년대부터 양적 처리만으로는 규명할 수 없는 각종 문제가 불거지면서 질적 방법이 제기됐고, 이후에는 양적 연구와 질적 연구가 대립적인 입장에서 각 분야에서 시행되고 있다.19) 지금까지 이른바 인문계라고 불리던 어학, 문학, 역사, 사상 등의 언어 데이터의 개개의 특징을 파악해 의미 내용을 분석, 정리한 자료와 상호작용적인 해석을 적용해 온 분야는 양적 방법과는 연계시키기 어렵고, 또 제2세대까지의 AI 기술을 어떻게 언어 데이터의 분석에 응용할지 자체도 큰 문제였다. 그러나 제3세대 AI의 기술혁신으로 점차 AI가 언어의 의미 특징을 파악하는 기술과 기법이 발달하면서 시각적으로 결과를 제시할 수 있게 되었고 동시에 AI 자체가 학습을 할 수 있게 되면서 비약적으로 응용범위와 효과가 확대되어 기존의 인문계 연구와의 접속이 가능해지고 있다. 어떻게 양적 방법을 활용해 인문계의 질적 방법의 이점을 살릴 것인가는 앞으로 큰 과제라고 할 수 있다. 단순하게 말하면 수치 데이터

---

19) 양적연구와 질적연구의 특징에 대해서는 주6) 樋口耕一(2014) 및 주 15) 久保田賢一(1997) 등을 참조.

가 나타내는 의미를 원래의 자료에 입각해 해석하는 것은 인간의 질적 활동이며 인문계의 특징이 되는 연구 방법 그 자체이다. 이는 일상의 교육 내용에도 동시에 환원할 수 있는 방법이다.

3. 맺음말

2010년대 후반 AI 기술의 발달이 주목을 받아 곧 새로운 시대가 시작된다고 매스컴이 선전했지만, 2019년이 되자 여러 과제가 생겨나 예상처럼 단순한 성장 곡선을 그리는 것은 어려워지고 있다. 또, 미디어에서 선전한 것 같이 모든 인간 활동이 AI로 대치되는 시대도 상상했지만 기대했던 많은 기술 중 언어 관계의 기술은 일종의 벽에 부딪쳤다. AI 버블이 되리라는 지적도 나오기 시작했다.[20] 응용할 수 있는 것은 무엇인가를 명확하게 추구하는 것으로 기술 변동에 연동된 향후의 사회변동에도 인문계 연구의 방향을 가늠할 수 있을 것이다. 자연언어처리에 관해 인문계의 시점을 활용할 가능성은 크며 분야 간 연계를 도모함으로써 새로운 가능성을 전개할 수 있을 것이다. 텍스트 마이닝을 인문계 분야의 자연언어처리 연계의 도입으로 삼아 거기에서부터 가능성을 펼쳐 가는 것으로 앞으로의 시대에 대한 대응의 길이 열릴 것임에 틀림없다.

---

20) 2019년 AI 버블을 경고하는 IT경영자가 늘고 있다. Life For Earth(2019)「AIバブル:「日本の社長にお手あげ 第一人者 松尾豊氏の警告」に同感。AIスタートアップは要注意の時期。」, http://lifeforearth.com/?p=6625

이 글은『일본어교육연구』50집(한국일어교육학회, 2020.2.)에 게재된「AI技術からみた日本語学、日本語教育研究の展望と課題－日本語教育の繫がりと協働の新領域をめざして」를 한국어로 옮긴 것이다.

일본어 학습자 언어코퍼스(I-JAS)의 구축과정과 습득레벨

JFL환경의 한국인 학습자를 사례로

조영남

1. 머리말

일본어 습득연구는 1990년대부터 활발하게 이루어지기 시작하였는데 개인 연구자가 연구목적에 맞는 피험자를 스스로 확보하여 분석이 이루어지는 경우가 많았다. 그 때문에 피험자 확보에 애로가 많아 습득레벨별 피험자 숫자는 그다지 많지 않고, 어렵게 확보한 피험자의 초급, 중급, 고급 습득레벨 설정이 개별 연구들마다 제각기 달랐기 때문에 연구 간의 비교가 쉽지 않았다. 최근 일본 국립국어연구소의 홈페이지에 공개된 일본어 학습자 언어코퍼스 I-JAS(다언어모어의 일본어 학습자 횡단코퍼스, International Corpus of Japanese as a Second Language, 2020년 3월 25일 완성)는 17개국 20군데의 대규모 코퍼스로서 이러한 일본어 습득연구의 한계를 극복하기 위해 구축된 것이다. 일본국외 학습자 850명, 일본국내 학습자 150명의 피험자에게 7종류의 과제를 수행하도록 한 후 2종류의 일본어능력 테스트를 실시하여 공통된 습득레벨이 설정되도록 하였다. 또한 일본어모어화자 50명에게도 동일한 과제를 수행하게 하여 학습자 언어와 비교할 수 있게 하였다.

본고에서는 필자가 국립국어연구소의 I-JAS 코퍼스 구축과정에서 한국인 일본어 학습자의 데이터 수집을 위한 조사협력 연구자로서 관여한 조사 과정과 내용을 소개함으로써 대규모 언어코퍼스 구축시의 주의사항을 공유하고자 한다. 또한 향후 연구자들이 I-JAS 코퍼스를 손쉽게 활용할 수 있도록 I-JAS 코퍼스 구축에 참여한 한국인 일본어 학습자의 습득레벨을 제시한다.

2. 조사개요

조사 목적은 일본국외 및 일본국내의 일본어 학습자의 언어자료를 학습환경이나 지역, 일본체재 경험유무를 관점으로 수집하여 통일적인 기준에 의한 대규모 학습자 언어코퍼스를 구축하는 것이다.

조사 목적을 달성하기 위해서 한국의 대학교에서 100명을 모집하는 것을 목표로 하여 필자의 학교에서 57명, D대학교에서 55명[1)]을 모집하였다. 데이터에 문제가 있는 경우에는 제외를 해야 하기 때문에 여유 있게 12명을 더 추가하여 모집하였다. 현재 국립국어연구소 홈페이지에는 한국의 대학교에 소속되었던 한국인 일본어 학습자의 언어코퍼스 100명분의 음성자료와 문자자료가 함께 공개되었다.

이 절에서는 필자의 학교에서 수집한 57명 학습자의 언어 수집과정을 제시한다. B대학교에서도 동일한 언어수집 과정 절차를 거쳤다.

1) 본 조사에 앞서 희망자에 한해 작문조사도 수행하였는데, 필자의 학교에서는 49명이 참가하고, D대학교에서는 54명이 참가하였다.

필자가 국립국어연구소 I-JAS 프로젝트를 추진하는 단계에서 2014년 당시에 일본 프로젝트 사무국으로부터 받은 매뉴얼과 프로젝트 최종보고서(2016), 迫田 외(2020)을 토대로 조사협력 연구자로서 시행해 온 과정을 제시하고자 한다.

【조사실시 대학교】 고려대학교
【조사실시 연구자】 국립국어연구소에서 파견된 2명의 일본인 연구자
【조사협력 연구자】 필자
【조사 참가자】 대면조사 57명(이 중 임의 작문조사는 49명)
【스케줄】

상세 내용	시기
학생 모집	2014년 3월 24일~4월 4일
조사 참가자와 조사 시간 스케줄을 일본 프로젝트 사무국에 송부	2014년 4월 5일
일본 프로젝트 사무국에서 조사 참가자에게 메일 송부: 참가 학생의 배경조사와 임의 작문조사(희망한 참가자)에 대한 안내	2014년 4월 9일
일본에서 파견된 2명의 일본인 연구자와 사전 협의	2014년 5월 11일
조사 실시기간	2014년 5월 12일~5월 16일
국립국어연구소 홈페이지에 I-JAS 코퍼스를 순차적으로 공개하여 최종 완성	2020년 3월 25일

이번 조사는 일본에서 파견된 2명의 일본인 연구자가 한국에 와서 실시하는 대면조사와 대면조사에 앞서 미리 메일 송부에 의해 이루어진 배경조사가 있다. 또한 희망자만 실시하는 임의 작문조사가 이

루어졌다. 자세한 내용은 3. 조사내용에서 소개한다.

2.1. 조사 참가자의 모집단계

조사 참가자를 모집할 때 3가지 사항(①학습자의 모어, ②일본어 능력 수준, ③일본 체재경험과 기간)을 고려해 달라는 의뢰를 받았다. 각각에 대해 상세히 설명한다.

① 학습자의 모어

본 프로젝트는 모어를 한국어라고 특정할 수 있다는 조건이 조사 참가자의 요건이다. 일본어 학습자의 일본어 사용에 있어서 모어의 영향 유무를 분석하는 것이 연구목적 중에 있기 때문에 자신의 모어가 한국어라고 특정하지 못하는 학습자는 모집에서 제외하도록 하였다. 모어가 한국어이고 영어에 매우 능숙한 학습자의 경우에는 포함시켰다. 특히 국립국어연구소의 조사 참가자 모집을 위한 매뉴얼에는 다음과 같은 학습자는 제외하도록 하였다.

- 일본어 바이링걸(균형, 편중에 관계없음)
- 다양한 언어환경에서 생활하는 경우(가정: 폴란드어, 학교: 독일어)

따라서 한국인 일본어 학습자를 모집하는 단계에서 국제결혼 가정의 학습자나 조부모 중 한명이라도 일본인의 경우에는 제외를 하였다. 구체적인 예를 들면, 학생들 중에는 모집단계에서 조사에 참가가 가능한지 문의를 주는 경우가 있었는데, 모어가 특정되기는 하지만, 조부모 중 한명이 일본인이어서 일본어 노출이 많았던 집안 환경의 경우는 조사에 참가를 허용하지 않았다.

② 일본어 능력 수준

본 프로젝트에서는 세계 각국의 일본어 학습자의 일본어능력을 측정하기 위해 동일한 테스트를 실시하여 조사에 참가한 학습자의 습득수준을 동일한 잣대로 비교한다는 취지가 있었다. 따라서 학습자의 일본어 능력을 미리 점검하여 모집을 하는 형태는 취하지 않았다. 무엇보다도 57명의 조사 참가자의 모집이 가능할지에 대한 우려가 있었기 때문에 언어 능력별(초급, 중급, 고급 등)로 모집인원에 대한 지정은 없었다. 단 일본어를 거의 말하지 못하는 기초단계의 학습자는 인터뷰 조사에 응하지 못하기 때문에 제외해달라는 요청이 있었다. 이상과 같은 조건을 제시하고 스스로 조사에 참가하고자 하는 의욕이 있는 학생들이 신청하는 방식이다.

③ 일본 체재경험과 기간

본 프로젝트는 해외대학에서 학습하는 JFL(Japanese as a Foreign Language) 환경의 일본어 학습자를 모집하는 것이 조사 목적이기 때문에, 필자가 의뢰받은 것은 일본 체재를 하지 않은 학습자를 모집할 필요가 있었다. 하지만 대학 시절 동안 일본에 교환학생을 다녀온 경우나 단기로 일본여행을 다녀온 경우도 많아, 현실적으로 일본 체재경험을 하지 않은 학생만을 모집하는 것은 쉽지 않을 것으로 예상되었다. 따라서 1년 미만의 일본체재는 JFL환경의 일본어 학습자라고 인정하기로 하여 '일본체재 경험이 1년 미만'이라는 기준을 한국인 학생들에게 제시한 후 모집하였다.

최종 프로젝트 보고서(p.19)에서는 일본에 유학경험이 있는 경우에는 일본의 교육기관에서의 소속이 합계 1년 3개월 미만이고 방학 등의 장기휴가는 포함되지 않는다고 제시되어 있다. 일본국외 학습자 850명을 모집하는 과정에서 1년 3개월까지는 교실환경 학습자로서 인정한 것으로 보인다.

④ 조사 참가자 모집 및 연락

한 수업에서 57명 모집은 현실적으로 어려웠기 때문에 학부 수업을 담당하는 두 명의 교원이 학생 모집에 도움을 주었다. 조사 참가를 신청한 학생에게는 조사 참가자 명단 서식에 메일 주소를 기입하도록 하였다. 하지만 약 1개월 후에 이루어진 조사 일정에 대해 학생들이 깜박 잊는 경우도 있고 리마인드 연락 시에 휴대폰 문자메시지로 공지하면 더 효율적으로 이루어지겠다는 일들이 발생하였다. 담당교원은 수강생 정보를 통해서 핸드폰 전화번호를 수집할 수는 있었지만 정보보호 차원에서 꺼리는 분위기여서, 담당 교원을 통해서 철저히 메일 교환으로 이루어졌다. 이에 대한 개선점으로는 조사협력에 대해 동의를 한 학생에게는 메일 정보만이 아니라 핸드폰 연락처나 카카오톡ID 등의 연락처를 넣는 참가자 명단 서식을 만들어, 조사와 관련된 연락이 필요할 때 사용한다고 주지시킬 필요가 있다. 조사 참가자의 정보보호를 최대한 고려하면서 연락을 취하는 방법은 향후에도 논의를 지속할 필요가 있다.

⑤ 조사 참가자의 배경 조사

조사에 앞서 각각의 조사 참가자에게 한국어로 번역된 '조사협력자 배경정보(フェイスシート)' 조사표가 메일로 송부되었다. 조사표는 조사 참가자의 속성(7항목), 언어환경(7항목), 일본어학습(6항목)에 대한 정

보를 기입하도록 하였고, 조사 참가자의 이름은 ID로 변환되어 국립국어연구소 I-JAS 홈페이지에 공개되어 있다. 일본어 학습자의 제2언어습득요인에는 나이나 성별과 같은 속성, 일본어의 접촉빈도와 같은 언어환경, 교육기관에서의 언어학습 방법이 큰 영향을 미치기 때문에 상호관계성을 논할 때 매우 유효한 틀이라고 할 수 있다. 〈표 1〉, 〈표 2〉, 〈표 3〉의 내용은 제2언어습득과 관련된 학습자 속성 등의 배경조사를 할 때 응용 가능한 내용이므로 연구목적에 맞추어 적절히 배합하여 제시하면 유용하다고 본다. 〈표 1〉에는 속성에 대한 질문과 응답, 〈표 2〉에는 언어환경에 대한 질문과 응답, 〈표 3〉에는 일본어학습에 대한 질문과 응답에 대한 상세 내용을 제시한다.

〈표 1〉 속성에 대한 질문과 응답

속성에 대한 질문	응답
1. 성명 ※ 성, 이름 순으로 작성하기	-한국어(　) -알파벳(　) -가타카나(　　　　)
2. 성별	1. 남자　2. 여자 3. 답변을 희망하지 않음
3. 소속 ※ 학생의 경우는 학교명을 작성하기	1. 학생　2.학생이 아님 학교명(　)
4. 직업 경력 ※ 아르바이트나 파트타임은 포함되지 않음	1. 일을 한 적이 있음 2. 일을 한 적이 없음
5. 출신국	(　　　)
6. 출생년도	서기 (　)년
7. 현재 거주 중인 나라와 기간	-나라 이름(　　　　) -기간(　)년 -답변을 희망하지 않음/모르겠음

〈표 2〉 언어환경에 대한 질문과 응답

언어환경에 대한 질문	응답
8. 당신의 모어(가장 능숙한 언어)는 무엇인가? ※ 2개국어 이상을 유창하게 구사할 수 있다고 생각하는 경우에는 더 유창한 쪽을 기입하기.	모어( ) 중국어 방언( )
9. 가족의 모어(가장 능숙한 언어)는 무엇인가? ※ 당신의 조부모, 부모, 형제, 배우자, 어린이에 대해서 기입하기 ※ 지금 함께 살지 않아도 이야기한 적이 있으면 기입하기 ※ 2개국어 이상을 유창하게 구사할 수 있다고 생각하는 경우 더 유창한 쪽을 기입하기	할아버지(어), 할머니(어) 할아버지(어), 할머니(어) 아버지(어), 어머니(어), 형/오빠(어), 누나/언니(어) 남동생(어), 여동생(어) 배우자(어), 아이(어)
10-1. 거주하는 곳에서 일상적으로 일본어가 사용되는가?	1. 예 2. 아니오 3. 답변을 희망하지 않음/모르겠음
10-2 '예'라고 하는 경우 누가 이야기하는가? (복수선택 가능)	1. 가족 2. 친구 3. 동료 4. 답변을 희망하지 않음/모르겠음
11. 친한 친구 중에 일본어모어화자가 있는가? (아는 사람은 포함되지 않음) -아는 사람: 알고 있으면서 인사를 하는 정도의 사이 -친한 친구: 함께 식사를 하거나 놀러가거나 하는 사이	1. 예 2. 아니오 3. 답변을 희망하지 않음/모르겠음
12. 일본어 수업 이외에 어떤 상황에서 일본어를 사용하는가?(복수선택 가능)	1. 함께 사는 사람과 대화할 때 2. 업무에서(아르바이트를 포함) 업무내용( ) 3. 기타( ) 4. 사용하지 않음. 5. 답변을 희망하지 않음/모르겠음 6. 기타( )
13-1 모어 이외에 일상적으로 사용할 수 있는 언어가 있는가?	1. 예 2. 아니오 3. 답변을 희망하지 않음/모르겠음

13-2 '예'라고 답변한 경우 그 언어는 무엇인가?	-언어명1(　　　)어 장소(　　　) CEFR레벨(　　　) -언어명2(　　　)어 장소(　　　) CEFR레벨(　　　)
14. 외국어 수업 이외에 수업 중에 선생님이 이야기할 때 사용하는 언어는 무엇인가? (대학교 입학 전/대학교) ※ 모어인가? 외국어인가? 언어 이름을 기입하기 ※ 대학교 입학 전과 대학교에 대해서 각각 기입하기 ※ 도중에 학교를 옮긴 경우나 한 학교에서 복수의 언어로 교육을 받은 경우, 모두 기입하기	-대학교 입학 전 (　　　)어 -답변을 희망하지 않음/모르겠음 -대학교 (　　　)어 -답변을 희망하지 않음/모르겠음

〈표 3〉 일본어학습에 대한 질문과 응답

일본어학습에 대한 질문	응답
15. 일본어를 처음 배우기 시작한 계기는 무엇인가? (복수선택 가능)	1. 일본이나 일본문화에 흥미가 있다 2. 가족이나 친구의 권유 3. 일본에서 생활하기 위해서 4. 일이나 장래를 위해 5. 유학을 위해 6. 답변을 희망하지 않음/모르겠음 7. 기타(　　　　　)
16. 현재 일본어를 어떻게 배우고 있는가? (복수선택 가능)	1. 교육기관(대학교, 자원봉사 등의 무료 일본어교실을 포함) 2. 교육기관 이외의 일상생활에서 3. 독학(일본어교재, 책(만화를 포함), TV, 비디오, 인터넷교재) 4. 과외 등 5. 지금은 배우고 있지 않음 6. 답변을 희망하지 않음/모르겠음 7. 기타(　　　　　)

17. 일본어로 하는 활동은 무엇인가? 일상에서 하는 것을 선택하기 (복수선택 가능)	1. TV, 드라마, 영화, 애니메이션을 봄 (인터넷으로 보는 것도 포함) 2. 신문, 잡지, 소설, 만화를 봄(인터넷으로 보는 것도 포함) 3. 채팅, 스카이프, 게임, 노래방에 감 4. 답변을 희망하지 않음/모르겠음 5. 기타( )
18-1. 현재 또는 지금까지 교육기관에서 일본어를 배운 적이 있는가?	1. 예 2. 아니오 3. 답변을 희망하지 않음/모르겠음
18-2. '예'라고 답변한 경우 기관과 시기	-기관( ) 초등학교, 중학교, 고등학교 대학교 주전공 대학교 주전공 이외 어학교실 답변을 희망하지 않음/모르겠음 기타( ) -시기( )년( )월~( )년( )월
19. 지금까지 학습한 일본어 교과서를 알고 있는 범위에서 알려주기	-모른다 -책 이름( ) 출판사( )
20-1. 일본 체재 경험 유무	1. 예 2. 아니오 3. 답변을 희망하지 않음/모르겠음
20-2. '예'라고 답변한 경우, 목적과 기간. 여러 번인 경우, 일본 체재별로 기입하기	-목적(여행, 유학, 생활, 답변을 희망하지 않음/모르겠음 기타) -기간( )년( )월~( )년( )월

⑥ 조사 공간의 확보

필자 학교에서의 조사기간은 5일간으로 설정되었기 때문에, 주중에 비어있는 3개의 교실을 확보할 필요가 있었다. 신학기가 시작되는 3월에 대학 측에 문의를 해본 봐, 비어있는 교실은 없고 1개월 전이 될 때까지는 알 수 없다는 답변이 왔다. 이러한 상황은 한국만이 아니라 다른 나라의 조사 시에도 공간 확보 문제가 있었다고 들었다. 결과적으로 고려대학교의 글로벌 일본연구원 2층 회의실 3개를 확보하였고 3개 회의실은 조사자끼리 긴밀하게 연락을 취할 수 있도록 근접해 있었다. 조사자끼리의 접근성은 공간 확보시에 고려해야 할 점이라고 할 수 있다. 또한 조사기간 동안 조사공간에 출입을 금하는 등의 문구도 문 앞에 붙여놓는 등 다양한 구성원의 이해와 협력으로 조사가 가능했다.

2.2. 조사 실시 단계

다음 〈표 4〉에 제시된 조사 실시 흐름은 프로젝트 매뉴얼과 迫田 외(2020)에 제시된 내용이다. 실제로 아래와 같은 흐름으로 진행되었다.

〈표 4〉 조사 실시 흐름

<table>
<tr><th colspan="2">단계</th><th>내용</th><th>소요시간(분)</th><th>장소</th><th>담당자</th></tr>
<tr><td>1</td><td rowspan="2">조사 설명</td><td>조사 설명·동의서</td><td>5</td><td rowspan="8">회의실1
회의실2</td><td rowspan="8">담당자A
담당자B</td></tr>
<tr><td>2</td><td>조사 참가자의 배경조사 확인</td><td>5</td></tr>
<tr><td>3</td><td rowspan="6">본 조사</td><td>스토리텔링(2개)</td><td>10</td></tr>
<tr><td>4</td><td>대화</td><td>30</td></tr>
<tr><td rowspan="2">5</td><td>역할극(2개)</td><td>10</td></tr>
<tr><td>그림 묘사</td><td>5</td></tr>
<tr><td>6</td><td>스토리라이팅(2개)
* 컴퓨터를 사용하여 작성(조사자가 지참한 컴퓨터로 작업하기)
* 입력을 하지 못한 경우는 수기로 작성(수기원고는 후에 컴퓨터에 입력하기)</td><td>20</td></tr>
<tr><td colspan="3"></td><td>소계 85</td><td colspan="2"></td></tr>
</table>

노트북이 설치되어 있는 교실로 이동					
7	일본어 능력조사	TTBJ(SPOT)	20	회의실3	보조원
8		J-CAT	60		
9		사례하기	10		
			합계 175		

① 학습자의 프라이버시 보호

본 프로젝트에서는 음성 자료를 공개하는 것을 방침으로 삼았기 때문에 조사 참가자의 프라이버시 보호 문제와 음성자료 공개를 호의적으로 허가해 줄 것인지가 우려되는 부분이었다. 학생 모집에 협조해 준 교원도 그 점이 우려되는 부분이라고 하였는데, 결과적으로 '조사자가 학생 이름을 부르지 않고 ID번호로 부르기' '대화 중에 나오는 사람의 개인 이름은 말하지 않도록 하기' '말하고 싶지 않은 것은 말하지 않기' '음성자료는 연구자에게 공개하기'와 같은 사항을 사전에 설명을 하였고, 조사 참가자는 전원 동의서를 작성해 주었다.

② 조사 후 후속작업

일본인 조사실시 연구자가 조사 참가자에게 인터뷰를 한 후에 조사 참가자 한명 한명에게 인터뷰 때 가장 좋았던 점이나 일본어에 대한 개선사항을 엽서에 적어 주었더니 학생이 감명을 받았다고 한다. 일본어교육 연구를 수행하는 과정에서 가장 중요한 것은 학생을 단순한 한명의 조사 참가자로서 취급하지 않고 조사자체가 목표언어의 습득 프로세스 안에서 확실히 도움이 되는 점을 인식시키는 것이라고 할 수 있다. 또한 일본어능력 테스트 결과를 알고 싶어하는 학생들이 있었기 때문에 개인 성적표를 메일로 받아 해당 학생에게 전달하였다. 이와 같이 후속 시스템이나 체재를 갖추어 조사 참가자 개개인의 요구에 철저하고 세심한 대응을 했다. 이상과 같이 모집 단계부터 조사까지 조사 참가자의 입장을 존중하는 일관된 자세로 인해 문제 상황은 발생하지 않았다. 그러한 의미에서도 이 조사는 향후 다른 대규모 코퍼스 구축 시에도 참고가 될 것이다.

③ 조사 참가의 의미

이번 조사는 학습자 언어 자료수집이라는 목적이 전제로 되어 있지만, 그와 동시에 조사 참가자들에게 스스로의 일본어학습을 돌아보는 좋은 기회가 되었다는 측면도 있다. 일본어교육 전문가가 일본어에 의한 발화를 적극적으로 끌어내 주었고, 또한 2종류의 일본어능력 테스트를 하는 PC조사의 기회를 통해서 약점을 포함하여 학습자 자신의 일본어능력을 객관적으로 인식할 수 있었을 것이다.

3. 조사내용

3.1. 비대면 조사

대면조사가 이루어지기 전에 실시한 작문조사는 메일 3통과 에세이 1편을 작성하는 것이다. 이 조사는 필수조사가 아니고 희망한 학생만 실시하는 임의 작문조사이다. 방식은 본 조사가 이루어지기 전에 프로젝트 사무국에서 임의 작문조사에 응한 학생에게 작문조사 파일이 메일로 송부된다. 임의 조사에 앞서 작성법과 주의사항 등의 안내를 읽고 작문을 완료한 학생은 일본 프로젝트 사무국에 다시 파일을 메일로 보내는 형태이다. 한국인 일본어 학습자의 작문조사는 3.1.1과 3.1.2에 제시된 한국어 번역판으로 안내가 이루어졌다.

3.1.1. 메일 과제

메일1과 메일2는 부탁하는 과제로서, 먼저 메일1은 선생님에게 추천장을 부탁하는 내용이고, 메일2는 선생님에게 리포트 제출 마감일 연장에 대한 부탁이다. 메일3은 선생님의 관광안내 부탁에 대해 거절하는 내용이다. 메일 내용은 다음과 같다.

메일1: 선생님에게 추천장 부탁
이름(한자・가타카나)/ 이름(로마자표기) 메일 1을 작성할 때 소요된 시간: 시간 분
당신은 일본에 유학하기 위해 일본의 장학금 지급단체에 장학금을 신청하려고 생각하고 있습니다. 신청에는 추천장(推薦状)이 필요하기 때문에 예전에 일본에 유학했을 때 신세를 진 적이 있는 가토 이치로 (加藤一郎) 선생님에게 추천장을 써 달라고 부탁드리는 메일을 보내 주십시오.
제목(Subject): 본문:

메일2: 선생님에게 리포트 제출 마감일 연장에 대한 부탁
이름(한자・가타카나)/ 이름(로마자표기) 메일 2를 작성할 때 소요된 시간: 시간 분
당신은 다나카 가즈오(田中和夫) 선생님의 〈현대 일본의 정치(現代日本の政治)〉라는 수업에서 학기말 리포트를 제출해야 합니다. 제출 마감일은 내일이지만 1주일 전부터 친구가 놀러 와 있기 때문에 내일까지 리포트를 작성할 수 없을 것 같습니다. 하지만 어떻게든 리포트를 제출해서 학점(単位)을 따고 싶다면 다나카 가즈오 선생님께 어떠한 메일을 보내겠습니까? 메일을 작성해 주십시오.
제목(Subject): 본문:

메일3: 선생님의 관광안내 부탁에 대한 거절
이름(한자・가타카나)/ 이름(로마자표기) 메일 3을 작성할 때 소요된 시간: 시간 분
당신이 일본에 유학하던 시절에 매우 신세를 진 스즈키 아이코(鈴木愛子) 선생님에게서 메일이 왔습니다. 다음 달 학회에서 당신의 나라(한국)를 방문하게 되었는데 학회는 이틀로 끝나기 때문에 학회가 끝난 뒤, 당신에게 관광 안내를 해 주었으면 하는 내용입니다. 하지만 당신은 마침 그 날 다른 볼 일이 있기 때문에 아무래도 관광 안내를 해 드리지 못할 것 같습니다. 스즈키 아이코 선생님께 답장을 작성해 주십시오.
제목(Subject): 본문:

메일과제 작성 방법은 다음과 같다.

① 작성법: 일본어를 사용하여 평상시에 메일을 쓸 때와 동일하게 작성해 주십시오. 당신이 메일을 쓸 때 사전이나 인터넷 등을 참고한다면 이번에도 사용해도 괜찮습니다. ② 길이: 길이의 제한은 없습니다. 메일1, 메일2, 메일3을 작성할 때 필요하다고 생각되는 길이로 작성해 주십시오. ③ 시간: 시간제한도 없습니다. 정말로 보낸다는 마음으로 작성해 주십시오. 메일을 작성하는 데에 걸린 시간을 기입해 주십시오. 단 문자를 입력하는 데 걸린 시간뿐만 아니라, 메일 내용을 생각하고 나서 입력을 마칠 때까지 걸린 시간을 기입해 주십시오. ④ 금지사항: 선생님이나 일본인 친구에게 묻거나 체크를 받으면 안 됩니다. 테스트가 아니므로 스스로의 힘으로 작성해 주십시오.

3.1.2. 에세이 과제

에세이 내용은 다음과 같다.

에세이
이름(한자・가타카나): 이름(로마자 표기): 에세이를 작성할 때 소요된 시간: 시간 분
우리의 식생활: 패스트푸드와 가정요리
일본의 신문사가 「우리의 식생활(私たちの食生活)」이라는 주제로 에세이를 모집하고 있습니다. 최우수작품에는 상금 3만엔이 주어집니다. ==과제== 우리는 일상생활에서 패스트푸드와 가정에서 천천히 즐기는 손수 만든 요리를 먹고 있습니다. 패스트푸드와 가정요리를 비교하여, 각각의 좋은 점과 나쁜 점 등을 설명하고, '식생활'에 대한 의견을 600자 정도로 작성해 주십시오.

에세이 과제 작성방법은 다음과 같다.

① 작성법: 신문사 주최의 에세이 콘테스트에 응모하려고 합니다. 실제로 응모한다는 마음으로 작성해 주십시오. 일본어를 사용하여 평상시에 에세이를 작성할 때와 동일하게 작성해 주십시오. 당신이 에세이를 작성할 때 사전이나 인터넷 등을 참고한다면 이번에도 사용해도 괜찮습니다. 정말로 응모한다는 마음으로 에세이를 작성해 주십시오.
② 길이: 600자 정도(조금 길거나 짧아도 괜찮습니다)
③ 시간: 시간제한도 없습니다. 정말로 에세이를 응모한다는 마음으로 작성해 주십시오. 에세이를 작성하는 데에 걸린 시간을 기입해 주십시오. 단 문자를 입력하는 데 걸린 시간뿐만 아니라, 아이디어나 에세이 내용을 생각하고 나서 입력을 마칠 때까지 걸린 시간을 기입해 주십시오.
④ 금지사항: 선생님이나 일본인 친구에게 묻거나 체크를 받으면 안 됩니다. 테스트가 아니므로 스스로의 힘으로 작성해 주십시오.

3.1.3. 종료 후의 설문조사

과제를 작성하는 데에 필요한 시간, 작성에 사용한 기기와 입력시스템, 모어, 일본어로의 문장구성에 관한 지금까지의 학습경험의 유무 등에 대한 질문을 하였다(迫田, 2020:29).

3.2. 대면조사

대면조사에는 스토리텔링 2개, 대화, 롤플레이 2개, 그림묘사, 스토리라이팅 2개 조사가 이루어졌다. 각각 과제자료를 상세하게 제시한다.

3.2.1. 스토리텔링 과제

먼저 스토리텔링 2개를 소개한다. 피크닉과 열쇠가 주제인데, 만화가 제시된 후 다음과 같은 문구로 시작된 과제 내용이 있다.

스토리텔링 ①

그림을 잘 보세요. 그리고 다음 말에 이어서 5개 그림의 스토리를 이야기 해 주세요.

ぴくにっく
「ピクニック」

あさ　けん　まり　さんどいっち　つく
朝、ケンとマリはサンドイッチを作りました。

____

____

스토리텔링 ②

그림을 잘 보세요. 그리고 다음 말에 이어서 4개 그림의 스토리를 이야기 해 주세요.

「鍵」

けん　かぎ　も
ケンはうちの鍵を持っていませんでした。

____

____

스토리텔링을 위한 만화는 다음과 같다.

鍵(Key)

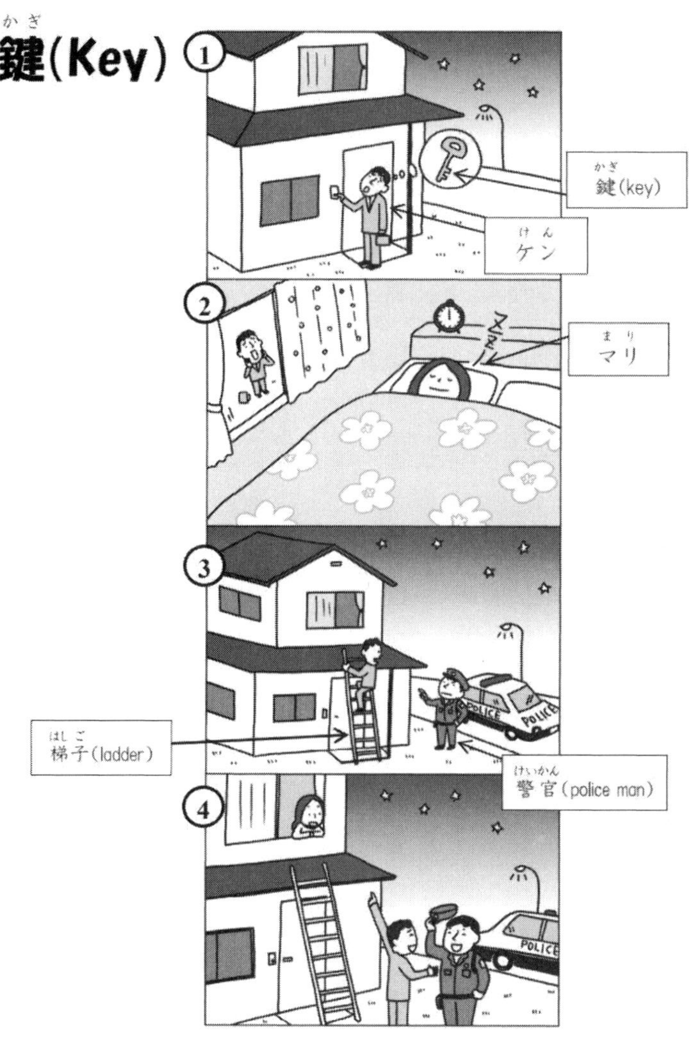
1
かぎ
鍵(key)
けん
ケン
2
まり
マリ
3
はしご
梯子(ladder)
POLICE
けいかん
警官(police man)
4
POLICE

3.2.2. 대화 과제

대화는 반구조화 인터뷰로 실시하였는데 다음과 같은 흐름으로 진행되었다.

워밍업	날씨, 교통수단 등
현재 사항	일본어 학습동기, 일본에 대한 관심사(좋아하는 책, 드라마), 학습자의 고향(출신)에 대한 것(음식, 유명한 것)
과거 체험	어릴 때 어떤 아이였는가? 초등, 중등시절에 생각나는 선생님, 무서웠거나 괴로웠던 체험
미래에 대한 의견진술	장래의 꿈 [의견진술 과제1] 향후, 10년이나 20년 후에 어딘가에 산다고 한다면, 도시가 좋은가? 시골이 좋은가? [의견진술 과제2] 돈과 시간 중 어느 쪽이 많은 것이 좋은가?

3.2.3. 롤플레이 과제

롤플레이는 2종류가 있는데, 아르바이트생이 점장에게 주당 일수를 변경하는 부탁과제와 점장의 업무 변경 부탁에 대해 아르바이트생이 거절하는 과제이다. 조사 참가자는 아르바이트생 역할을 수행하고 일본인 조사실시 연구자는 점장 역할을 맡았다.

롤플레이 (1)

당신은 일본 음식점에서 아르바이트를 하고 있습니다. 당신은 주문을 받거나 요리를 나르는 접객 종업원으로 일을 하고 있습니다.

일을 시작했을 때부터 접객 관련의 일을 했기 때문에 일도 능숙해졌고 단골손님도 늘었습니다.

지금은 1주일에 3일 아르바이트를 하고 있습니다. 하지만 다른 일들로 바빠진 당신은 일주일에 이틀로 아르바이트를 줄이고 싶습니다.

음식점의 점장에게 아르바이트를 3일에서 이틀로 줄이고 싶다고 부탁해 주십시오.

(준비가 되면 시작하겠습니다. 준비가 되면 알려주십시오.)

롤플레이 (2)

당신은 일본 음식점에서 아르바이트를 하고 있습니다. 당신은 주문을 받거나 요리를 나르는 접객 종업원으로 일을 하고 있습니다.

어느 날 요리점의 점장에게서 요리를 만들던 사람이 그만두게 되어 다음 달부터 요리를 만드는 일을 담당해 달라는 이야기를 들었습니다. 그러나 당신은 요리에는 자신이 없으며 일본인과 일본어로 대화를 할 수 있는 일이 하고 싶기 때문에 이 제안을 거절하고 싶습니다.

점장의 부탁(요리를 담당해 줄 수 없느냐는)을 적절히 거절하면서 지금의 일(접객)을 계속 하고 싶다고 이야기해 주십시오.

(준비가 되면 시작하겠습니다. 준비가 되면 알려주십시오)

3.2.4. 그림묘사 과제

아래 그림은 許(1997)의 연구에서 이용된 것으로 대화 과제에서 나타나지 않은 동사 활용에 착목한 것이다. 許(1997)의 연구에서 주목한 'ている'와 같은 아스팩트 습득 연구 시에도 활용 가능한 과제라고 할 수 있다. 이 과제는 해외 일본어 학습자를 조사하는 과정에서 추가된 것으로 한국인 일본어 학습자는 조사되어 데이터로서 공개되어 있다. 하지만 중국(상해), 러시아, 호주, 터키, 태국, 오스트리아, 뉴질랜드의 7개 지역에서는 실시되지 않아 데이터가 공개되어 있지 않다. 일본어 학습자의 동사 활용의 개별성과 보편성을 위한 연구를 시행할 때 이 지역의 학습자를 대상으로 하지 못하는 점은 아쉬운 부분이다.

집 안 / 지붕 위	★家の中はどうですか？人はいますか? ○人が…(倒れています・刺されています・殺されています・・・) ★テーブルの周りはどうですか? ○椅子が…(倒れています・壊れています・足が折れています・・・) ○お金が…(落ちています・ちらかっています) ★台所はどうですか? ○お湯が…(沸いています) ○絵が…(かけてあります) ○コートが…(かけてあります) ★窓はどうですか? ○窓が…(割れています・割られています…) ★屋根の上に何かいますか? ○猫が2匹います。1匹は…(寝ています) ○もう1匹は…(あくびをしています)
집 밖	★山の近くに人がいますか? ○2人の人が…(歩いています・山に登っています) ★木が2本あります。 ○1本は…(倒れています) ○リンゴが…(落ちています) ★肉屋がありますか? ○男の人が電話を…(かけています) ★川の近くでは? ○川の近くで、子供が…(遊んでいます) ★ベンチでは? ○ベンチに男の人と女の人が…(座っています) ★女の人はいますか? ○女の人が…(泣いています) ★男の人がいますか? ○男の人が絵を…(描いています) ★女の人がいますか? ○女の人が着物を…(着ています) ○そして、傘を…(さしています) ★バス停に誰かいますか? ○男の人がタバコを…(吸っています) ★お姉さんと弟の兄弟がいますか? ○弟はアイスクリームを…(食べています) ★太陽が見えますか? ○はい、晴れています。

3.2.5. 스토리라이팅 과제

3.2.1에 제시한 스토리텔링 과제를 문장 형태로 컴퓨터로 입력하는 것이다. 본 프로젝트에서 제시한 과제 본래의 목적인 스토리텔링에서 구두로 산출한 것과 스토리라이팅에서 문장으로 산출한 것을 비교하는 연구가 가능하다. 그 외에도 필자가 수업시간에 활용하는 사례로서 이야기를 문장으로 어떻게 전개하는지 문법, 담화적인 관점으로 연구가 가능하다고 볼 수 있다. 이 조사는 대면조사의 마지막 단계로서 스토리텔링 조사로부터 40-50분 정도 경과되어 실시된 것이다. 이 조사에서는 사전이나 인터넷 사용은 금지하였다.

3.3. 일본어능력 테스트 및 습득레벨 결과

본 프로젝트에서는 일본어 학습자의 일본어능력을 측정하기 위해 2종류(SPOT, J-CAT)의 객관식 테스트를 실시하였다. SPOT와 J-CAT가 어떤 테스트인지 아래와 같이 제시한다.

<table>
<tr><td>SPOT</td><td>TTBJ(Tsukuba Test-Battery of Japanese)의 문제로서 1문제에 4초 정도 걸린다. 1섹션에 30문제로 총3섹션 90문제로 구성되어 있다. 단시간에 일본어 학습자의 일본어 운용능력을 측정할 수 있는 테스트로서 진단테스트만이 아니라 습득 연구에서 일본어능력 판정 시에 이용된다.

예시)
あたらし(　)車を買いました。
○ の　　○ が
○ く　　○ い

(　)에 들어갈 4가지 선택지 문자('の, が, く, い)가 주어지고 이 중에서 옳은 문자를 선택하게 한다.</td></tr>
</table>

J-CAT	J-CAT(Japanese Computerized Adaptive Test)은 일본어 학습자의 일본어능력의 판정을 인터넷을 이용하여 시간, 장소의 제약 없이 실시할 수 있는 적응형 테스트이다. 시력검사처럼 어려운 문제와 쉬운 문제를 교차로 풀게 함으로써 수험자의 능력을 추정하는 방법이다. 학습자의 응답이 정답인지, 오답인지에 따라 능력별로 다른 문제를 제시함으로써 효율적으로 능력측정을 하여 종래 시험보다 소요시간을 단축시키고 능력 추정정도를 높인다.

JFL환경(한국의 대학교)의 한국인 일본어 학습자 100명의 일본어능력 조사 결과는 국립국어연구소 I-JAS 홈페이지에 일본어 학습자의 '조사협력자 배경정보(フェイスシート)' 목록에 제시되어 있다. 먼저 한국인 일본어 학습자의 SPOT의 결과는 다음 〈표 5〉에 제시된 바와 같이 초급 2명, 중급 48명, 고급 50명이다. 다음으로 J-CAT의 결과는 다음 〈표 6〉에 제시된 바와 같이 초급 14명, 중급 64명, 고급 22명이다.

초급학습자가 SPOT의 결과에서는 2명인 데에 반해 J-CAT의 결과에서는 14명으로 J-CAT 테스트가 SPOT 테스트보다 더 엄격한 것으로 보인다. 각 테스트의 특성상 점수 분포에 따라 다른 결과가 제시되어 있기 때문에 향후 연구를 진행할 때는 2개 테스트를 혼합해서 사용하기 보다는 2개 테스트 중 1개를 선택해서 연구에 이용하는 것이 바람직할 것이라고 본다.

〈표 5〉 한국인 일본어 학습자의 SPOT[2)]의 습득레벨

SPOT	습득 레벨	JLPT와의 대응	JFL환경의 한국인 학습자 (100명)의 레벨결과
0-30	입문		
31-55	초급	N4, N5 --2	2
56-80	중급	N3, N2-48	48
81-90	고급	N1-50	50

〈표 6〉 한국인 일본어 학습자의 J-CAT[3)]의 습득레벨

<table>
<tr><th>J-CAT</th><th colspan="2">습득 레벨</th><th>JLPT와의 대응</th><th colspan="2">JFL환경의 한국인 학습자 (100명)의 레벨결과</th></tr>
<tr><td>0-</td><td>Beginner</td><td>초급전반</td><td rowspan="2"></td><td>1명</td><td rowspan="3">14명</td></tr>
<tr><td>100-</td><td>Basic</td><td>초급</td><td>5명</td></tr>
<tr><td>150-</td><td>Basic-High</td><td>초급후반</td><td>N4</td><td>8명</td></tr>
<tr><td>200-</td><td>Pre-Intermediate</td><td>중급전반</td><td>N3</td><td>26명</td><td rowspan="3">64명</td></tr>
<tr><td>250-</td><td>Intermediate</td><td>중급</td><td rowspan="2">N2</td><td>20명</td></tr>
<tr><td>275-</td><td>Intermediate-High</td><td>중급후반</td><td>18명</td></tr>
<tr><td>300-</td><td>Pre-Advanced</td><td>고급전반</td><td rowspan="3">N1</td><td>10명</td><td rowspan="3">22명</td></tr>
<tr><td>325-</td><td>Advanced</td><td>고급</td><td>10명</td></tr>
<tr><td>350-</td><td>Near Native</td><td>최고급
(모어수준)</td><td>2명</td></tr>
</table>

2) 筑波日本語テスト集 참고.

3) 日本語テストシステム, J-CAT 참고

4. 맺음말

본고에서는 한국인 일본어 학습자 대규모 코퍼스 I-JAS의 조사과정과 조사내용을 상세히 설명하면서 대규모 코퍼스의 구축과 활용에 대한 주의사항에 대해 제시했다. 2016년 이후부터는 I-JAS의 후속 조사로서 일본어 학습자의 '모어' 프로젝트(2016年~2019년도 科学研究費基盤研究A)가 진행되었다. 한국어, 중국어, 영어(호주), 프랑스어가 대상으로 일본 국립국어연구소의 홈페이지에 공유를 위한 준비단계에 있다.

'모어' 프로젝트에서는 일본어를 모르는 한국인 15명을 대상으로 스토리텔링 2개, 한국어 롤플레이 2개, 메일 3개 과제, 총7개 과제가 한국어로 조사되어 문자화가 완료된 상태이다. 필자와 공동연구원(사코다아키코 선생님)이 조사 참가자 모집부터 녹음, 문자화 작업까지 협력해서 완성한 것이다. 향후 한국어 모어화자 코퍼스의 조사과정과 조사내용도 공유하고자 한다.

이 글은 다음과 같은 프로젝트의 연구 성과의 일부이다.

- 科学研究費補助金)基盤研究A)(研究課題領域番号 24251010)「海外連携による日本語学習者コーパスの構築–研究と構築の有機的な繫がりに基づいて–」(2012.4.~2016.3.)
- 科学研究費補助金(基盤研究A)(研究課題領域番号 16H01934)「海外連携による日本語学習 者コーパスの構築および言語習得と教育への応用研究」(2016.4.~2020.3.)

대학 일본어교육 개선을 위한 BL 수업실천

일본어 한자교육에서의 수업실천 사례보고

채경희

1. 머리말

블렌디드러닝(Blended Learning, 이하 BL)은 오프라인의 대면수업과 온라인상에서의 이러닝(e-learning)이 혼합된 것으로 각각의 장단점을 고려하여 학습효과를 극대화하기 위해 고안된 학습형태이다. 한국 교육기관에서는 기존의 ICT교육, LMS, 웹기반수업, 사이버교육과 e러닝 등을 온라인학습으로 분류하고 교육기관에서의 전통적인 대면수업을 오프라인학습으로 규정하고 있다. 그러나 현금의 대학 일본어교육 현장에 BL을 적용하기 위해서는 교실환경이나 설비 등 여러 문제가 산재해 있으며 또 시간적·공간적인 제약도 부정할 수 없다. 국내외를 막론하고 일본어교육 현장에서는 학습미디어의 다양화가 급격하게 진행되고 있어 언어학습 환경의 변화에 맞춘 학습자 주도의 교육 및 학습미디어를 활용한 보다 효과적인 교수법과 학습법의 개발이 시급하다.

본 연구는 BL을 실천하여 국내 대학의 일본어교육에 적합한 BL교수학습모형을 구축하는 것에 목표를 두고 있으며, 본고에서는 그 일환으로써 일본어 한자교육의 BL 수업실천 사례 및 결과 보고를 하였다.

2. 한자수업 디자인

2.1. 한자 클래스

일본어 코스·커리큘럼은 종래는「읽기」「듣기」「쓰기」「말하기」의 4개 기능에「한자어휘」와「문법」을 더한 6개 과목으로 이루어졌지만 최근에는 이문화 커뮤니케이션능력을 육성하는 일본어교육이 강화되고 있다. 실제로 교육현장에서 많이 도입되는 문제해결형·프로젝트형과 같은 수업군들은 일본어능력 즉 언어능력의 향상만을 목적으로 하는 것은 아니다.

본 연구는 일본어과의 전공기초인「일본어한자」및「일본어한자와어휘」를 대상으로 한 전공기초 교과목의 실천보고이다.「일본어한자」및「일본어한자와어휘」는 배화여자대학교 비즈니스일본어과 1학년을 대상으로 하는 전공기초과목으로 각각 2017년 1학기와 2학기에 개설된 과목이다. 학습자의 구성은 일본어 무경험자 즉 히라가나 문자를 처음 접하는 학습 미경험자부터 학습 상급자인 JLPT 2급/1급 취득자까지의 학습 기경험자가 혼재해 있는 클래스이다. 이 때문에 본 학과에서는 정규수업을 원활히 진행하기 위한 노력의 일환으로 개강 전에 신입생을 대상으로 한 히라가나/가타가나 문자의 사전교육을 실시하고 있다.

2.2. 한자 클래스의 실천

클래스는 교수자와 학습자가 교육내용 및 교육활동을 통해 만나는 자리이며 교육의 질적향상을 위한 구체적인 노력이 실천되는 실천의 장이기도 하다. 교수자는 한자클래스의 학습목표 및 학습대상한자의 설정, 학습방법의 검토, 학습계획을 고려해 교안을 작성하고 개선을 도모하며 또한 교재를 스스로 만들거나 주교재를 선정하게 되는 것이다. 주교재의 결정은 단순한 교재의 선정행위가 아닌 실러버스 디자인과 커리큘럼 디자인을 대체하는 것이다.

그렇다면 한자클래스의 실천은 어떻게 해야 하는가.

일본어 한자클래스에서는『New스타일 일본어 한자 1』(채경희 외, 2013)을 주교재로 채택하였다. 대상교재는 '무엇을 가르칠 것인가' '어떻게 가르칠 것인가'를 제시하고 JFCan-do 15개 주제를 사용해 구성하였으며 각각의 토픽과 관련한 학습대상 한자를 선정하였다. 교실활동의 순서로는 1) 학습한자의 제시와 확인 2) 학습한자를 사용한 어휘의 제시와 확인 3) 한자·한자어휘가 사용된 장면과 문장의 제시 4) 다양한 연습문제와 한자 퀴즈, 칼럼 등 실력을 신장시키는 활동을 도입하였다.[1)]

학습자의 상당수는 방대한 한자의 학습량과 한자 읽기의 다양함과 한자 쓰기의 어려움 등의 원인으로 학습에 어려움을 호소한다. 일본어학습 중에 가장 어려운 부분은 한자학습으로 심적 부담이 크다고 응답한 설문조사의 결과에서 알 수 있듯이 한자학습은 학습자나 교수자의 입장에서도 어려움이 많은 교과목이다.

---

1)『New스타일 일본어 한자1』의 교실활동 예시표 및 주차별 토픽을 제시함

3. 앱 개발

일본어 학습자는 일본어학습이 재미있다고 느끼는 반면에 한자학습은 어렵다고 일반적으로 생각한다. 또 일본어학습 중에 가장 어려운 부분은 한자학습이며 한자학습은 심적 부담이 크다고 응답한다. 그 이유로는 학습한자의 방대한 수와 한자 읽기의 다양함과 한자 쓰기의 어려움 등을 주된 요인으로 들고 있다. 수업 중에 사용하는 한자학습의 지도법으로는 주로 한자의 의미나 읽기를 지도하거나 단어시험 등을 도입하고 있다. 한자 쓰기지도는 시간적 제약이 따르므로 과제물로 제시하고 있는 것이 현실이다. 한편, 학습자가 한자수업에서 기대하는 학습법으로서는 의미 이해와 읽기 학습, 유사 한자군의 학습, 획순, 부수 등 한자의 기초지식과 더불어 재미를 더할 수 있는 요소가 포함된 교재로 학습하기를 희망한다.(채경희, 1999・2016, 한선희 외, 2017)

일반적으로 현재를 살아가는 젊은 학습자는 IT 활용능력이 뛰어나고 다양한 콘텐츠를 잘 다룬다고 여겨지고 있으며 이와 같은 콘텐츠를 도입한 수업설계나 수업실천도 많이 보고되고 있다. 대부분의 학생이 스마트폰을 보유하고 있고 휴대가 쉬운 점과 편리함을 장점으

토픽	Chapter 01 학교와 교육
학습목표	학교 생활에서 자주 쓰는 한자를 구사할 수 있다.
학습대상 한자	1-1 달력: 月,火,水,木,金,土,何,曜,週,年,毎,今,明,来,去(15字) 1-2 학교: 図,書,館,教,室,科,語,男,女,子,立,知,休(13字)
교실활동 순서	1) 달력을 사용하여 요일과 日・週・月・年 및 학교와 연관된 한자를 확인한다. 2) 1)의 학습한자를 활용한 어휘를 제시하고 확인한다. 3) 한자/한자어휘가 활용된 장면 및 문장을 제시하고 확인한다. 4) 다양한 연습문제 및 한자퀴즈, 칼럼 등으로 실력을 기르는 활동을 한다.

로 스마트폰으로 다양한 작업을 수행하며 스마트폰을 통해 정보수집 및 발신을 한다. 학생들은 스마트폰에 비해 PC 작업을 번거로워 하고 수업을 진행하는 측에서도 컴퓨터 작업은 PC실 확보나 PC관리 등의 문제를 동반한다. 그래서 일본어한자 클래스에 새로운 방식의 모바일 앱(애플리케이션)을 도입해 학습자의 학습흥미를 유발하고 지속적인 학습참가를 유도해 학습동기를 부여하는 것을 목적으로 평가용 한자앱 개발을 기획하였다.

평가용 한자앱은 선행학습 및 보충학습, 심화학습, 플립러닝 등 교과목의 향상교육 활용에 가능하다. 개발한 평가용 한자앱을 수업 전 선행학습에 활용함으로써 학습자의 학습대상한자 학습이해도 측정이 가능한 한편, 수업 후의 보충 및 심화학습 등 향상교육의 수단으로써 학습대상한자의 학습도달도를 파악할 수 있다.

3.1. 평가용 한자앱의 개발과정

한자・어휘교육에 활용가능한 학습지원 툴 및 인터넷, 모바일을 통한 자율학습 도구를 소개하고 체험의 기회를 제공하는 것은 21세기 일본어교육 현장에서 요구되는 교수자의 역할 중 하나라 할 수 있다. 온라인과 오프라인을 혼합한 BL은 교실활동의 연장으로서의 의미를 포함해 다양한 레벨의 학습자에게 보조수단으로 활용가능하며 학습자의 의욕과 흥미를 유발시키는 정의적인 측면에서도 효과가 있다. 본 연구에서 기획한 평가용 한자앱의 개발은 초급단계 교육한자의 형・음・의 즉 자형과 읽기(음독/훈독), 의미의 종합적 이해 및 운용능력 향상에 초점을 맞춘 것이다. 앱 제작은 전문적이고도 고도의 기술을 필요로 하기에 앱 개발전문가의 힘을 빌려 구축하였다.

학습자 실력테스트를 위한 평가용 한자앱의 개발과정은 다음과 같다.

① 평가용 한자앱 서비스를 구축할 대학의 서버 환경분석 (본대학 정보관리실에 서버 접속권한부여를 요청, 분석)
② 본대학 포털홈페이지는 서버 구축환경에 적합하지 않아 '학생통합이력관리시스템(http://smart.baewha.ac.kr)'의 'my community'에 있는 '학생동아리'에 평가용 한자앱 콘텐츠를 공개할 것을 염두에 두고 홈페이지를 분석
③ 평가용 한자앱의 기획 및 서비스 분석/설계
④ 평가용 한자앱의 db테이블 생성
⑤ 평가용 한자앱 개발 및 홈화면 디자인작업 (소요시간설정: 한자읽기-히라가나입력 20초, 사지선다형 10초)
⑥ 평가용 한자앱 개발 완료
⑦ 서비스 접속링크 작업(본대학 홈페이지 쿠키사용을 위한 작업)
⑧ 학과 홈페이지 운용/배포 및 테스트
⑨ 학생들을 위한 관리페이지 구축
⑩ 서비스 최종 수정작업 및 운용 및 배포

3.2. 평가용 한자앱의 개발내용

최근 인터넷을 활용한 자기주도적학습의 가능성과 접근이 용이한 모바일 활용 수업설계와 카카오톡 기능을 활용한 발음 및 문자학습지도 등 SNS를 활용한 외국어교육의 구체적인 실천사례 및 효용성을 묻는 보고가 증가하고 있다. 이러한 SNS를 활용한 학습지도의 사

례는 학습자에게 학습의욕 및 학습동기를 부여하므로 외국어교육 현장에 유효한 학습방안이 된다.

본 앱은 일본어 학습자의 한자능력 향상을 위해 개발한 것으로 정기적인 수업을 통한 한자학습의 이해도 및 도달도를 확인하는 평가용 학습콘텐츠로의 활용을 목적으로 한 것이다. 또한 수강생 전원을 대상으로 동시에 테스트를 실시하는 등 성적 반영도 가능하다. 평가용 한자앱은 학습자용과 관리(교수)자용으로 구분하여 구축하였다.

3.2.1. 학습자용

배화여자대학교 홈페이지의 메뉴페이지에「ABC e-Learning」동영상 강좌가 일부 구축되어 있으나, 이 페이지는 모바일 앱의 배포가 불가능했기 때문에 어쩔 수 없이 학생이 이용하는「통합이력관리시스템」을 통해 공개하게 되었다. 수강생은 ID나 패스워드를 입력하여 접속할 수 있다.

모바일을 활용한 평가용 일본어 한자앱은 학기당 1강(주)~14강(주)의 구성으로 되어 있으며[2], 각각 20~25문항으로 구성되어 있다. 출제 문항은 주관식(한자읽기-히라가나입력)과 객관식(사지선다형)의 두 가지 유형이다. 문항 당 소요시간은 주관식 20초 / 객관식 10초이며, 시간 초과 시는 오답으로 처리된다. 테스트 데이터는 즉시 저장되며 또한 테스트 결과는 웃는 표정과 무표정과 우는 표정의 캐릭터 이미지 및 문구로 표시되고 그래프 형식으로 수강생의 개별점수 및 클래스의 평균점, 테스트 소요시간, 점수 통계 등을 제시한다. 관리자 통계는 별도 경로로 로그인 한다.

2) 평가용 한자앱의 1학기/2학기 구성은 다음과 같음.

평가용 한자앱은 일본어한자의 학습이해도의 확인을 위한 것이다. 대학 홈페이지의 '학생통합이력관리시스템' 〉 'my comunity' 〉 '학생동아리' 〉 '일본어한자동아리' 버튼을 클릭하여 접속할 수 있다. 단, 접속은 수강생에 한한다.

다음의 〈그림 1〉 평가용 한자앱 구축화면(학습자용)에는 1) 홈 화면 2) 제1과 주관식과 객관식 예시화면 3) 정답과 오답 예시화면 4) 테스트종료와 통계화면을 제시한다.[3]

1강	1. 학교와 교육(1-1 달력)	8강	4. 부수(4-2 부수 이야기②)
2강	1. 학교와 교육(1-2 학교)	9강	5. 가정환경(5-1 가족)
3강	2. 쇼핑(2-1 얼마입니까?)	10강	5. 가정환경(5-2 형용사를 만드는 한자)
4강	2. 쇼핑(2-2 시간과 위치)	11강	6. 생활과 인생(6-1 동사를 만드는 한자①)
5강	3. 자연환경(3-1 자연 속에 보이는 한자)	12강	6. 생활과 인생(6-2 건강)
6강	3. 자연환경(3-2 한자의 덧셈)	13강	7. 주의합시다(7-1 필순과 방향)
7강	4. 부수(4-1 부수 이야기①)	14강	7. 주의합시다(7-2 모양이 비슷한 한자)

1강	8. 지도(8-1 우리 집 주변)	8강	11. 풍경(11-2 동사를 만드는 한자②)
2강	8. 지도(8-2 일본의 행정구획)	9강	12. 숙어만들기(12-1 배운 한자와 같이 읽기)
3강	9. 취미와 여행(9-1 취미)	10강	12. 숙어만들기(12-2 단어의 확장)
4강	9. 취미와 여행(9-2 여행)	11강	13. 숙어이야기(13-1 한국에서도 사용하는 용어)
5강	10. 한자의 모양(10-1 공통 부분 찾기)	12강	13. 숙어이야기(13-2 한국에서 사용치 않는 용어)
6강	10. 한자의 모양(10-2 한자 분해)	13강	14. 약자와 형(14-1 약자)
7강	11. 풍경(11-1 풍경)	14강	14. 약자와 형(14-2 한자의 모양)

3) 평가용 한자앱 구축화면 상세설명은 채경희(2017)을 참조 바람

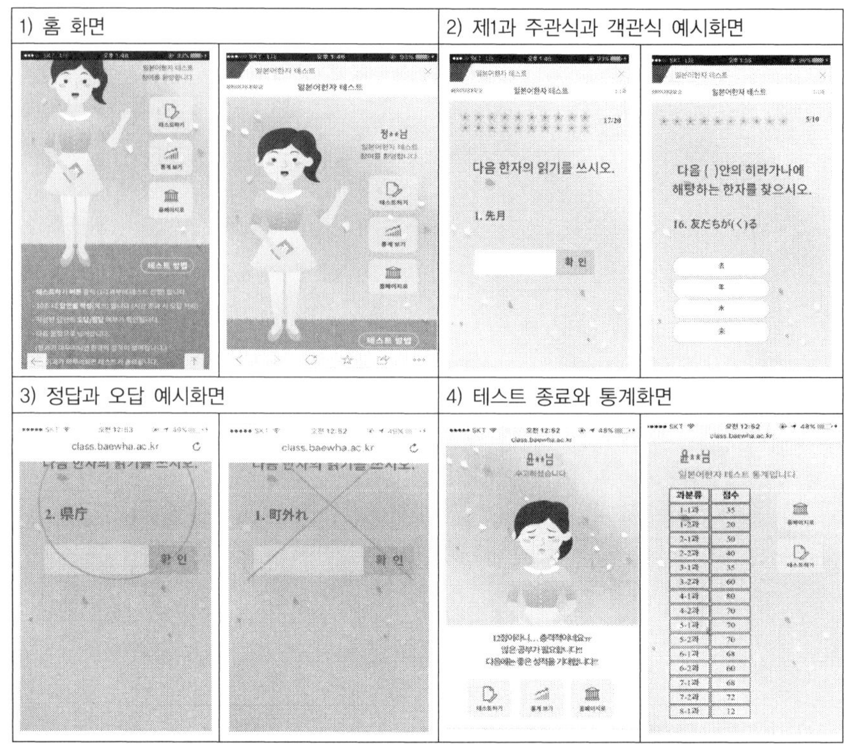

〈그림 1〉 평가용 한자앱 구축화면(학습자용)

3.2.2. 관리(교수)자용

테스트 종료 후에는 학생이 학과 홈페이지로 이동해 학과의 공지사항이 확인가능한 시스템이며 테스트의 결과는 모두 관리(교수)자 페이지에 기록되어 교수자가 개별학습자의 점수나 해답에 소요된 시간과 실력향상도를 체크할 수 있는 시스템을 구축하였다. 다음 〈그림 2〉 평가용 한자앱 구축화면(관리자용)에 제시한 관리자통계화면은 각 챕터별 테스트 평균 득점통계와 각 학습자별 득점통계이다.

※ 관리자통계화면: 각 학습자별 평균득점 및 득점통계

課分類	平均点数	平均所有時間(秒)
1-1	60	180
7-2	84	173

学番	名前	課分類	点数	完了日付
201737001	최**	1-1	70	2017:04:20-10:41:26
201737001	최**	1-2	65	2017:05:10-10:10:57

〈그림 2〉 평가용 한자앱 구축화면(관리자용)

4. 일본어 한자교육에서의 BL 수업실천

4.1. 일본어교육 현장에서의 BL 수업실천 사례

「대학 일본어교육 개선을 위한 BL교수학습 모델」(NRF-2015S1A2A03049748, 공동연구)은 BL의 실천을 통해 한국의 대학 일본어교육 현장에 적합한 교수학습 모델을 모색하는 것을 목적으로 한다. 한국의 대학 일본어교육 현장에서 다각적인 관점으로 실천한 BL 경험에 근거한 BL의 수업설계, 수업실천, 교수학습모델 구축이라는 일련의 단계를 유기적으로 연결하여 BL를 도입한 교수・학습법의 가시화를 도모했다. 각 대학에서 활동 중인 연구참가자는 일본어교육의 개선을 향해 각각의 학습환경에 맞춘 수업설계 및 실천과 분석을 하고 있으며, 특히 수업설계에 기초한 수업실천에서는 BL러닝의 필수구성요소인 '교수자' '학습자' '평가와 피드백' '학습매체'의 4가지 관점을 실천의 중심에 두고 교수・학습법의 개선을 시도했다.

공동연구에 기초한 개인별 BL수업의 실천 사례로는 교양일본어 수업에 Moodle을 활용한 실천보고(조선영, 2016) 및 전공과목인 '미디어 일본어'에 학습미디어를 활용한 보다 효과적인 평가와 피드백의 실천보고(신은진, 2016), LMS 블랙보드를 활용한 그룹 프로젝트 활동의 실천보고(백이연, 2017), BL의 내성활동에 관한 수업실천 보고(김지선, 2016), 학습자 주도학습과 교사 피드백을 고려한 일본어 어휘학습 프로그램의 개발소개(윤영민, 2017), 평가용 일본어한자 앱 개발 및 만족도에 관한 설문조사의 결과보고(채경희, 2017), 전공교직과목인 '일본어교과교재개발및지도법'의 수업활동 실천보고 및 공동작업 피드백에 의한 영향(조영남, 2016) 등이 있다.

4.2. 일본어 한자교육 현장에서의 BL 수업실천 사례

채경희(2017, 2018)에서는 일본어 한자교육의 BL 수업실천의 한 사례를 보고하였다. 일본어 전공기초 교과목의 하나인 「일본어한자」 수업에 학습자의 접근이 용이한 평가용 한자앱을 도입하고, 한국의 대학 일본어교육 현장에서 LMS와 모바일을 이용한 수업실천 보고를 통해 교육효과를 파악한 후, 평가용 일본어한자 앱의 개발만족도에 관한 설문조사 결과를 분석했다. 여기서 다룬 평가용 일본어한자 앱은 일본어 학습자의 한자능력 향상을 위해 개발한 것으로 정기적인 수업을 통한 학습자의 한자학습 이해도 및 도달도를 확인하기 위한 평가용 학습콘텐츠로 활용하는 것을 목적으로 한 것이다. 동시에 한자수업에 새로운 방식의 모바일 앱을 도입해 학습자의 학습흥미를 유발하고 지속적인 학습참여를 유도함으로써 학습동기를 부여하는 것을 꾀한 것이기도 하다.

본 연구에서는 일본어 전공기초 교과목의 하나인 「일본어한자」 수업에 평가용 일본어한자 앱을 도입함으로써 한국의 대학 일본어교육 현장에서 학습자의 접근이 용이한 LMS와 모바일을 활용한 일본어 한자교육의 BL 수업실천 사례 및 추적조사의 결과보고를 통해 교육 효과를 파악하고 공유하는 것을 목적으로 한다.

4.2.1. 평가용 일본어한자 앱의 만족도 평가

다음에 제시하는 평가용 일본어한자 앱의 만족도 평가는 배화여자대학교 비즈니스일본어과 1학년을 조사대상으로 하고 있으며, 2017년도 1학기와 2학기의 설문조사에 근거하고 있다.

이 설문조사는 전공기초 교과목인「일본어한자」및「일본어한자와 어휘」수업에서 학기말에 실시하였으며 학습자가 자유로이 기술하게 했다. 조사대상자는 1학기에는 A클래스 31명, 2학기에는 A클래스와 B클래스를 합한 57명이다. 이 조사의 목적은 한자미니테스트 평가 시 페이퍼를 사용했을 때와 앱을 활용했을 때의 만족도 평가를 비교하기 위한 것이다.

(1) 2017년도 1학기 조사에서는 개강 4주간은 페이퍼를 이용해 미니테스트를 실시하고 그 이후는 개발한 앱을 활용해 미니테스트를 실시하도록 디자인했다.

(2) 2017년도 2학기 조사에서는 페이퍼와 앱의 양쪽 모두를 활용해 개별 또는 클래스 전체를 대상으로 한 미니테스트 실시를 디자인했다.

평가용 일본어한자 앱은 교실운영에 따라 사전학습의 레벨 테스트 또는 사후학습의 실력향상 테스트로 활용가능하며, 개별학습의 향상 또는 클래스 전체를 대상으로 한 학습향상 테스트로 사용이 가능하다. 일반적으로 학기 중의 정기시험은 중간고사와 학기말고사의 2회로 나눠지기 때문에 시험 범위가 광범위해 부담을 느끼는 학생이 많다. 그래서 이번에 시도한 한자클래스의 수업실천 방안은 이러한 학습자의 심리적 부담을 덜어 주고 평소 학습하는 습관을 기르는 데에 중점을 두어 수시로 평가용 일본어한자 앱을 활용하는 것에 초점을 두었다. 그리고 매주 목표한 학습한자의 교육이 완료된 시점에서 클래스 전원을 대상으로 한 학습향상용 미니테스트를 실시했다. 테스트에 소요되는 시간은 7분 내외이다.

수강생은 페이퍼 테스트와 앱 테스트 양쪽 모두를 체험했기 때문에 이 조사로부터 얻은 결과는 보다 구체적이고 신뢰성을 가진다고 볼 수 있다. 또 2학기 클래스에는 1학기의 조사결과에서 얻은 피드백을 도입했다. 2학기에 도입한 평가용 일본어한자 앱은 1학기 조사결과로부터 얻은 피드백 내용 특히, 앱 활용시의 단점으로 거론된 문제점을 해결하기 위한 노력의 일환으로 개선 요구사항을 대폭 도입했다. 예를 들면 〈일본어 키보드에 익숙치 않아 불편한 점, 오타가 있는 경우 시간제한으로 아는 문제도 정정할 수 없는 점, 1강부터 차례로 테스트를 받게 되어 있는 점〉 등이다. 일부 학생이 일본어 키보드 사용의 어려움을 호소하고 있어 사용법에 대한 사전교육을 철저히 하였고, 1 문항 당 풀이에 소요되는 시간을 애초에 10초로 설정한 것을 20초로 늘려 시간적 여유를 갖게 하였다. 그리고 각 챕터 순서에 상관없이 여러 차례 반복해 테스트할 수 있도록 개선하였다.

4.2.2.1. 설문조사 리스트 만족도 평가결과

평가용 일본어한자 앱의 만족도 평가결과는 다음과 같다. (복수응답 가능)

논자가 작성한 설문조사 리스트는 (1) 평가용 페이퍼(시험지)를 사용한 경우와 평가용 앱을 활용한 경우를 비교하면 만족도가 높은 것은 어느 쪽인가요? (2) 평가용 페이퍼(시험지)를 사용한 경우의 장점과 단점을 기술하세요 (3) 평가용 앱을 활용한 경우의 장점과 단점을 기술하세요 (4) 기타 의견을 기술하세요의 4개 항목이다.

1) 조사대상 및 만족도

	2017년도 1학기	2017년도 2학기
대상 / 만족도	▶배화여자대학교 비즈니스일본어과 1학년 A클래스 31명/35명 – 만족도: 페이퍼 18명/앱 13명	▶배화여자대학교 비즈니스일본어과 1학년 A클래스 29명/35명 – 만족도: 페이퍼 28명/앱 1명 ▶배화여자대학교 비즈니스일본어과 1학년 B클래스 28명/32명 – 만족도: 페이퍼 19명/앱 9명

이상은 2017년도 1학기와 2학기에 실시한 평가용 일본어한자 앱의 만족도 평가 시의 조사대상 및 만족도 평가결과이다. (자유기술)

2017년도 1학기 조사대상은 배화여자대학교 비즈니스일본어과 1학년 A클래스의 31명이다. 1학기 조사에서 만족도가 높은 것은 평가용 페이퍼 사용이 18명, 평가용 앱 활용은 13명으로 나타났다.

2017년도 2학기의 조사대상은 배화여자대학교 비즈니스일본어과 1학년 A클래스의 29명과 B클래스의 28명으로 합계 57명이다. 2학기 조사에서 A클래스는 평가용 페이퍼 사용이 28명, 평가용 앱 활용은 1명이며, B클래스는 평가용 페이퍼 사용이 19명, 평가용 앱 사용은 9명으로 나타났다. A클래스의 만족도 조사결과에서 앱 활용이 1명이라는 극히 극단적인 결과가 나온 것에 대해서는 보다 구체적인 원인 분석이 필요할 것이다.

본 조사에서 1학기 조사대상인 A클래스와 2학기의 조사대상인 A클래스는 동일 클래스이지만, 담당교수가 동일하지는 않다. 1학기 A클래스 담당자는 2학기에 B클래스를 담당했고, 1학기 B클래스 담당자는 2학기에 A클래스를 담당했다.

2) 페이퍼의 장단점

	2017년도 1학기	2017년도 2학기
장점	≪A≫: 보다 한자를 암기하는 데 도움이 된다④, 무엇을 틀렸는지 한눈에 파악할 수 있다④, 시간이 자유롭다④, 확인이 가능하다④, 한자/히라가나 쓰기능력 향상에 도움이 된다③, 앱 테스트보다 공부가 된다③, 틀린 곳의 복습이 가능하다③, 시간이 충분하고 익숙해서 좋다②, 정확하게 실력을 평가할 수 있다②, 한자시험은 페이퍼로 치루는 편이 공부가 된다①, 쓰면서 더 잘 외울 수 있다①, 열심히 공부하게 된다① ▸__친 것은 2학기 조사에 없는 항목임 ▸「○」안 숫자는 조사빈도수를 나타냄	≪AB≫: 시간이 충분하고 익숙해서 좋다⑥⑫, 쓰면서 더 잘 외울 수 있다①⑤, 무엇을 틀렸는지 한눈에 파악할 수 있다③② ≪A≫: 보다 한자를 암기하는 데 도움이 된다⑤, 열심히 공부하게 된다⑤, 한자시험은 페이퍼로 치루는 편이 공부가 된다②, 한자/히라가나 쓰기능력 향상에 도움이 된다①, 정확하게 실력을 평가할 수 있다①, 【정정할 수 있다⑤, 간편하다②, 손으로 쓰는 편이 빠르다①】 ≪B≫: 확인이 가능하다③, 앱 테스트보다 공부가 된다①, 【정정할 수 있다, 간편하다③】 ▸【__】는 새롭게 추가된 항목임 ▸「○」안 숫자는 조사빈도수를 나타냄
단점	≪A≫: 채점시간이 오래 걸려 결과확인이 늦어진다⑥, 긴장도가 증가한다①	≪AB≫: 채점시간이 오래 걸려 결과확인이 늦어진다④④ ≪A≫: 【수업 중에만 가능하다②, 매회 치루는 테스트가 부담이 된다②, 앱보다 테스트 시간이 길다①, 손으로 쓰는 것이 귀찮다①, 종이가 아깝다①】 ≪B≫: 【수업 중에만 가능하다⑩, 손으로 쓰는 것이 귀찮다②】

2017년도 1학기 A클래스 조사에서 평가용 페이퍼 즉 시험지 사용시의 장점에 대한 회답은 32건이며, 단점에 대한 회답은 7건이다.

(복수응답 가능)

2017년도 2학기 AB클래스의 조사에서는 평가용 페이퍼 사용 시의 장점에 대한 회답은 65건(A클래스: 32건, B클래스: 33건), 단점에 대한 회답은 27건(A클래스: 11건, B클래스: 16건)이다. (복수응답 가능)

2017년도 1학기 A클래스 조사에서 장점으로 꼽은 것은 〈보다 한자를 암기하는 데 도움이 된다, 무엇을 틀렸는지 한눈에 파악할 수 있다, 시간이 자유롭다, 확인이 가능하다, 한자/히라가나 쓰기능력 향상에 도움이 된다, 앱 테스트보다 공부가 된다, 틀린 곳의 복습이 가능하다, 시간이 충분하고 익숙해서 좋다, 정확하게 실력을 평가할 수 있다, 한자시험은 페이퍼로 치루는 편이 공부가 된다, 쓰면서 더 잘 외울 수 있다, 열심히 공부하게 된다〉 등을 들고 있으며, 단점으로는 〈채점시간이 오래 걸려 결과확인이 늦어진다, 긴장도가 증가한다〉 등을 들고 있다.

2017년도 2학기 AB클래스 조사에서 장점으로 꼽은 것은 〈시간이 충분하고 익숙해서 좋다, 쓰면서 더 잘 외울 수 있다, 무엇을 틀렸는지 한눈에 파악할 수 있다, 보다 한자를 암기하는 데 도움이 된다, 열심히 공부하게 된다, 확인이 가능하다, 한자시험은 페이퍼로 치루는 편이 공부가 된다, 한자/히라가나 쓰기능력 향상에 도움이 된다, 정확하게 실력을 평가할 수 있다, 앱 테스트보다 공부가 된다〉 등을 들고 있고, 후기조사에서 새롭게 추가된 항목은 〈정정할 수 있다, 간편하다, 손으로 쓰는 편이 빠르다〉 등이다. 단점으로서는 〈채점시간이 오래 걸려 결과확인이 늦어진다〉 등을 들고 있으며, 새롭게 추가된 항목은 〈수업 중에만 가능하다, 손으로 쓰는 것이 귀찮다, 매회 치루는 테스트가 부담이 된다, 앱보다 테스트시간이 길다, 종이가 아깝다〉 등을 들고 있다.

3) 앱의 장단점

	2017년도 1학기	2017년도 2학기
장점	≪A≫: 빠르고 바로 데이터가 나오므로 편리하다⑩, 간편하다⑦, 히라가나/가타가나에 익숙해지고 일본어 키보드 능력이 향상된다④, 기록으로 남고 정보가 보존되므로 편리하다③, 스마트폰으로 가능해 편리하다①, 객관식/주관식으로 치루어 좋다①, 편리한 시간에 테스트가 가능하다①, 스마트폰 사용이 익숙해 재미있다①	≪AB≫: 간편하다⑧⑧, 편리한 시간/장소에서 시험이 가능하다⑤⑩, 히라가나/가타가나에 익숙해져 일본어 키보드 능력이 향상된다③③, 빠르고 바로 데이터가 나와 좋다②② ≪A≫: 스마트폰으로 가능해 편리하다①, 【재테스트가 가능하다②, 부담이 없다①, 복습용으로 좋다①, 테스트전의 실력확인용으로 좋다①】 ≪B≫:【재테스트가 가능하다⑦, 새로운 어프로치이다①】
단점	≪A≫: 시간이 짧아 입력이 힘들고 아는 문제도 틀릴 수 있다⑧, 오타가 있어도 시간이 없어 정정이 불가능하다⑦, 키보드에 익숙지 않아 입력이 힘들다⑥, 무엇이 틀렸는지 알기 어렵다⑤, 교실의 Wi-Fi 속도가 느려 로딩이 어렵고 데이터통신으로 전환해야 한다,②, 교재를 찾아보게 되어 공부에 도움이 되지 않는다①, 본인의 실력보다 점수가 나오지 않는다①, 암기가 안된다①, 적당히 외우게 된다①, 한자의 복수읽기가 인식되지 않는다①, 데이터 통신이 안되는 학생에게는 불리하다①	≪AB≫: 시간이 짧아 입력이 힘들고 아는 문제도 틀릴 수 있다⑥⑭, 오타가 있어도 시간이 없어 정정이 불가능하다⑥⑤, 키보드에 익숙지 않아 입력이 힘들다③⑤, 적당히 외우게 된다③①, 교실의 Wi-Fi 속도가 느려 로딩이 어렵고 데이터통신으로 전환해야 한다①① ≪A≫: 무엇이 틀렸는지 알기가 어렵다④, 교재를 찾아보게 되어 공부에 도움이 되지 않는다①,【앱 실행까지 시간이 걸린다①, 테스트 시간을 늘려주었으면 한다①, 시간 배분을 할 수 없다①】 ≪B≫: 본인의 실력보다 점수가 안나온다①,【앱 실행까지 시간이 걸린다②, 집중이 되지 않아 사용이 불편하다②, 테스트용으로 적합하지 않다②, 테스트 시간을 늘려주었으면 한다①, 시간 배분을 할 수 없다①, 데이터 통신이 안되는 학생에게는 불리하다①】

2017년도 1학기 A클래스 조사에서 평가용 앱 활용 시의 장점에 대한 회답은 28건이며, 단점에 대한 회답은 34건이다. (복수응답 가능)

2017년도 2학기 AB클래스 조사에서는 평가용 앱 활용 시의 장점에 대한 회답은 55건(A클래스: 24건, B클래스: 31건)이며, 단점에 대한 회답은 63건(A클래스: 27건, B클래스: 36건)이다. (복수응답 가능)

2017년도 1학기 A클래스 조사에서 장점으로 꼽은 것은 〈빠르고 바로 데이터가 나오므로 편리하다, 간편하다, 히라가나/가타가나에 익숙해지고 일본어 키보드 능력이 향상된다, 기록으로 남고 정보가 보존되므로 편리하다. 스마트폰으로 가능해 편리하다, 객관식/주관식으로 치루어 좋다, 편리한 시간에 테스트가 가능하다, 스마트폰 사용이 익숙해 재미있다〉 등이며, 단점으로는 〈시간이 짧아 입력이 힘들고 아는 문제도 틀릴 수 있다, 오타가 있어도 시간이 없어 정정이 불가능하다, 키보드에 익숙지 않아 입력이 힘들다, 무엇이 틀렸는지 알기 어렵다, 교실의 Wi-Fi 속도가 느려 로딩이 어렵고 데이터통신으로 전환해야 한다, 교재를 찾아보게 되어 공부에 도움이 되지 않는다, 본인의 실력보다 점수가 나오지 않는다, 암기가 안된다, 적당히 외우게 된다, 한자의 복수읽기가 인식되지 않는다, 데이터통신이 안되는 학생에게는 불리하다〉 등을 들고 있다.

2017년도 2학기 AB클래스 조사에서 장점으로 꼽은 것은 〈간편하다, 편리한 시간/장소에서 시험이 가능하다, 히라가나/가타가나에 익숙해져 일본어 키보드 능력이 향상된다, 빠르고 바로 데이터가 나와 좋다, 스마트폰으로 가능해 편리하다〉 등을 들고 있으며, 후기조사에서 새롭게 추가된 항목은 〈재테스트가 가능하다, 새로운 어프로치이다, 부담이 없다, 복습용으로 좋다, 테스트 전의 실력 확인용으로 좋다〉 등이다, 단점으로는 〈시간이 짧아 입력이 힘들고 아는 문제도 틀릴 수 있다, 오타가 있어도 시간이 없어 정정이 불가능하다, 키보드에 익숙지 않아 입력이 힘들다, 적당히 외우게 된다, 교실의 Wi-Fi 속도가 느려 로딩이 어렵고 데이터통신으로 전환해야 한다, 무엇이 틀렸는지 알기가 어렵다, 교재를 찾아보게 되어 공부에 도움이 되지 않는다, 본인의 실력보다 점수가 안나온다〉 등을 들고 있으며, 새롭게 추가된 항목은 〈앱 실행까지 시간이 걸린다, 테스트 시간을 늘려주었으면 한다, 시간 배분을 할 수 없다, 집중이 되지 않아 사용이 불편하다, 테스트용으로 적합하지 않다, 데이터 통신이 안되는 학생에게는 불리하다〉 등을 들 수 있었다.

4) 기타

	2017년도 1학기	2017년도 2학기
기타	≪A≫: 게임 형식이 아니다, 단어테스트이므로 채점에는 앱 활용이 보다 편리하다, 페이퍼 시험이 좋다, 피평가자도 평가자에게도 편리해 앱이 좋다, 틀린 문제의 재확인이 가능하면 좋다, 앱 테스트 소요시간이 부족하여 불편하다, 왜 틀렸는지 앱이 가르쳐주면 좋다, 사용방법의 사전교육이 필요하다	≪AB≫: 페이퍼 시험이 좋다②① ≪A≫:【중간/기말 테스트에 도움이 된다①, 기계에 익숙해질 필요성을 느끼지 않는다①, 페이퍼/앱 테스트 양쪽 다 치루는 것은 부담이 된다①】 ≪B≫:【복습에는 좋지만 성적반영은 부적절하다①, 앱에서는 순번이 정해있고 아는 문제부터 풀 수 없어 불편하다①, 시간제한은 문제단위가 아닌 챕터단위로 하는 것이 좋다①, 앱은 언제 어디에서 몇 번이나 테스트가 가능해 편리하나 컨닝할 우려가 있으므로 테스트 장소/횟수 제한이 필요하다①, 홈페이지 로그인에 시간이 걸리므로 다운로드할 수 있으면 좋다①】

기타 자유의견에서 꼽은 것은, 2017년도 1학기 A클래스 조사에서는 〈게임 형식이 아니다, 단어테스트이므로 채점에는 앱 활용이 보다 편리하다, 페이퍼 시험이 좋다, 피평가자도 평가자에게도 편리해 앱이 좋다, 틀린 문제의 재확인이 가능하면 좋다, 앱 테스트 소요시

간이 부족하여 불편하다, 왜 틀렸는지 앱이 가르쳐주면 좋다, 사용방법의 사전교육이 필요하다〉 등을 들고 있다.

2017년도 2학기 AB클래스 조사에서는 〈페이퍼 시험이 좋다〉 등을 들고 있으며, 새롭게 추가된 항목은 〈중간/기말 테스트에 도움이 된다, 기계에 익숙해질 필요성을 느끼지 않는다, 페이퍼/앱 테스트 양쪽 다 치루는 것은 부담이 된다, 복습에는 좋지만 성적반영은 부적절하다, 앱에서는 순번이 정해있고 아는 문제부터 풀 수 없어 불편하다, 시간제한은 문제단위가 아닌 챕터단위로 하는 것이 좋다, 앱은 언제 어디에서 몇 번이나 테스트가 가능해 편리하나 컨닝할 우려가 있으므로 테스트 장소/횟수 제한이 필요하다, 홈페이지 로그인에 시간이 걸리므로 다운로드할 수 있으면 좋다〉 등이 있다.

4.2.1.2. 일본어 한자앱 콘텐츠의 만족도 조사결과

이 조사는 학습자의 학습능력을 강화하기 위한 것으로써 일본어 한자앱의 운용과 동시에 콘텐츠이용자의 만족도를 파악하기 위해 실시한 것이다. 설문조사 리스트로는 대학 e-Learning 콘텐츠의 만족도조사 설문항목을 참고로 하였다. 그 내용은 (1) 앱이 수업을 이해하는데 도움이 되었습니까? (2) 앱이 수업의 보조자료로서 적절히 활용되었습니까? (3) 앱의 강의 수업내용에 대해 만족스러웠습니까? (4) 앱을 다른 친구에게도 추천합니까? (5) 앱의 활용에 대해 전반적으로 만족합니까? 의 5개 항목이다.

다음은 일본어한자 교과목에 도입한 일본어 한자앱 콘텐츠의 만족도 조사 및 결과이다.

1) 2017년도 1학기 조사

2017년도 1학기에 실시한 A클래스의 일본어 한자앱 콘텐츠의 만족도 조사결과는 만족도척도 5점 만점에 3.5점을 획득하였다. 100점 만점으로 환산한 점수는 70점이다. 만족 이상이라는 응답이 50%이고 보통 이상이라는 응답은 90%이다.

2017년도의 1학기에 실시한 일본어 한자앱 콘텐츠의 만족도 설문조사결과는 다음의 〈그림 3〉과 같다.

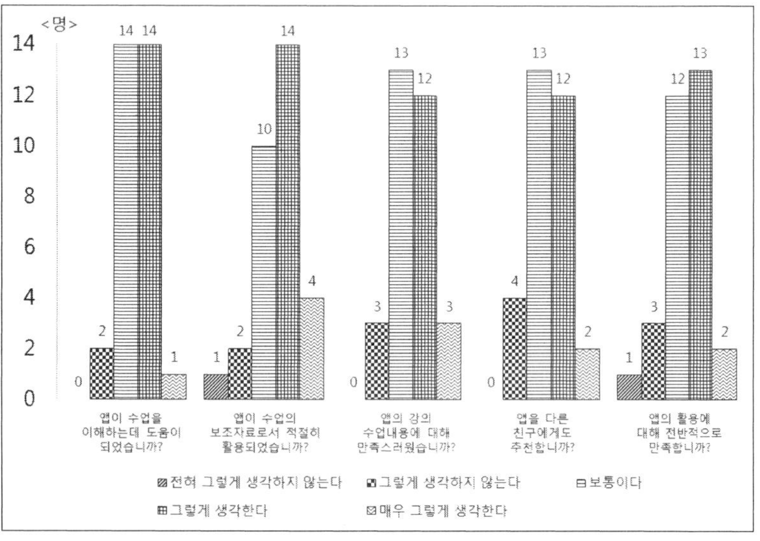

〈그림 3〉 A클래스의 일본어한자 앱 콘텐츠 만족도 설문조사 결과

2) 2017년도 2학기 조사

2017년도 2학기에 실시한 조사에서는 AB클래스의 일본어 한자앱 콘텐츠의 만족도 조사결과는 만족도척도 5점 만점에 3.0점을 획득하였다. 100점 만점으로 환산한 점수는 60점이다. 만족 이상이라는 응

답이 25%이고 보통 이상이라는 응답은 75%이다.

2017년도 2학기에 실시한 일본어 한자앱 콘텐츠의 만족도 설문조사결과는 다음의 〈그림 4〉와 같다.

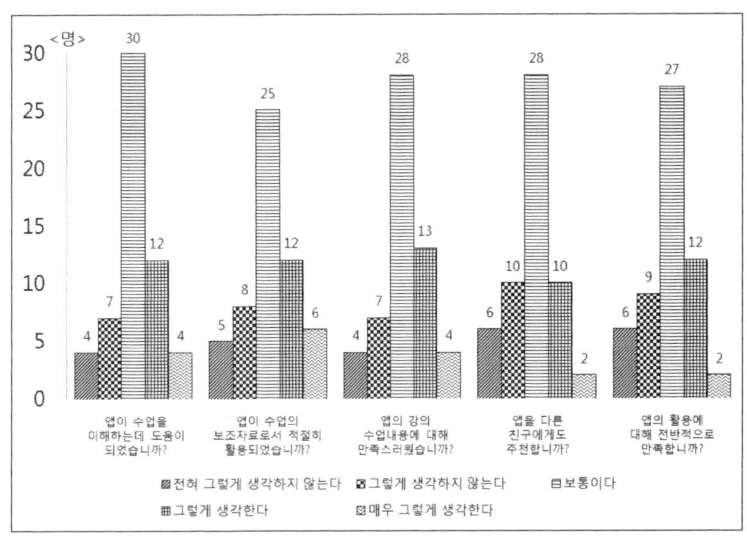

〈그림 4〉 AB클래스의 일본어한자 앱 콘텐츠 만족도 설문조사 결과

한편, A클래스와 B클래스의 일본어 한자앱 콘텐츠의 만족도 조사결과는 A클래스가 만족도척도 5점 만점에 2.8점을 받아 100점 만점으로 환산한 점수는 56점이다. 만족 이상이라는 응답이 17%이며 보통 이상이라는 응답은 66%이다. B클래스는 만족도척도 5점 만점에 3.3점을 받아 100점 만점으로 환산한 점수가 66점이다. 만족 이상이라는 응답이 39%였고 보통 이상이라는 응답은 88%이다.

2017년도의 2학기에 실시한 일본어 한자앱 콘텐츠의 만족도 설문조사결과는 A클래스의 〈그림 5〉와 B클래스의 〈그림 6〉과 같다.

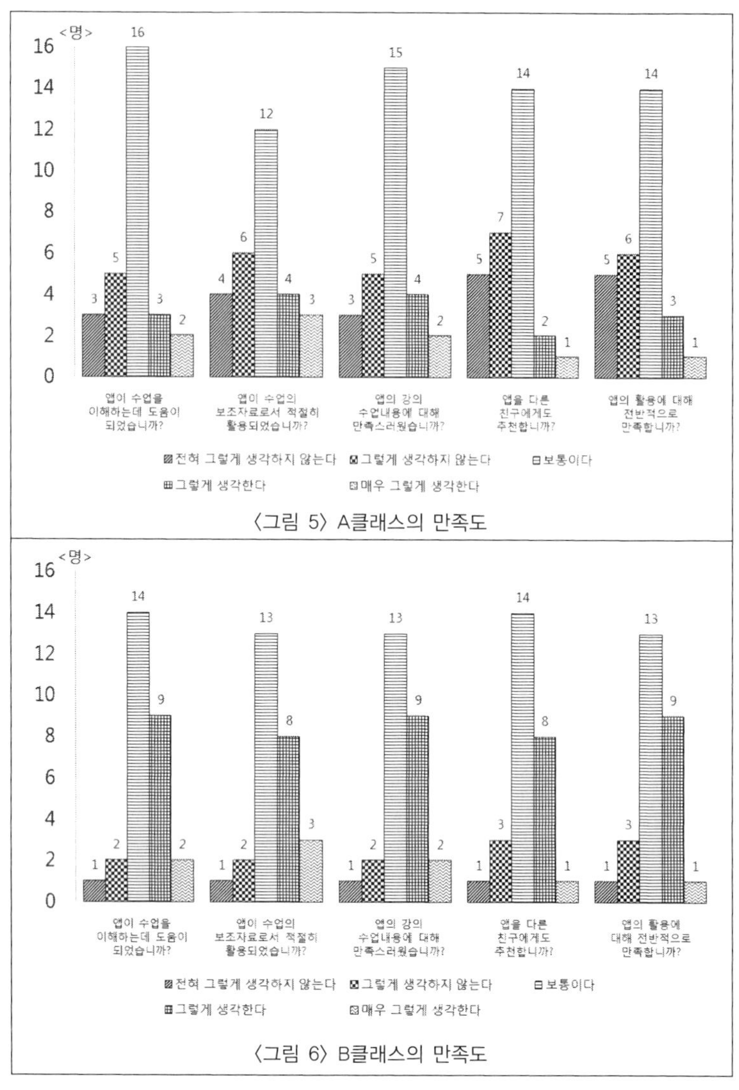

〈그림 5〉 A클래스의 만족도

〈그림 6〉 B클래스의 만족도

〈그림 5〉와 〈그림 6〉의 조사결과에서는 A클래스와 B클래스의 만족도에 차이가 나는 것을 볼 수 있다. 한자클래스는 2명의 담당교수

가 1학기와 2학기에 A클래스와 B클래스를 번갈아 맡아 지도를 하였기 때문에 이러한 환경이 조사결과에 영향을 미쳤을 가능성도 생각해 볼 수 있겠으나, 한편으로는 같은 학내에서도 교실에 따라 Wi-Fi 환경구축이 차이가 나거나 기타 여러 가지 조건들이 영향을 미쳤을 가능성도 배제할 수 없기 때문에 성급한 판단은 피한다. 이러한 경향은 1학기의 조사에서도 일부 나타났으나 1학기에는 사정상 A클래스의 실천보고 자료를 제시하는 데에 그쳤다.

4.2.2. 평가용 일본어한자 앱의 실천과 경과

4.2.2.1. 개선 요구사항 및 대책

일본어 한자교육에서의 BL 수업실천 즉, 2017년도의 1학기에 실시한 평가용 일본어 한자앱의 수업실천 설문조사 보고에서 언급된 개선 요구사항 및 그 대책을 다음에 열거한다.

(1) 평가용 페이퍼 사용 시의 장점으로 꼽힌 〈시간이 충분하고 익숙해서 좋다〉와 평가용 앱 활용 시의 단점으로 꼽힌 〈시간이 짧아 입력이 힘들고 알고있는 문제라도 틀릴 수 있다, 오타가 있어도 시간이 없어 정정이 불가능하다, 키보드에 익숙지 않아 불편하다〉 등은 서로 상통하는 부분이 있다고 생각되기 때문에 이 문제점의 개선책으로서 1학기에는 1문항의 문제풀이에 10초를 배당했던 것을 2학기에는 20초로 늘려 충분한 시간을 할애하기로 했다.

(2) 평가용 페이퍼 사용 시의 장점으로 꼽힌 〈한자/히라가나 쓰기 능력 향상에 도움이 된다〉에 대한 대응책으로 쓰기 과제를 레포트로 제출하였다.

(3) 평가용 앱 활용 시의 단점으로 꼽힌 〈교실의 Wi-Fi의 속도가 느려 로딩이 어렵고 데이터 통신으로 전환해야 하는 등 데이터 통신

을 할 수 없는 학생에게 불리하다〉 등은 대학의 환경정비와 관련한 문제로 대학 시스템이 충분한 상황이 아니므로 수업실천에 어려움을 동반한다.

2017년도 2학기 수업실천은 1학기 조사에서 언급된 상기의 (1)과 (2)의 개선 요구사항을 반영하였다. 그러나 여전히 2학기 설문조사에도 〈시간이 짧아 입력이 힘들고 알고있는 문제도 틀릴 수 있다, 오타가 있어도 시간이 없어 정정이 불가능하다, 키보드에 익숙치 않아 불편하다, 테스트의 시간을 늘려달라, 앱 실행까지 시간이 걸린다〉 등 불평하는 학생이 있다. 심지어 〈기계에 익숙해질 필요성을 느끼지 못한다〉라고 쓴 학생도 있었다. 한편으로는 〈재시험이 가능하다, 새로운 어프로치이다, 부담이 없다, 복습용으로도 좋다, 테스트 전의 실력 확인용으로 좋다〉 등의 긍정적인 의견이 나온 것은 주목할 만하다.

4.2.2.2. **수업실천 경과**

논자는 2018년도 현시점에도 평가용 일본어 한자앱 콘텐츠를 도입한 수업실천을 지속하고 있다. 지금까지의 경과에서 알 수 있는 것을 정리하면 다음과 같다.

(1) 평가용 일본어 한자앱 활용법 및 일본어 키보드 치는법의 사전교육의 중요성이 요구된다.

담당교사의 앱 콘텐츠 사용법 및 활용법의 충분한 설명이 요구되며 키보드 치는법의 사전교육이 매우 중요한 것으로 나타났다. 이들에 대한 익숙함의 정도에 따라 학생들의 평가도 바뀌는 것을 알 수 있었다.

(2) 학생들은 성적반영에 상당한 심리적 부담을 느끼기 때문에 그 부담감을 줄이는 것에 유의하는 것이 중요하다.

앱 콘텐츠는 '복습에는 좋지만 성적반영은 부적절하다'는 의견에서 알 수 있듯이, 학생들은 성적반영에 상당한 심리적 부담감을 느끼고 있어 즐기며 학습할 수 있도록 유의했다. 그래서 2018년도부터는 성적보다 앱의 접속여부에 중점을 두고 운영한 결과, 학생들의 반응이 매우 양호하고 〈즐기며 공부할 수 있을 것 같다〉는 긍정적인 의견이 도출되었다.

(3) 학습자의 개선 요구사항 도입의 중요성

2017년도 1학기는 1강부터 순서대로 테스트하게 되어 있던 것을 개선하여 2학기에는 각 챕터 순서에 관계없이 학습자가 스타트하고 싶은 곳부터 몇 번이라도 자유롭게 테스트를 받을 수 있도록 개선했다. 한편, 2학기에 조사한 〈홈페이지 로그인에 시간이 걸리기 때문에 다운로드가 가능하면 좋겠다〉는 의견은 바꾸어 말하자면, 대학 LMS 환경이 좋지 않아 직접 앱에 접속하고 싶다는 것이다. 이것은 교수자 측면에서 보면, 관리가 어려워질 우려가 있어 받아들이기 힘든 요구이다. 그 대신 모바일에 다운로드해 활용할 수 있는 방법을 설명하거나 컴퓨터에서 접속할 것을 학생들에게 권유하고 있다. 대학의 LMS 환경문제로 인해 때때로 오류가 생겨 사용이 힘들어지는 것은 이러한 콘텐츠를 도입하는 교수자에게 큰 어려움이 아닐 수 없으며, 결국 이러한 것은 학습자에게 염증을 불러일으키는 원인이 되고 나아가 콘텐츠의 만족도를 저하시키는 결과를 초래할 수 있다는 우려가 나오는 것이다.

4.2.3. 학습자 및 교수자 관점의 수업실천 보고

평가용 학습보조 자료로 개발한 일본어 한자앱을 활용해 2017년도 1학기와 2학기에 걸쳐 1년간 수업실천을 한 결과를 수강자 및 교수자의 측면에서 고찰하였다.

학습자의 관점에서는, 〈즉시 결과를 얻을 수 있는 점, 간편한 점, 일본어 키보드 능력이 향상되고 익숙해지는 점, 스마트폰을 통해 언제 어디서나 사용가능한 편리성〉등을 1학기와 2학기 조사에서 긍정적인 요소로 공통적으로 열거하고 있다.

한편, 〈일본어 키보드에 익숙지 못해 불편한 점, 시간제한이 있어 오타가 난 경우에 아는 문제도 정정이 불가한 점〉 등 1학기에 단점으로 꼽혔던 항목을 개선한 2학기 조사에서는 〈재시험이 가능하다, 테스트 전의 실력 확인용으로 좋다, 부담이 없다, 새로운 어프로치이다〉 등의 항목이 긍정적인 요소로 추가되었다. 또한, 충분한 시간을 배당하여 개선을 했음에도 불구하고 〈시간이 매우 짧아 입력이 힘들고 아는 문제도 틀릴 수 있다, 오타가 있어도 고칠 시간이 없어 정정이 불가능하다, 테스트 시간을 늘려 주었으면 한다, 시간배분이 불가하다〉 등과 같은 의견을 제시하는 학생이 여전히 존재함을 알 수 있다.

그 외로는 〈무엇을 틀렸는지 알기 힘든 점, 교실의 Wi-Fi 속도가 느려 로드가 늦고 데이터 통신으로 전환해야 하는 점, 종래의 페이퍼의 시험보다 공부가 안되고 적당히 외우거나 외우기 힘든 점〉 등을 부정적 요소로 들었다.

교수자의 관점으로는, 평가용 일본어 한자앱 콘텐츠를 수업에 도입함으로써 일본어 한자학습에 대한 새로운 어프로치를 시도했다는 점에서 평가할 수가 있다. Web 기반 자가용 실력테스트 학습콘텐츠의 개발을 통해 장소와 시간을 불문하고 각 챕터 단위로 테스트가 가능하며 또한, 학습자의 개인점수 및 클래스 전체의 성적확인 및 보완이 가능해짐으로 성취감을 높일 수 있다.

이와 같은 수업실천에서 얻을 수 있는 긍정적인 요소로는 〈앱의 편리성, 액세스가 용이한 점, 즉시 데이터를 얻을 수 있는 점, 복습한 한자평가로 학습자의 흥미유발이 가능한 점〉 등을 들 수 있다.

5. 맺음말

이상 본 논문에서는 2017년도의 1학기에 실시한 수업실천 설문조사와 2학기에 실시한 추적조사를 근거로 평가용 일본어 한자앱의 만족도 평가 및 앱 콘텐츠의 만족도 설문조사 결과를 보고하였다. 그리고 평가용 일본어 한자앱의 수업실천 및 그 경과에서 나타난 것을 분석한 후에 그에 따른 개선 요구사항 및 대책을 제시하였다.

요즘 젊은이들은 인터넷 및 SNS 세대로 불리며 한시도 스마트폰을 놓지 못하고 수업시간 조차 스마트폰에 열중해 수업에 집중하지 못하는 학습자가 눈에 띈다. 그 때문에 교수자는 종래의 오프라인 수업에 선진 기술을 도입한 온라인 수업을 브랜드하는 노력을 게을리 하지 않는다. 현재 교육현장에서는 교육의 많은 부분을 e러닝에 의존하여 수많은 시스템 구축에 주력하고 있으며 이를 위한 고액의 투자를 아끼지 않고 있다. 또한, 지금까지 보고된 많은 연구결과는 BL를 도입한 수업효과를 제시해 현재 젊은 세대의 IT 활용능력이 높아 다양한 콘텐츠를 구사할 수 있을 것이라고 결론짓고 있다. 그러나 본고의 실천결과에서는 반드시 그렇게 만은 볼 수 없는 뜻밖의 결과가 나왔다. 일본어한자 학습에서는 아직도 페이퍼 즉 시험지의 사용에 익숙해져 있어 앱 활용에 관해서도 장점보다 단점에 구애받는 예상외의 결과를 얻을 수 있었다. 2017년도의 1학기 조사 및 2학기 추적조사 보고에서 나타났듯이 이들 조사에서는 인터넷 또는 SNS세대로 불리는 현금의 젊은이가 반드시 IT 활용능력이 높고 다양한 콘텐츠를 다룰 수 있다고는 볼 수 없는 예상외의 결과가 도출된 것을 알 수 있었다.

본고에서 다룬 수업이 비록 일본어한자 수업이라는 특수성을 간과할 수는 없으나 본 조사를 토대로 살펴보면, 학습자 중에는 종래의 페이퍼 테스트를 선호하는 학생의 비율이 높기 때문에 SNS에 익숙한 세대라 하더라도 지금의 젊은 세대가 반드시 신기술을 적용한 수업을 선호한다고 볼 수 없는 결과가 나온 점을 고려해, 향후 이러한 조사결과를 충분히 반영한 수업디자인의 고안 및 앱 개발의 개선이 바람직하다. 궁극적으로 학습자의 BL 수업실천 만족도를 향상시키기 위해서는 학습자를 위해 어떠한 학습환경을 정비하고 어떤 콘텐츠를 도입하여 어떻게 BL 수업디자인을 실천해 나갈지를 모색하는 것이 더욱 중요해질 것이다. 앞으로도 지속적인 추적조사를 통해 BL 수업실천을 향상시키고 BL 수업실천의 축적을 통해 학습자의 학습흥미를 유발하며, 또한 지속적인 학습에의 참가를 유도함으로써 학습자에게 학습동기를 부여하는 BL 수업실천을 상호 공유함으로써 일본어교육의 활성화 및 질적발전이 이루어지기를 기대한다.

이 글은『일본어교육연구』41·45집(한국일어교육학회, 2017.11·2018.11.)에 게재된「日本語漢字教育におけるブレンデッドラーニングの授業実践報告 –日本語漢字アプリコンテンツの満足度に関する調査結果を中心に–」,「日本語教育現場におけるBL実践とその経過から見えるもの–日本語漢字教育におけるBL授業実践追跡調査報告から–」에 의거함

참고문헌

▌정보화시대의 학제적 일본연구 / 오기노 쓰나오

[참고문헌]

井出祥子・荻野綱男・川崎晶子・生田少子(1986),『日本人とアメリカ人の敬語行動』, 南雲堂.

荻野綱男・金東俊・梅田博之・羅聖淑・盧顕松(1990),「日本語と韓国語の聞き手に対する敬語用法の比較対照」,『朝鮮学報』136.

＿＿＿＿＿＿＿＿＿＿＿＿＿＿＿＿(1993),「日本語と韓国語の職場における聞き手敬語の対照研究」, 日本言語学会第106回大会.

荻野綱男・安達信明・浜野明大・塚本聡・田中ゆかり・尹智鉉(2014),「コーパス言語学の新しい展開」, 日本大学文理学部人文科学研究所研究紀要第87号.

柴田武(1990),「九学会連合と私」,『人類科学』42, 九学会連合.

徳川宗賢(1990),「九学会連合と言語学」,『人類科学』42, 九学会連合.

西村恕彦・荻野綱男(1977),『日本語品詞列集成右順篇上・下』, 電子技術総合研究所.

前川喜久雄(監修)(2017),『講座日本語コーパス8. コーパスと自然言語処理』, 朝倉書店.

▌대역자료를 통해 본 한국어와 일본어의 주어 실현 양상 / 김영민

[참고문헌]

김수정・최동주(2013),「소설 텍스트에서의 주어의 실현 양상」,『한민족어문학』64, 한민족어문학회, pp.37-69.

김영민(2017),「일한 수동표현의 대응 양상에 대한 일고찰」,『비교일본학』39, 한양대 일본학 국제비교연구소, pp.349-356.

이사카 코타로 지음, 김선영 옮김(2015),『종말의 바보』, 현대문학.

최동주(2012), 「'은/는'과 '이/가'의 출현 양상」, 『인문연구』 65, 영남대학교 인문과학연구소, pp.25-58.

伊坂幸太郎(2009), 『終末のフール』, 集英社.

久野暲(1978), 『談話の文法』, 東京, 大修館書店.

砂川有里子(2005), 『文法と談話の接点』, 東京, くろしお出版.

Givón(1983), "Topic Continuity in discourse: an introduction", In Givón (ed.) *Topic Continuity in Discourse: A Quantitative Cross-Language Study*, John Benjamins, Amsterdam.

▮ 재일한국인 이중언어 사용자들의 「-スル」 「-하다」 사용실태 연구 / 손영석

[참고문헌]

김보향(2014), 「재일제주인의 언어 변화와 언어 전환 과정 연구」, 제주대학교 국어국문과 박사논문, pp.91-98.

김정자(1994), 「일본내의 한일 2언어 병용화자(한국인)의 Code-Switching에 대하여: '-하다'와 '-する'를 중심으로」, 『이중언어학』 11, 이중언어학회, pp.71-96.

_____(2002), 『재일 한국인1세의 한국어・일본어 혼용 실태에 대한 연구』, 태학사, pp.77-119.

손영석(2015), 「재일한국인 이중언어 사용자들의 사용언어별 발화문장 분포-음성코퍼스를 자료로」, 『일본어문학』 67, 한국일본어문학회, pp.55-74.

郭銀心(2013), 「韓日バイリンガルのコード・スイッチングに関する研究」, 중앙대학교 일어일문학과 박사논문, pp.151-188.

_____(2014), 「大阪の在日密集地域に住む一世の二言語使用に関する調査: コード・スイッチングの機能的分析を中心に」, 『일본언어문화』 27, 한국일본언어문화학회, pp.43-68.

金美善(2000), 「在日コリアンの言語接触に関する社会言語学的研究一大阪市生野周辺をフィールドとして一」, 大阪大学大学院文学研究科博士論文, pp.25-132.

金美善・生越直樹(2002), 『在日コリアン一世の自然談話文字化資料』(文部省科学研究費補助金「特定領域研究(A)(2)」, 『環太平洋の「消滅に瀕した言語」にかんする緊急調査研究成果報告書』), pp.1-122.

Azuma, S.(1993), Frame content hypothesis in speech production: evidence from intrasentential code-switching, Linguistics 31, pp.1071-1093.

Weinreich, U.(1968), Languages in Contact: Findings and Problems. The Hague: Mouton. [Originally published as Publications of the Linguistic Circle of New York, no.1, 1953.], pp.29-70.

[관련 웹 사이트 및 코퍼스]

국립국어원, 『표준국어대사전』 https://stdict.korean.go.kr/main/main.do (2021.5.25. 검색)

국립국어원 언어정보나눔터, 『21세기 세종계획 말뭉치』 https://ithub.korean.go.kr/user/main.do# (2021.5.25. 검색)

独立行政法人統計センター, 『都道府県別 国籍・地域別 在留外国人』 https://www.e-stat.go.jp/stat-search/files?page=1&layout=datalist&toukei=00250012&tstat=000001018034&cycle=1&year=20140&month=24101212&tclass1=000001060399 (2021.5.25. 検索)

独立行政法人統計センター, 『2011年度在留外国人統計(旧登録外国人統計)』 https://www.e-stat.go.jp/stat-search/files?page=1&layout=datalist&toukei=00250012&tstat=000001018034&cycle=7&year=20110&month=0&tclass1=000001060436&tclass2val=0 (2021.5.25. 検索)

大阪市役所, 『住民基本台帳人口・外国人人口』 https://www.city.osaka.lg.jp/shimin/page/0000006893.html (2021.5.25. 検索)

"국립국어연구소 일본어 웹 코퍼스"와 그 검색 시스템 "본텐" / 아사하라 마사유키

[참고문헌]

浅原正幸・河原一哉・大場寧子・前川喜久雄(2018), 「『国語研日本語ウェブコーパス』とその検索系『梵天』」『情報処理学会論文誌』 59(2), pp.299-305.

浅原正幸・今田水穂・保田祥・小西光・前川喜久雄(2014), 「Webを母集団とした超大規模コーパスの開発: 収集と組織化」, 『国立国語研究所論集』 7, pp.1-26.

Masayuki Asahara・Kikuo Maekawa(2013), 'Design of a Web-scale Japanese Corpus', Proc.of Conference of the Pacific Association for Computational Linguistics (PACLING-2013).

Masayuki Asahara, Kikuo Maekawa, Mizuho Imada, Sachi Kato, Hikari Konishi

(2014) 'Archiving and Analysing Techniques of the Ultra-large-scale Web-based Corpus Project of NINJAL, Japan', Alexandria, 26(1-2), pp.129-148.

Masayuki Asahara(2018), 'NWJC2Vec: Word embedding dataset from 'NINJAL Web Japanese Corpus', Computational terminology and filtering of terminological information, 24(1), pp.7-22.

[관련 웹 사이트 및 코퍼스]

a) Heritrix: https://webarchive.jira.com/wiki/display/Heritrix/Heritrix
b) Google 일본어 N-gram: http://www.gsk.or.jp/catalog/gsk2007-c/
c) nwc-toolkit: https://github.com/xen/nwc-toolkit
d) MeCab: http://taku910.github.io/mecab/
e) UniDic: http;//unidic.ninjal.ac.jp/
f) CaboCha: http://taku910.github.io/cabocha/

▌역 이름으로 보는 공간 인식에서의 언어다움 / 오노 마사키

[예문 인용문헌]

가와바타 야스나리 저, 유숙자 옮김(2002), 『설국』, 민음사.

[참고문헌]

池上嘉彦(2011), 「日本語と主観性・主体性」, 『ひつじ意味論講座 第5巻 主観性と 主体性』, ひつじ書房.

井上京子(1998), 『もし「右」や「左」がなかったら-言語人類学への招待』, 大修館書店.

岡智之(2013), 『場所の言語学』, ひつじ書房.

小野正樹・李奇楠(編)(2016), 『言語の主観性-認知とポライトネスの接点』, くろしお出版.

ガイ・ドイッチャー(2012), 『言語が違えば、世界も違って見えるわけ』, インターシフト.

木村英樹(1996), 『中国語はじめの一歩』, ちくま新書.

________(2014), 「こと・こころ・ことば-現実をことばにする「視点」」, 唐沢かおり・林徹(編), 『人文知 1 心と言葉の迷宮』, 東京大学出版会.

金炫妸(2011), 『日韓翻訳に見られる翻訳規範の変化と異文化コミュニケーション-川端康成『雪国』の翻訳を題材に』, 東北大学大学院国際文化研究科・国際文化交流論専攻, 博士論文.

穆欣(2014), 「日本語・韓国語・中国語・英語の無主格文について: 川端康成『伊豆の踊子』『雪国』の原文と翻訳文を検討材料として」, 『山口国文』 37, 山口大学人文学部国語国文学会, pp.80-90.

추측을 나타내는 한·일어 부사의 공기 양상 / 장근수

[참고문헌]

민현식(2003), 「제7장 서법과 양태론」, 『국어 문법 연구』, 도서출판 역락, pp.157-177.

손남익(1995), 『국어부사연구』, 박이정출판사.

송재목(2009), 「인식양태와 증거성」, 『한국어학』 44, 한국어학회, pp.27-53.

신서인(2014), 「담화 구성 요소를 고려한 문장부사 하위분류」, 『한국어의미학』 44, 한국어의미학회, pp.89-118.

임동훈(2008), 「한국어의 서법과 양태 체계」, 『한국어의미학』 26, 한국어의미학회, pp.211-249.

임유종(1999), 『한국어 부사 연구』, 한국문화사.

장경희(1985), 『現代国語의 様態範疇研究』, 탑출판사.

정하준(2011), 「한국어 추량계 부사의 일본어 번역례 연구」, 『일어일문학』 49, 대한일어일문학회, pp.145-163.

工藤浩(2000), 「副詞と文の陳述的なタイプ」, 『日本語の文法3 モダリティ』, 岩波書店, pp.163-234.

杉村泰(2009), 『現代日本語における蓋然性を表すモダリティ副詞の研究』, ひつじ書房.

張根寿(2005), 「推量的な副詞の分類基準に関する再考」, 『日本学報』 64, 韓国日本学会, pp.179-191.

______(2007), 「副詞研究における蓋然性と証拠性について－「きっと/たぶん」と「どうやら/どうも」を例に」, 『日本言語文化』 11, 韓国日本言語文化学会, pp.143-160.

______(2010), 「「どうやら」と「どうも」の意味分析」, 『日本学報』 83, 韓国日本学会, pp.137-147.

______(2016), 「推測を表す副詞に関する日韓対照研究 －「たぶん」と「아마도(amado)」の比較から」, 『日本語教育研究』 35, 韓国日語教育学会, pp.185-199.

______(2018), 「Co-occurrence patterns of Korean and Japanese adverbs expressing speculation」, 『日本学報』 115, 韓国日本学会, pp.149-172.

仁田義雄(1989), 「現代日本語のモダリティの体系と構造」, 『日本語のモダリティ』, くろしお出版, pp.1-56.

________(2000), 「認識のモダリティとその周辺」, 『日本語の文法3モダリティ』, 岩波書店, pp.81-159.

日本語記述文法研究会(2003), 「認識のモダリティ」, 『現代日本語文法4 モダリティ』, くろしお出版, pp.133-188.

飛田良文・浅田秀子(1994), 『現代副詞用法辞典』, 東京堂出版.

三宅知宏(1994), 「認識的モダリティにおける実証的判断について」, 『国語国文』 63(11), 京都大学国語学国文学研究室, pp.20-34.

宮崎和人(2002), 「認識のモダリティ」, 『モダリティ』, くろしお出版, pp.121-171.

森本順子(1994), 『話し手の主観を表す副詞について』, くろしお出版.

森山卓郎(1989), 「認識のムードとその周辺 － 認識的ムードの形式をめぐって」, 『日本語のモダリティ』, くろしお出版, pp.57-74.

[관련 웹 사이트 및 코퍼스]

『CD-毎日新聞』 日外アソシエーツ(1999년~2007년 전체 기사)

국립국어원 21세기 세종계획 말뭉치 https://ithub.korean.go.kr/user/main.do

▌일본어 경어표현의 문법적 정합성에 관하여 / 채성식

[참고문헌]

岡村正章(1995), 「「典型的な動詞連用形名詞」に関する考察」, 『上智大学国文学論集』, 上智大学, pp.73-89.

影山太郎(2010), 「動詞の文法から名詞の文法へ」, 『日本語学』 29(11), 明治書院, pp.16-23.

国広哲弥(2002), 「連用形名詞の新用法は異常か」, 『言語』 39(1), 大修館書店, pp.74-77.

新屋映子(2006), 「形容詞派生の名詞「～さ」を述語とする文の性質」, 『日本語の研究』

2(4), 日本語学会, pp.33-46.

________(2014), 『日本語の名詞指向性の研究』, ひつじ書房.

沈晨(2013), 「日本語連用形名詞の自立性の段階について」, 『第4回コーパス日本語学ワークショップ予稿集』, 国語国立研究所, pp.151-158.

高橋勝忠(2011), 「動詞連用形の名詞化とサ変動詞「する」の関係」, 『英語英米文学論輯: 京都女子大学大学院文学研究科研究紀要』 10, pp.15-33.

田中寛(2006), 『はじめての人のための日本語の教え方ハンドブック』, 国際語学社.

谷口秀治(2006), 「動詞連用形の用法について」, 『大分大学留学生センター紀要』, 大分大学留学生センター編, pp.57-66.

蔡盛植(2009), 「〈名詞〉に潜在する〈動詞性〉について一〈動詞的名詞〉を含む連体修飾表現を中心に一」, 『日本語文学』 43, 韓国日本語文学会, pp.207-231.

______(2010), 「日本語名詞表現을 통해 본 名詞의 動詞性-〈動詞的名詞〉와 〈連用形名詞〉를 중심으로」, 『日本研究』 13, 고려대학교 일본연구센터, pp.291-310.

______(2019), 「일본어 경어표현에 등장하는 전성명사에 관하여 - 용언에서 체언으로의 전성을 중심으로」, 『日本語教育』 90, 韓国日本語教育学会, pp.153- 164.

西尾寅弥(1961), 「動詞連用形の名詞化に関する一考察」, 『国語学』, 明治書院, pp.60-81.

西山佑司(1993), 「「NP1のNP2」と“NP2 of NP1”」, 『日本語学』 10(12), 明治書院, pp.65-71.

________(2010), 「名詞句研究の現状と展望」, 『日本語学』 29(11), 明治書院, pp.4-14.

益岡隆志(2009), 「日本語の尊敬構文と内・外の視点」, 『「内」と「外」の言語学』, 開拓社.

三喜田光次(2004), 「接頭辞「お」を冠した動詞連用形名詞の意味について」, 『外国語教育』, 天理大学言語教育研究センター, pp.19-40.

八木健太郎(2014), 「連用形名詞の「結果状態解釈」に対する換喩分析」, 『中央学院大学人間・自然論叢』 38, pp.95-115.

IT development and the 'forced' future of language teaching

/ Marcella MARIOTTI

[참고문헌]

Arleoni, C. (2017), *Giapponese per pensare: descrizione del metodo e analisi del ruolo del tutor attraverso il caso di studio "Action Research Zero Workshop."* [Japanese for thinking: method description and analysis of the tutor's role through the cas study ARZ], Retrieved from http://dspace.unive.it.

Balboni, P. E. (2003), *Le sfide di Babele: insegnare le lingue nelle società complesse*, UTET.

Bartolommeoni, G. (2017) *ACTION RESEARCH ZERO: Una ricerca sul campo* [ARZ: a field research], (Master thesis) Retrieved from http://dspace.unive.it

Byram M., Barrett M., Ipgrave J., Jackson R. and Méndez García M. C. (2009), *Autobiography of intercultural encounters: context, concepts and theories*, Council of Europe Publishing, Strasbourg, Council of Europe.

Caon, F. (2006), *Pleasure in Language Learning: A Methodological Challenge*, Guerra. Freire, P. (1970, 2008) 'The "Banking" Concept of Education', *Ways of Reading*, D. Bartholomae and A. Petrosky (eds.), Bedford- St. Martin's, pp.242-254.

Harborn, L. (2016), 'Acknowledging the generational and affective aspects of language teacher identity', *Reflections on Language Teacher Identity Research*, G. Barkhuizen (ed.), Taylor & Francis, pp.176-182.

Krashen, S. D. (1985) *The input hypothesis: issues and implications*, Longman.

Makino, S., Tsutsui, M. (1986), *A dictionary of basic Japanese grammar*, Japan Times.

Mariotti, M., & Ichishima, N. (2017), 'Practical Studies in Japanese Language Education A Report about Action Research Zero Workshop in Venice (Italy)', *Annali di Ca' Foscari. Serie orientale*, 53: pp.369-378.

Mayo, P. (1999), *Gramsci, Freire and Adult Education: Possibilities for Transformative Action*. Palgrave Macmillan.

Moloney, R., & Harbon, L. (2017), 'Professional knowledge landscapes: language teachers' stories', *Language Teachers' Stories from Their Professional Knowledge Landscapes*, L. Harbon, R. Moloney (eds.), Cambridge Scholars Publishing.

Rangel, N. (2017), 'Pedagogy of Play: A Holistic Project of Personal and Social Liberation', *Radical Pedagogy*, 14(2), pp.67-88.

Shaull, R. (1970), 'Foreword' in *Pedagogy of the oppressed*, Hamondsworth: Penguin.

Wallerstein, N. (1987), 'Problem-Posing Education: Freire's Method for Transformation' *Freire for the Classroom*, I. Shor (ed.).

小川貴士(2007), 『日本語教育のフロンティア』, くろしお出版.

牛窪隆太(2016), 「日本語教師は市民となりうるか -「日本語教師性」をめぐって」, 『市民性形成とことばの教育-母語・第二言語・外国語を超えて』, くろしお出版, pp.44-74.

佐藤正則(2016), 「市民として教師として-日本語教師としての自己言及的な視点から」, 『市民性形成とことばの教育-母語・第二言語・外国語を超えて』, くろしお出版, pp.74-102.

細川英雄・武一美・津村奈央・星野百合子・橋本弘美・牛窪隆太(2007), 『考えるための日本語(実践編)』, 明石書店.

細川英雄・牲川波都季・西口光一・岡崎眸・宮崎里司・川上郁雄・佐々木倫子(2002), 『ことはと文化を結ぶ日本語教育』, 凡人社.

マリオッティ M.(2016), 「社会的責任と市民性 - 外国語学習を通した自己認識によって『自由』になること」, 細川英雄・尾辻恵美・マルチェッラ マリオッティ(著編)『市民性形成とことばの教育 - 母語・第二言語・外国語を超えて』, くろしお出版.

▌CEFR, JF-SD, J-GAP의 성과를 토대로 한 일본어 이머전 교육(immersion education)의 실천연구 및 성과 / 겐코 히로아키

[참고문헌]

尾崎明人・J.Vネウストプニー(1986), 「インターアクションのための日本語教育ーイマーションプログラムの試みー」, 『日本語教育』59, 日本語教育学会, pp.126-143.

検校裕朗(2011), 「JFスタンダードにつながる日本語教育の新しい潮流-プロフィシェンシーの概念による「わかる」から「できる」へのパラダイムの転換」, 『韓国日本学会

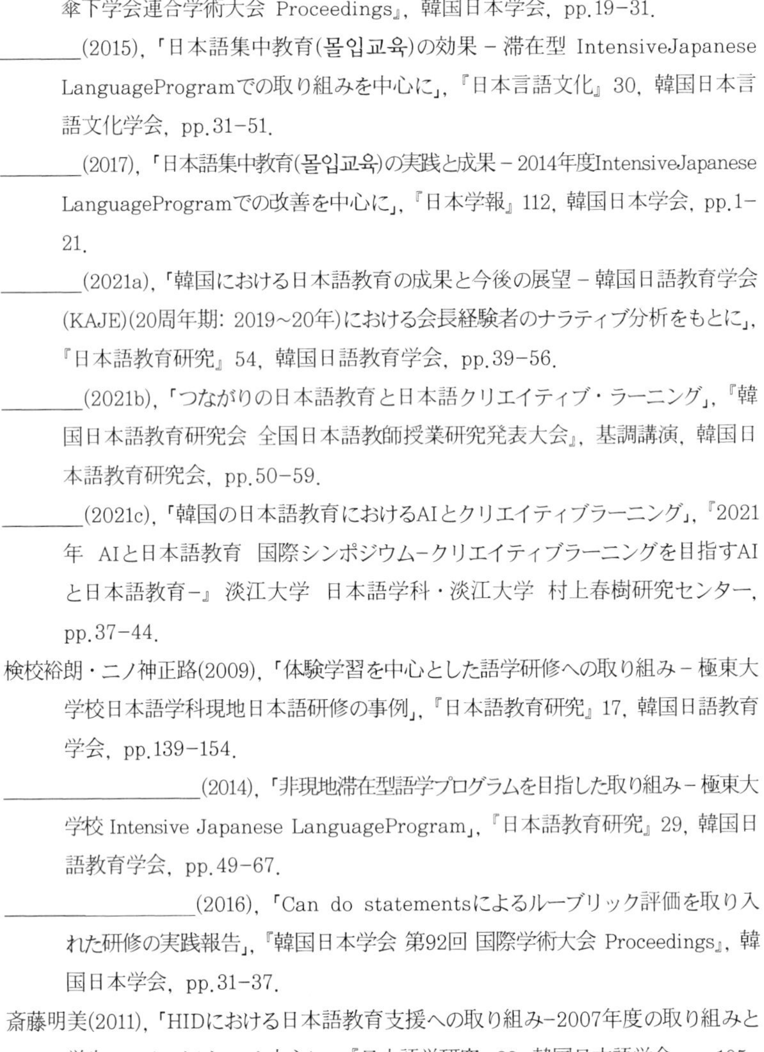

傘下学会連合学術大会 Proceedings』, 韓国日本学会, pp.19-31.

________(2015), 「日本語集中教育(몰입교육)の効果 - 滞在型 IntensiveJapanese LanguageProgramでの取り組みを中心に」, 『日本言語文化』 30, 韓国日本言語文化学会, pp.31-51.

________(2017), 「日本語集中教育(몰입교육)の実践と成果 - 2014年度IntensiveJapanese LanguageProgramでの改善を中心に」, 『日本学報』 112, 韓国日本学会, pp.1-21.

________(2021a), 「韓国における日本語教育の成果と今後の展望 - 韓国日語教育学会(KAJE)(20周年期: 2019~20年)における会長経験者のナラティブ分析をもとに」, 『日本語教育研究』 54, 韓国日語教育学会, pp.39-56.

________(2021b), 「つながりの日本語教育と日本語クリエイティブ・ラーニング」, 『韓国日本語教育研究会 全国日本語教師授業研究発表大会』, 基調講演, 韓国日本語教育研究会, pp.50-59.

________(2021c), 「韓国の日本語教育におけるAIとクリエイティブラーニング」, 『2021年 AIと日本語教育 国際シンポジウム-クリエイティブラーニングを目指すAIと日本語教育-』 淡江大学 日本語学科・淡江大学 村上春樹研究センター, pp.37-44.

検校裕朗・ニノ神正路(2009), 「体験学習を中心とした語学研修への取り組み - 極東大学校日本語学科現地日本語研修の事例」, 『日本語教育研究』 17, 韓国日語教育学会, pp.139-154.

____________________(2014), 「非現地滞在型語学プログラムを目指した取り組み - 極東大学校 Intensive Japanese LanguageProgram」, 『日本語教育研究』 29, 韓国日語教育学会, pp.49-67.

____________________(2016), 「Can do statementsによるルーブリック評価を取り入れた研修の実践報告」, 『韓国日本学会 第92回 国際学術大会 Proceedings』, 韓国日本学会, pp.31-37.

斎藤明美(2011), 「HIDにおける日本語教育支援への取り組み-2007年度の取り組みと学生へのインタビューを中心に」, 『日本語学研究』 32, 韓国日本語学会, pp.105-119.

桜井恵子(2006), 「イマージョンとしての日本語キャンプ」, 『日本語教育研究』 11, 韓国日語教育学会, pp.137-148.

J.Vネウストプニー(1995), 『新しい日本語教育のために』, 大修館書店, pp.1-285.

鄭起永・検校裕朗・金炫炅・車尚禹・奈須吉彦・松浦恵子・岩崎浩与司・石塚健・小野里恵・平中ゆかり(2012),「アーティキュレーション達成のための2012年度J-GAP韓国の活動」,『日本語教育』55, 大韓日語日文学会, pp.207-221.

鄭起永・検校裕朗・奈須吉彦・鄭芝恩・黄美慶・車尚禹・鈴木裕子・永嶋洋一・鄭希英・文相根・小野里恵・水沼一法(2014),「高校・大学のアーティキュレーションとCan-doの可能性に関する考察 - J-GAP韓国の場合」,『日本語教育』67, 韓国日本語教育学会, pp.29-45.

鄭起永・検校裕朗・金熙静・車尚禹・小野里恵・松浦恵子(2015),「J-GAPを通して高等学校と大学と社会のアーティキュレーションを考える」,『日語日文学』66, 大韓日語日文学会, pp.191-208.

宮崎里司(1992),「日本語教育におけるイマーションプログラム: 中級レベルのデザイン」,『月刊日本語』5月号, アルク, pp.82-96.

_______(1999),「インターアクション能力の習得を目指したイマーションプログラム: 98年度早稲田・オレゴンプログラムでの試み」,『講座日本語教育』第34分冊, 早稲田大学日本語研究教育センター, pp.143-155.

[관련 웹 사이트 및 코퍼스]

日本語教育 Global Network (GN): 〈http://gnforjle.wiki.fc2.com/〉, 〈http://www.nkg.or.jp/kenkyusha/network〉

日本語教育 Global Articulation Project (J-GAP) : 〈http://gnforjle.wiki.fc2.com/wiki/%E9%95%B7%E6%9C%9F%E3%83%97%E3%83%AD%E3%82%B8%E3%82%A7%E3%82%AF%E3%83%88〉

CAJLE - Canada日本語教育振興会 J-GAP : 〈http://www.cajle.info/resources/j-gap/〉

CEFR: 〈https://ja.wikipedia.org/wiki/%E3%83%A8%E3%83%BC%E3%83%AD%E3%83%83%E3%83%91%E8%A8%80%E8%AA%9E%E5%85%B1%E9%80%9A%E5%8F%82%E7%85%A7%E6%9E%A0〉

JF日本語教育スタンダード (JF-SD): 〈https://jfstandard.jp/top/ja/render.do〉

極東大学校(2011-2014), 日本語集中(몰입)教育実践資料

▌정보화시대의 일본어교육 연구 / 도다 다카코

[참고문헌]

金東奎(2017), 「韓国におけるオンライン教育と韓国人日本語学習者の現状」, 『早稲田日本語教育学』 23, pp.39-49.

戸田貴子(2004), 「コミュニケーションのための日本語発音レッスン」, スリーエーネットワーク. (韓国版: 일본어 발음, Nexus Press, Seoul) / 中国版: 譲你溝通自如的日語発音課本, 世界図書出版公司)

_______(2009), 「日本語教育における学習者音声の研究と音声教育実践」, 『日本語教育』 142, pp.47-57.

_______(2016), 「MOOCs(Massive Open Online Courses)による日本語発音講座 - 発音の意識化を促す工夫と試み」, 『早稲田日本語教育学』 21, pp.87-91.

_______(2017a), 「グローバルMOOCsにおける世界初の日本語講座」, 川上郁雄編『公共日本語教育学 - 社会をつくる日本語教育』 9(3), くろしお出版, pp.193-198.

_______(2017b), 「グローバルMOOCsにおける日本語発音オンライン講座 - 受講者アンケートの分析結果から」, 『早稲田日本語教育学』 23, pp.1-20.

戸田貴子・大久保雅子・千仙永・趙氷清(2017), 「グローバルMOOCsにおける日本語発音オンライン講座-相互評価と個別フィードバック」, 『CASTEL/J2017 IN WASEDA予稿集』, pp.22-29.

_________________________________(2018), 「グローバルMOOCsの相互評価における継続参加 - 日本語発音オンライン講座の分析を通して」, 『日本語教育』 170, pp.32-45.

戸田貴子・大戸雄太郎(2018), 「グローバルMOOCsにおける日本語オンライン講座の動画再生ログにみられる視聴実態」, 2018年度日本語教育学会春季大会, 東京外国語大学.

山川修(2015), 「組織を越えたLearning Analyticsの可能性 - その批判的検討」, 『コンピュータ&エデュケーション』 38, pp.55-61.

渡邉文枝・向後千春(2017), 「JMOOCの講座におけるeラーニングと相互評価に関連する学習者特性が学習継続意欲と講座評価に及ぼす影響」, 『日本教育工学会論文誌』 41(1), pp.41-51.

Cope, B., & Kalantzis, M. (2016), Big Data Comes to School Implications for Learning, Assessment, and Research. AERA Open April-June 2016, 2(2),

American Education Research Association, pp.1-19.

[관련 웹 사이트 및 코퍼스]

文部科学省「MOOC等を活用した教育改善に関する調査研究」. http://www.mext.go.jp/a_menu/koutou/itaku/1357548.htm (2018.1.21. 검색)

edX (NihongoX)「Japanese Pronunciation for Communication」https://www.edx.org/course/japanese-pronunciation-communication-wasedax-jpc111x (2018.1.21. 검색)

▌CEFR Companion Volume에 대응한 일본어 예문 자동 분류 기법

/ 미야자키 요시노리·폰 홍 두쿠·다니 세이지·안지영·원유경

[참고문헌]

内田諭(2015), 「基本動詞のコロケーション難易度測定-CEFRレベルに基づくテキストコーパスからのアプローチ-」, 『言語処理学会 第21回年次大会発表論文集』, pp.880-883.

熊野七絵・伊藤秀明・蜂須賀真希子(2013), 「JFS/CEFRに基づくJFS日本語講座レベル認定試験(A1)の開発」, 『国際交流基金日本語教育紀要』(9), pp.73-88.

高田宏輝・宮崎佳典・谷誠司(2017), 「韓国人日本語学習者のためのCEFR読解指標に基づく例文分類」, 『韓国日本学会第94回国際学術大会発表論文集』, pp.299-303.

谷誠司・宮崎佳典・安志英・元裕璟(2019), 「CEFR読解指標に基づく日本語能力テスト開発の試み」, 『韓国日本学会第98回国際学術大会発表論文集』, pp.150-154.

投野由紀夫・石井康毅(2015), 「英語CEFRレベルを規定する基準特性としての文法項目の抽出とその評価」, 『言語処理学会第21回年次大会発表論文集』, pp.884-887.

根岸雅史(2006), 「CEFRの日本人外国語学習者への適用可能性の向上について」, 『言語情報学研究報告』(14), pp.79-101.

坂野永理・大久保理恵(2012), 「CEFRチェックリストを使った日本語能力の自己評価の変化」, 『大学教育研究紀要(岡山大学国際センター,岡山大学教育開発センター, 岡山大学言語教育センター, 岡山大学キャリア開発センター) (8), pp.179-190.

水嶋海都・荒瀬由紀・内田諭(2016), 「CEFR準拠教科書における語彙・構文の特徴分析とレベル自動分類」, 『言語処理学会第22回年次大会発表論文集』, pp.789-

792.

宮崎佳典・Vuong Hong Duc・安藤聖野・谷誠司・安志英・元裕璟(2020), 「CEFR Companion Volumeに対応した日本語例文分類手法」, 『韓国日本学会第100回国際学術大会発表論文集』, pp.46-49.

宮崎佳典・平川遼汰・谷誠司・安志英(2018), 「韓国人日本語学習者のためのCEFR読解指標に基づく例文自動分類」, 『韓国日本学会第96回国際学術大会発表論文集』, pp.79-82.

Burge, B., Ager, R., Cook, R., Cunningham, R., Morrison, J., Weaving, H., and Wheater, R.(2013). *European Survey on Language Competences: Language Proficiency in England*. Slough: NFER, pp.1-204.

Council of Europe(2001), *Common European framework of reference for languages: learning, teaching, assessment*, Cambridge University Press, pp.1-278.

________________(2017), *Common European framework of reference for languages: learning, teaching, assessment companion volume with new descriptors*, pp.1-235.

E. Volodina, I. Pil n, and D. Alfter(2016), *Classification of Swedish learner essays by CEFR levels*, CALL communities and culture – short papers from EUROCALL, pp.456-461.

H. N. Tra My, Y. Miyazaki, and S. Tani(2018), Inferring CEFR reading comprehension index based on Japanese document classification method including Pre-A1 level, 第17回情報科学技術フォーラム(FIT)講演論文集, pp.(4)-291-292.

J. Hancke and D. Meurers(2013), *Exploring CEFR classification for German based on rich linguistic modeling*, Learner Corpus Research 2013, Book of Abstracts, pp.54-56.

K. L. Sowmya Vajjala,(2014), *Automatic CEFR level prediction for Estonian learner text, Proceedings of the Third Workshop on NLP for Computer-Assisted Language Learning*, NEALT Proceedings Series 22 / Linköping Electronic Conference Proceedings 107, pp.113-127.

L. Breiman(2001), Random forests, *Machine learning*, 45.1, pp.5-32.

M. Negishi(2012), *The development of the CEFR-J: where we Are, where we are going*, Grant-in-Aid for Scientific Research Project Report, pp.105-116.

N. Brian, A. Ortega, and S. Sheehan(2010), *A core inventory for general English*, British Council / EAQUALS, pp.1-71.

[관련 웹 사이트 및 코퍼스]

『CEFR-J 新しい日本の英語教育のための汎用枠』 http://www.cefr-j.org/index.html (2020年9月8日 検索)

『MERLIN』 http://www.merlin-platform.eu/index.php (2020年9月8日 検索)

『English Profile』 http://www.englishprofile.org/ (2020年9月8日 検索)

『DIALANG』https://dialangweb.lancaster.ac.uk/ (2020年9月8日 検索)

『The Dutch CEFR Grid Reading / Listening』 http://www.lancaster.ac.uk/fss/projects/grid/grid.php (2020年9月8日検索)

『JF日本語教育スタンダード』 https://jfstandard.jp/ (2020年9月8日 検索)

機械学習ライブラリ『fastText』 https://fasttext.cc/docs/en/supervised-tutorial.html#content (2020年9月8日 検索)

形態素解析器『MeCab』 http://taku910.github.io/mecab/ (2020年9月8日 検索)

絵本公開サイト『絵本広場』 https://ehon.alphapolis.co.jp/ (2020年9月8日 検索)

『Denny's』 https://www.dennys.jp/ (2020年9月8日 検索)

『Café レストラン ガスト』 https://www.skylark.co.jp/gusto/menu/ (2020年9月8日 検索)

『サイゼリヤ』 https://www.saizeriya.co.jp/menu/ (2020年9月8日 検索)

『和食さと』 https://sato-res.com/sato/menu/ (2020年9月8日 検索)

▌AI 기술에서 본 일본어학과 일본어교육 연구의 전망과 과제 / 오치아이 유지

[참고문헌]

大谷尚(2017), 「質的研究とは何か」, 『Yakugaku Zasshi』 137(6), The Pharmaceutical Society of Japan, pp.653-658.

奥村学(2010), 『自然言語処理の基礎』, コロナ社, pp.1-9.

金明哲(2007), 『Rによるデータサイエンス - データ解析の基礎から最新手法まで』, 森北出版, pp.2-59.

久保田賢一(1997),「質的研究の評価基準に関する一考察: パラダイム論からみた研究評価の視点」,『日本教育工学雑誌』21(3), 日本教育工学会, pp.163-173.

黒橋禎夫(2015),「自然言語処理(放送大学教材)」, 放送大学教育振興会, pp.1-20.

高木修一・竹岡志朗(2018),「経営学におけるテキストマイニングの可能性: 仮説構築志向の利用方法(古川勝教授退職記念号)」,『富山大学紀要』64(2), 富山大学経済学部, pp.241-260.

坪井祐太・海野裕也・鈴木潤(2017),『深層学習による自然言語処理』, 講談社, pp.1-20.

グラム・ニュービッグ・萩原正人・奥野陽編・小町守監修(2016),『自然言語処理の基本と技術』, 翔泳社, pp.5-16.

野村直之(2016),「人工知能が変える仕事の未来」, 日本経済新聞出版社, pp.33-75.

樋口耕一(2014),『社会調査のための計量テキスト分析 - 内容分析の継承と発展をめざして』ナカニシヤ出版, pp.1-16.

________(2017),「計量テキスト分析およびKHCoderの利用状況と展望」,『社会学評論』68(3), 日本社会学会, pp.334-350.

李在鎬(2017),『文章を科学する』ひつじ書房, pp.2-13.

[관련 웹 사이트 및 코퍼스]

AINOW(2019),「ディープラーニングはすでに限界に達しているのではないか?」 https://ainow.ai/2019/02/18/161998/ (2019.12.21. 검색)

朝日新聞(2019),「(社説)英語新入試. 身の丈発言が示すもの」2019.10.30. 05:00 https://www.asahi.com/articles/DA3S14236794.html (2019.12.21. 검색)

________(2019),「(社説)大学入試英語 とどまる最後の機会だ」2019.9.18. 05:00 https://www.asahi.com/articles/DA3S14182405.html (2019.12.21. 검색)

________(2019),「(社説)大学入試英語 受験生の不安に応えよ」2019.7.30. 05:00 https://www.asahi.com/articles/DA3S14119080.html (2019.12.21. 검색)

EdTecZine(2019),「日本教育にイノベーションを ~AI時代に本当に必要な教育とは~」 https://edtechzine.jp/article/corner/35 (2019.12.21. 검색)

教育部(2019),「AI教育X教育AI - 人工智慧教育及数位先進個人化、適性化学習時代来臨!」https://www.edu.tw/News_Content.aspx?n=9E7AC85F1954DDA8&s=D4C4CD32CAE3FF5D (2019.12.21. 검색)

KHCoder https://khcoder.net/ (2019.12.21. 검색)

国際交流基金(2019),「2018年度海外日本語教育機関調査結果」速報値

https://www.jpf.go.jp/j/about/press/2019/dl/201902902.pdf (2019.12.21. 검색)
週刊現代(2018), 「これから給料が「下がる仕事」「上がる仕事」全210職種を公開」 https://gendai.ismedia.jp/articles/55428 (2019.12.21. 검색)
総務省(2015), 平成27年版情報通信白書 特集テーマ 「ICTの過去・現在・未来」 http://www.soumu.go.jp/johotsusintokei/whitepaper/ja/h27/pdf/index.html (2019.12.21. 검색)
______(2016), 「第4章第2節人工知能(AI)の現状と未来」 情報通信白書平成28年度版 http://www.soumu.go.jp/johotsusintokei/whitepaper/ja/h28/pdf/n4200000.pdf (2019.12.21. 검색)
______(2018), 平成30年版情報通信白書: 特集 人口減少時代のICTによる持続的成長 https://www.soumu.go.jp/johotsusintokei/whitepaper/ja/h30/pdf/index.html (2019.12.21. 검색)
Politcs+AI(2018), 「An Overview of National AI Strategies」 https://medium.com/politicsai/anoverview of national ai strategies 2a70ec6edfd (2019.12.21. 검색)
文部科学省(2019), 「Society 5.0 に向けた人材育成 – 社会が変わる、学びが変わる」 https://www.mext.go.jp/component/a_menu/other/detail/__icsFiles/afieldfile/2018/06/06/1405844_002.pdf (2019.12.21. 검색)
読売新聞(2019a), 「英語民間試験、561校が参加…見送った大学「高校側から反対の声」 2019.10.04. 14:06 https://www.yomiuri.co.jp/kyoiku/kyoiku/news/20191004OYT1T50227/ (2019.12.21. 검색)
________(2019b), 「社説英語入試新方式 学校現場の懸念を受け止めよ」 2019.08.17 05:00 https://www.yomiuri.co.jp/editorial/20190816 OYT1T50304/ (2019.12.21. 검색)

▌일본어 학습자 언어코퍼스(I-JAS)의 구축과정과 습득레벨 / 조영남

[참고문헌]

曺英南(2020), 「韓国人中級日本語学習者のEメールに見られる断りのストラテジー – 日本語母語話者との比較を通して」, 『日本語文学』 87, 한국일본어문학회, pp.241-262.

許夏珮(1997), 「中・上級台湾人日本語学習者による「テイル」の習得に関する横断研究」, 『日本語教育』 95, 日本語教育学会, pp.37-48.

迫田久美子(2016), 『海外連携による日本語学習者コーパスの構築 – 研究と構築の有機的な繫がりに基づいて』, 『I-JAS構築に関する最終報告書』, 平成24~27年度科学研究費助成事業(基盤研究 A).

迫田久美子・石川慎一郎・李在鎬(編)(2020), 『日本語学習者コーパスI-JAS入門 –研究・教育にどう使うか』, くろしお出版.

[관련 웹 사이트 및 코퍼스]

国立国語研究所, 『I-JAS(多言語母語の日本語学習者横断コーパス, International Corpus of Japanese as a Second Language』, https://www2.ninjal.ac.jp/jll/lsaj/ (2021.6.2. 검색)

筑波日本語テスト集, https://ttbj.cegloc.tsukuba.ac.jp/ (2021.6.2. 검색)

日本語テストシステムJ-CAT, https://j-cat.jalesa.org/ (2021.6.2. 검색)

▌대학 일본어교육 개선을 위한 BL 수업실천 / 채경희

김지선(2016), 「블렌디드 러닝에서의 내성활동에 관한 실천보고 – 사이버 캠퍼스를 활용한 학습자간 내성공유와 메타내성」, 『日本語教育研究』 37, 韓国日語教育学会, pp.29-47.

윤영민(2017), 「웹기반 일본어 교육용 학습프로그램 'JLE Tool'에 대하여–어휘용례 수집과 번역연습 활용을 중심으로」, 『日本語教育研究』 40, 韓国日語教育学会, pp.167-183.

조선영(2017), 「교양일본어수업에서 Moodle의 활용–학습자의 개인차를 반영하여」, 『日本語教育研究』 38, 韓国日語教育学会, pp.167-183.

조영남(2016), 「일본어 교직과목에서 온라인 피드백의 영향 – '팀별 수업시연을 위한 일본어학습지도안' 작성 사례를 통하여」, 『日本語教育』 77, 韓国日本語教育学会, pp.103-114.

白以然(2017), 「ブラックボードを活用した協働学習の実践」, 『日本語教育研究』 38, 韓国日語教育学会, pp.95-111.

辛銀真(2016), 「ブレンデッドラーニング授業の設計と運営–「メディア日本語」の実践を通して」,『日本語教育研究』37, 韓国日語教育学会, pp.119-138.
蔡京希(1999),「韓国の大学における日本語漢字教育の現況と問題点, これからの課題-2年生大学を中心に」,『培花論叢』18, pp.93-109.
_____(2015),「ブレンディッド日本語教育現場における教授者の役割」,『日本語教育研究』32, 韓国日語教育学会, pp.233-248.
_____(2016),「韓国人日本語学習者のための漢字クラスの実践研究」,『日本語教育研究』34, 韓国日語教育学会, pp.7-24.
_____(2017),「日本語漢字教育におけるブレンデッドラーニングの授業実践報告-日本語漢字アプリコンテンツの満足度に関する調査結果を中心に」,『日本語教育研究』41, 韓国日語教育学会, pp.207-225.
_____(2018),「日本語教育現場におけるBL実践とその経過から見えるもの-日本語漢字教育におけるBL授業実践追跡調査報告から」,『日本語教育研究』45, 韓国日語教育学会, pp.165-180.
蔡京希・石井奈保美(2013),『テーマ別に覚えるNewスタイル日本語漢字1』瞳養Books, p.271.
韓先熙・飯干和也(2017),「韓国人日本語学習者の漢字学習の実体と実力調査-日本語関連学科で学ぶ旧JLPT1, 2級水準の学習者を対象に」,『日本語教育研究』38, 韓国日語教育学会, pp.221-237.

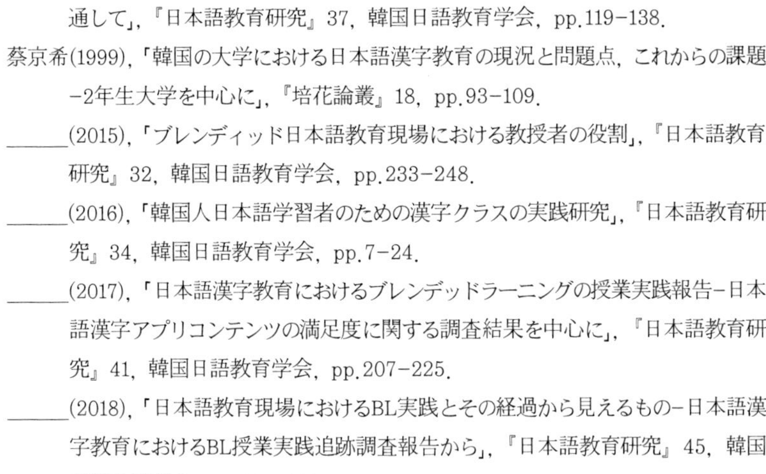

찾아보기

ㄱ

가능성 85, 118, 128, 131-134, 219, 227, 234, 268, 270, 271, 280, 282, 317, 335
가시화 95, 98, 99, 179, 321
개선 요구사항 335
개연성 118, 121, 134
객관적 파악 103, 104, 110
객관주의 271
검색 시스템 91, 94, 95, 99
겸양어 135, 137, 139, 140, 151
공간 인식 101-104, 108
공기 111-115, 117-134, 139, 141, 142, 144-146, 150, 151, 241
공기 네트워크 277, 278
공동연구 15-17, 21-29, 36-41, 321
과제수행능력 173, 188, 205, 206
과학연구비 보조금 21
교육관 225, 234
구성주의 271
구정보 42, 50
9학회연합 37-39
국제비교 29
국제협력처 일본어몰입교육 디렉터 189
그림묘사 과제 306
글로벌화 208, 209, 234
기계 학습 244, 245, 247, 269

ㄴ, ㄷ

내용적 특징 273
다언어 표기 101
다차원척도구성법 276
단정 118, 120, 123, 125, 129, 130, 133
담화 42-44, 63, 67, 68
담화상의 거리 51-53, 60, 63-65
대규모 공개 온라인 강좌(MOOCs) 208-211, 216, 218, 219, 221, 222, 225, 234
대화 과제 304, 306
동사문 136
동영상 재생 로그 227, 228, 234

ㄹ

롤플레이 과제 304
루브릭(Rubric) 190, 191, 195
루브릭 평가(Rubric assessment) 190

ㅁ

메일 과제 297
명사문 136
명사술어 119, 141, 142, 144

모바일 활용 317, 318, 323
문말표현 111, 113, 115, 117, 118, 127, 131, 132, 139
문자열 검색 91, 95, 100
문장부사 112
문형 95, 137
미화어 135, 136, 143-145

ㅂ

발음 96, 102, 212-217, 219, 221-224, 226, 228, 229, 231, 233, 317
배경조사 286, 290
보이스 액토 183
불확정 113
빅데이터 209, 219, 223, 225, 227, 233, 234, 266, 269
빈도순 272, 274

ㅅ

사용 단어 278
사이버대학 210, 211
사태 파악 103, 104, 110
상대적 지시 105, 106
상호작용 281
상호평가 217-219, 221-227, 234
섀도잉 215, 217
서법부사 112, 113
성과산출 목표 184, 190
성찰 181, 188, 192
속성 289, 290
수업실천 312, 313, 315, 321-324, 335-340
숙달도 172, 173, 235
스토리라이팅 과제 308
스토리텔링 과제 300
시점 29, 35, 40, 48, 58, 59, 103-106, 109, 207, 227, 228, 243, 256, 282, 324
신정보 42, 50
실증연구 27, 28, 40
실천연구 174, 207

ㅇ

양태 114
양태부사 112, 114
언어다움 101, 102, 108, 110
언어학습 290, 312
언어환경 287, 289, 290
에세이 과제 299
역 이름 101, 102, 108-110
연용형명사 136, 143-152
예문 105, 112, 137, 151, 237, 241, 243-250, 253, 254, 258-263
온디맨드 212, 215
온라인 강좌 215, 216, 218, 233
용인도 145, 150
웹 아카이브 92
은(은/는) 42, 43, 45, 47-49, 51-54, 56, 60-62, 64, 65
음성교육 211, 212, 214, 215, 217, 218, 222
의존 구문 검색 95, 97, 98
이(이/가) 42, 43, 45, 47-59, 62, 64, 65
이머전 교육 174, 177, 206
이문화 이해능력 188, 205, 206
이중경어 140, 141
인문계 연구 269-271, 281, 282

인지언어학 103
일본어교육 135-137, 139, 174, 207-210, 227, 234, 254, 258, 264, 266-268, 279, 295, 296, 312, 313, 316, 321-323, 340
일본어능력 테스트 284, 295, 296, 308
일본어 학습자 208, 217, 222, 265, 284, 285, 287, 288, 290, 297, 306, 308, 309, 311, 315, 318, 322
일본연구 34-36, 39

ㅈ

자동 분류 235, 241, 243
자막 212, 218
자연언어처리 16, 17, 22, 23, 266, 268, 269, 272, 282
자율학습 175, 181, 184, 316
전성 144, 145
전통적 학회 31-34
절대적 지시 106, 107
정보통신 208
정보화 35, 268
정보화시대 34, 35, 209, 218, 227, 234
정중도 137-141
정중어 135, 137, 139
정합성 135, 137, 140, 141, 143-145, 147, 149, 151, 152
존경술어 142, 143, 145, 146
존경어 135, 137, 139-141
주관적 파악 103, 104, 110
주어(의) 실현 42, 44, 45, 49, 52-54
주제 29, 42-44, 50, 55, 60, 184, 300, 314
주제성 45, 63
증거성 133, 134
진술부사 112
질적 분석 269, 270

ㅊ

초점 42, 176, 208, 222, 225, 316, 324
추량(추측) 112, 118, 122-124, 126, 127, 133, 134
추정 83, 89, 113, 123, 125-127, 243, 246, 252, 253, 255, 258-260, 262, 263

ㅋ, ㅌ

코스 전체 목표 180, 181
코퍼스 22, 27, 28, 67, 70, 74, 89, 91, 92, 95, 240-243, 258, 263, 269, 281, 284, 296, 311
콘텐츠 만족도조사 331
텍스트 마이닝 266, 269-271, 273, 278-280, 282

ㅍ

패러다임 172, 270, 271
평가 23, 24, 37, 173, 179, 183, 184, 190, 192, 196, 203, 207, 219-222, 224-226, 234, 246, 248, 252, 262, 270, 322, 323, 327, 336
평가용 한자앱 개발 316, 317
평정척도 190
포트폴리오 188
품사열 검색 91, 95, 96
필연성 38, 121

ㅎ

학습 행동 219, 228, 233, 234
학습관 172, 222, 225, 234
학습도달도 316
학습동기 부여 316, 318, 322, 340
학습이해도 316, 319
학습자용 318
학습자의 모어 287
학습자의 프라이버시 보호 295
학습참여 유도 322
학습콘텐츠 318, 322, 338
학습흥미 유발 316, 322, 340
학제연구 29, 36, 40, 41
학제적 공동연구 26-28, 37, 39
학제학회 31-34, 39-41
학회 30-34, 37, 40
한국인 학습자 284
한어명사 136, 143-145, 148
한자교육 313, 321-323, 335
한자클래스 314, 324, 334
확신 113
히구치 고이치(樋口) 270, 271

기타

AI 기술 35, 264, 266, 268, 269, 281, 282
BL 수업디자인 340
CDS(능력기술문, Can-Do Statements) 172, 184, 185, 190, 196, 237
CEFR 172, 174, 183-185, 188, 190, 207, 235-237, 240-243, 248, 251, 254, 258, 260
critical language education(クリティカル言語教育) 170
Foreign language teaching(外国語教育) 157
ICT(Information and Communication Technology) 208, 219, 312
I-JAS 코퍼스 285
J-CAT 308-310
JFL환경의 일본어학습자 288
JF일본어교육 스탠다드(JF-SD) 173, 174, 184, 188, 207
J-GAP 172, 174, 190, 207
JMOOC 209, 210
K-MOOC 209, 210
KHCoder 271, 272, 277, 279
LMS 212, 215, 312, 322, 323, 337
SPOT 308-310
が 45, 47, 49-53, 57, 64, 65, 97
は 45, 47-58, 60-62, 64, 65

집필자 소개 (게재순)

▌정보화시대의 학제적 일본연구 / 번역자: 주현숙(고려대)

오기노 쓰나오(荻野綱男)

일본대학(일본) 국문학과 특임교수. 현대일본어학 전공. 주된 연구분야는 계량일본어학과 사회언어학. 최근 관심분야는 일본어 경어표현의 대우레벨을 수치로 나타내고, 그에 따라 일본인의 경어행동을 수치화하여 대우의식 등을 살펴보고 있다. 주요 업적으로는 『ウェブ検索による日本語研究』(朝倉書店, 2014), 편저로는 『現代日本語学入門 改訂版』(明治書院, 2018)이 있다. 또한 『講座 日本語コーパス 7 コーパスと辞書』(伝康晴・荻野綱男(編) 朝倉書店, 2019) 등이 있다.

▌대역자료를 통해 본 한국어와 일본어의 주어 실현 양상

김영민(Kim, Young min)

동덕여자대학교 일본어과 교수. 현대일본어학 전공. 주된 연구분야는 한국어와 대조의 관점에서 일본어의 다양한 문법 현상에 대한 연구를 하고 있으며, 최근에는 한국어와 일본어의 대역자료 등을 이용하여 두 언어의 조사의 쓰임에 대한 연구를 수행하고 있다. 주요 업적으로는 「일한 수동표현의 대응 양상에 대한 일고찰」(『비교일본학』 39, 2017), 「서술의 유형과 일본어 주어인상구문」(『일본학보』 108, 2016), 「한국인 일본어 학습자의 조건표현 습득에 관한 일고찰」(『일본어교육』 74, 2015) 등이 있다.

▌재일한국인 이중언어 사용자들의 「-スル」「-하다」 사용실태 연구

손영석(Son, Young suk)

제주대학교 일어일문학과 조교수. 일본어학 전공. 주된 연구 분야는 코퍼스언어학, 언어행동이다. 언어사용연구를 위한 코퍼스 구축 및 활용을 주제로 국내외 여러 프로젝트들을 진행 중이다. 주요 업적으로는 『マルチメディア・コーパス言語学』(大阪大学出版会, 2013), 『다면자료와 비언어적 소통』(박이정, 2015), 『日本語語彙へのアプローチ－形態・統語・計量・歴史・対照－』(おうふう, 2015) 등이 있다.

▌"국립국어연구소 일본어 웹 코퍼스"와 그 검색 시스템 "본텐"

/ 번역자: 김현진(오사카대)

아사하라 마사유키(浅原正幸)

국립국어연구소(일본) 코퍼스개발센터 교수. 주된 연구분야는 자연언어처리, 심리언어학. 최근 관심분야는 현대일본어사전, 코퍼스를 정비하면서 일본어의 인식과정을 해명하기 위해 단어친밀도 데이터베이스의 정비와 읽는 시간 정보 수집을 진행하고 있다. 주요 업적으로는「Bayesian Linear Mixed Model による単語親密度推定と位相情報付与」(『自然言語処理』27(1), 2020),「単語埋め込みに基づくサプライザル」(『自然言語処理』26(3), 2019), 등이 있다.

▌역 이름으로 보는 공간 인식에서의 언어다움 / 번역자: 선민정(고려대)

오노 마사키(小野正樹)

쓰쿠바대학(일본) 인문사회과계 교수. 주된 연구분야는 일본어교육 및 일본어연구. 주요 업적으로는『言語の主観性 – 認知とポライトネスの接点』(공편, 2016),『新版 日本語語用論入門コミュニケーション理論から見た日本語』(공저, 2018)가 있다.「二三日」(『日本語学』39(2), 2020).「語用論からみる言語と身体性」(『日本語コミュニケーション』9, 2020), 쓰쿠바대학 글로벌커뮤니케이션센터가 일본어·일본사정 원격교육거점으로 일본문부과학성의 인정을 받아, 거점장으로서 온라인교재 개발에 힘쓰고 있다.

▌추측을 나타내는 한·일어 부사의 공기 양상

장근수(Jang, Kun soo)

상명대학교 한일문화콘텐츠전공 교수. 현 한국일어교육학회 회장. 주된 연구 분야인 일본어문법을 비롯해 한일어 대조연구 및 언어유형론, 일본어교육 분야에서도 연구활동을 이어가고 있다. 국내뿐만 아니라 중국과 대만의 국제학술대회에 초청강연으로 참여하였고, 해당국의 학술지에도 논문을 게재하고 있다. 주요 업적으로는『일본어문법교육』(J&C, 2009),『다문화공생을 위한 이문화커뮤니케이션』(역서, 한국문화사, 2018),「文法研究の現況と展望」(『일본어학연구』67, 2021) 등이 있다.

▌일본어 경어표현의 문법적 정합성에 관하여

채성식(Chae, Seong sik)

고려대학교 일어일문학과 교수. 일본어학 전공. 주된 연구 분야는 일본어문법과 언어학이며 최근의 관심분야는 일본어 교육적 측면에서 본 일본어 문법의 위상과 역할이다. 저서로는『인문과학과 일본어의 접점(총론·각론편)』(문, 2012),『言語の主観性 – 認知とプライト

ネスの接点』(くろしお出版, 2016) 등이 있으며, 역서로는 『일본어로부터 본 일본인』(역락, 2015), 『세계의 언어정책1 · 2 · 3』(역락, 2017), 『남방제지역용 일본문법교본 학습지도서』(보고사, 2021) 등이 있다.

▮IT development and the 'forced' future of language teaching

마루체라 마리오티(Marcella MARIOTTI)

베네치아 카포스카리 대학교(이탈리아) 아시아 · 북아프리카 연구 학부 준교수. 일본어교육학 전공. 주된 연구분야는 미디어 연구, 일본어 학습에 적용되는 하이퍼미디어 연구. 최근 관심분야는 일본어 비판적 교육학, e러닝, 학생 경력 지원. 유럽일본어교사협회(AJE) 전 회장. 외무장관 표창 수상(2019). 국제연구프로젝트 'NoLBrick' 주재. CEFR 프로젝트 'OJAE' 대학 코디네이터. 주요 업적으로는 『市民性形成とことばの教育』(くろしお出版, 2016), 「Practical Studies in Japanese Language Education」(Serie orientale, 53, 2017) 등이 있다.

▮CEFR, JF-SD, J-GAP의 성과를 토대로 한 일본어 이머전 교육(immersion education)의 실천연구 및 성과 / 번역자: 권근령(고려대)

겐코 히로아키(検校裕朗)

극동대학교 교수. 일본어교육학 전공. 주된 연구분야는 교수법, 실천연구와 CEFR, JF-SD, Articulation연구. 최근 관심분야는 SNA,교류학습, AI, 크리에이티브 러닝. 한국일어교육학회 11대 회장. GN project인 J-GAP에 한국일본학회 대표로 책임을 맡고 참여. J-GAP한국 부위원장. 일본어교육학회(일) 아시아 오세아니아 대의원, SNA교류학습실천연구회 회장. 주요 업적으로는 『ありがとう日本語』 시리즈(전6권, 성안당, 2018-2021), 「韓国における日本語教育の成果と今後の展望」(『일본어교육연구』 54집, 2021) 등이 있다.

▮정보화시대의 일본어교육 연구 / 번역자: 심희진(와세다대)

도다 다카코(戸田貴子)

와세다대학(일본) 대학원 일본어교육연구과 교수. 일본어교육학 전공, 주된 연구분야는 음성교육. 저서로는 『日本語教育と音声』(2008), 『일본어 발음 레슨』(2010), 『シャドーイングで日本語発音レッスン』(2012) 등 다수. 2016년에 글로벌 MOOC edX의 『Japanese Pronunciation for Communication』을 개발하고, 현재에 이르기까지 전 세계의 일본어 학습자, 일본어교육 관계자에게 일본어 음성의 학습 기회를 제공하고 있다.

▌CEFR Companion Volume에 대응한 일본어 예문 자동 분류 기법

미야자키 요시노리(宮崎佳典)
시즈오카대학(일본) 학술원 정보학영역 교수. 정보학 전공. 주된 연구분야는 e-Learning, 영어&수학교육툴 개발, 수치분석 주변 영역이다. 정보처리학회, 일본응용수리학회, 교육시스템정보학회, 외국어교육미디어학회 등의 회원으로, 어학·수학 교육 Web 어플리케이션 개발, 고유치 문제의 연구 등에 종사하고 있다. 주요 업적으로는 「Development of Search Engine with an Application Annotating the Basis of Mathematical Transformations」(EDULEARN21, 2021) 등이 있다.

폰 홍 두쿠(Vuong Hong Duc)
시즈오카대학(일본) 정보학부 학부생(졸업), 정보학과 전공. 주된 연구분야는 e-Learning, Web 어플리케이션 개발, CEFR 주변 영역이다. 관심분야는 e-Learning시스템과 교육공학으로, 일본어교육 Web 어플리케이션 개발에 종사하고 있다. 주요 업적으로는 「A Pilot Study to Infer CEFR Can-Do Statements Based on a Japanese Document Classification Method Including the Pre-A1 Level」(Proceedings of 2020 9th International Congress on Advanced Applied Informatics, 2020) 등이 있다.

다니 세이지(谷誠司)
도코하대학(일본) 외국어학부 교수. 주된 연구분야는 일본어교육, 언어 테스팅이다. 일본어교육학회, 일본언어테스트학회 등의 회원으로, CEFR독해지표를 이용한 일본어테스트 개발과 그에 대한 지원, SDGs교육을 위한 참가형 보드게임 개발. 주요 업적으로는 「CEFR読解指標に基づいた日本語能力テストの分析ー日本人大学生の受験データに基づいてー」(常葉大学大学院国際言語文化研究科紀要 2, 2021), 「韓国人日本語学習者のためのCEFR読解指標に基づく例文自動分類－A0を含めた7段階のCEFRレベルを対象に」(CASTEL/J 2019) 등이 있다.

안지영(An, Ji young)
군산대학교 일어일문학과 조교수. 일본어학 전공. 주된 연구분야는 일본어사. 일본어 복합사에 대한 통시적 연구를 중심으로 일본 근대어 분야에 대한 연구를 진행 중이다. 주요 업적으로는 「「ーカネル」「ーカネナイ」의 成立과 変遷過程에 관한 一考察」(『일본어문학』 88, 2020), 「日本語 複合辞 「ーにすぎない」에 관한 一考察(『일본어교육』 94, 2020), 「복합사의 역사적 변천에 관한 연구」(『일본문화학보』 83, 2019) 등이 있다.

원유경(Won, Yu kyoung)

고려대학교 중일어문학과 박사과정 수료. 일본어교육학 전공. 주된 연구분야는 한일 담화분석. 담화구조와 담화관리 구성요소를 중심으로 한일 행위요구담화에 대한 대조연구를 진행 중이다. 주요 업적으로는 「CEFR Companion Volumeに対応した日本語例文自動分類手法」(『일본학보』 125, 2020), 「日韓両国の電話会話における談話管理についての一考察」(『일본문화학보』 64, 2015), 「日韓談話における主要用件の前後部に関する一考察」(『일본어교육』 62, 2012) 등이 있다.

▌AI 기술에서 본 일본어학과 일본어교육 연구의 전망과 과제 / 번역자: 백이연(고려대)

오치아이 유지(落合由治)

담강대학(대만) 일본어문학과 특빙(特聘)교수. 일본어학 전공. 주된 연구분야는 일본어문장론, 담화연구, 일본어교육방법론. 현재는 인문사회계 연구의 특징에 부합한 AI기술 도입과 응용에 대한 실천을 모색하고 있다. 주요 업적으로는 『社会的表現ジャンルにおける日本語テクストのパロール的様相』(瑞蘭国際, 2019), 「村上春樹による文学的運命への挑戦 - 文章構成における近代から現代への探求」(村上春樹研究叢書8, 2020), 「文章ジャンルに基づくテキストマイニング応用の考察」(『台湾日語教育学報』 36, 2021) 등이 있다.

▌일본어 학습자 언어코퍼스(I-JAS)의 구축과정과 습득레벨

조영남(Cho, Young nam)

고려대학교 일어일문학과 교수. 일본어교육학 전공. 주된 연구분야는 한일 담화분석과 제2언어습득연구. 주요 업적으로는 『일본어교육과 담화분석』(도서출판 문, 2010), 『문화로 보는 일본어, 文化で見る日本語』(솔과학, 2021), 「韓国人中級日本語学習者のEメールに見られる断りのストラテジー－日本語母語話者との比較を通して」(『일본어문학』 87, 2020) 등이 있다. 일본의 국립국어연구소의 I-JAS코퍼스 구축을 위한 프로젝트 팀의 조사협력연구자로서 한국인 학습자 부문을 담당하였다.

▌대학 일본어교육 개선을 위한 BL 수업실천

채경희(Chae, Kyung hee)

배화여자대학교 일본어과 교수. 일본어교육학 전공. 주된 연구분야는 한자교육. 한국일어교육학회 8대 회장을 역임하여 학회지 『일본어교육연구』가 2013년에 한국연구재단 등재지로 승격. 일본국제교류기금의 일본어교육지원조성프로그램 「紙芝居」 강연자 초청 및 무대공연을 기획. 주요 업적으로는 『New스타일 일본어 한자 1』(동양북스, 2013), 「日本語漢字教育におけるブレンデッドラーニングの授業実践報告」(『일본어교육연구』 41, 2017), 「公演芸術コンテンツを活用した日本語教育の実践事例研究」(『일본어교육연구』 49, 2019) 등이 있다.

한국일본학회 기획총서4-일본어학·일본어교육학편
정보화시대의 일본어·일본어교육 연구

2021년 7월 30일 초판 1쇄 펴냄

펴낸이 한국일본학회
발행인 김흥국
발행처 보고사

책임편집 이순민
표지디자인 손정자

등록 1990년 12월 13일 제6-0429호
주소 경기도 파주시 회동길 337-15 보고사 2층
전화 031-955-9797(대표)
02-922-5120~1(편집), 02-922-2246(영업)
팩스 02-922-6990
메일 kanapub3@naver.com / bogosabooks@naver.com
http://www.bogosabooks.co.kr

ISBN 979-11-6587-208-3 93730

정가 25,000원